21世纪高职高专能力本位型系列规划教材·物流管理系列

仓储配送技术与实务

主　编　张建奇
副主编　韩军烈　李　娜　张志栋
参　编　韩端亮

内 容 简 介

本书为"21世纪高职高专能力本位型系列规划教材·物流管理系列"之一。本书的编写本着适应性和实践性相结合的原则,具有职业教育的鲜明特征。

本书比较详细地介绍了仓储和配送作业技术及知识,开篇引导案例紧贴项目内容,可读性强。全书共分为8个项目,包括走近仓储、仓库选址与规划设计、仓储作业、库存管理与控制、认知配送、配送订单作业、配送送货与退货作业、构建仓储及配送绩效评价指标体系。为了方便教师教学和学生学习,本书在每个项目结束后,安排了学习测评、案例研讨、任务驱动3个环节,供学生理论测试和实践操作。

本书可作为高职高专院校的物流管理、市场营销、电子商务、国际商务等相关专业的专业课教材,也可作为物流培训、仓储及配送操作人员的参考用书。

图书在版编目(CIP)数据

仓储配送技术与实务/张建奇主编. —北京:北京大学出版社,2013.7
(21世纪高职高专能力本位型系列规划教材·物流管理系列)
ISBN 978-7-301-22673-5

Ⅰ.①仓… Ⅱ.①张… Ⅲ.①仓库管理—高等职业教育—教材 ②物资配送—物资管理—高等职业教育—教材 Ⅳ.①F253

中国版本图书馆 CIP 数据核字(2013)第 136839 号

书 名:	仓储配送技术与实务
著作责任者:	张建奇 主编
策划编辑:	李 辉
责任编辑:	刘健军
标准书号:	ISBN 978-7-301-22673-5/F·3645
出版发行:	北京大学出版社
地 址:	北京市海淀区成府路 205 号 100871
网 址:	http://www.pup.cn 新浪官方微博:@北京大学出版社
电子信箱:	pup_6@163.com
电 话:	邮购部 62752015 发行部 62750672 编辑部 62750667 出版部 62754962
印 刷 者:	北京鑫海金澳胶印有限公司
经 销 者:	新华书店
	787 毫米×1092 毫米 16 开本 19 印张 441 千字
	2013 年 7 月第 1 版 2016 年 1 月第 2 次印刷
定 价:	38.00 元

未经许可,不得以任何方式复制或抄袭本书之部分或全部内容。
版权所有,侵权必究
举报电话: 010-62752024 电子信箱: fd@pup.pku.edu.cn

前　言

现代物流的理念是"降低成本、提高效率、客户满意"。在物流领域中，信息化、机械化、自动化等技术得到充分利用，其复杂性远远超出传统意义上的运输或仓储等业务所包含的知识和技术层面，它集包装、装卸搬运、运输、仓储、流通加工、配送和信息网络技术等诸多内容于一体。仓储与配送是现代物流的两个重要环节，作为物流的基本环节和功能，仓储与配送的管理技术水平将在很大程度上影响物流企业的运作效率，进而影响仓储与配送的成本。随着经济的快速发展，仓储与配送的地位、功能也相应地发生着深刻的变化，仓储与配送已经不局限于对货物进行简单的静态储藏和短距离的输送，而是进一步发展成为现代物流管理中的重要环节。提高仓储与配送管理效率是现代物流的重要任务。同时，仓储与配送也是现代物流业中的主要利润增长点，越来越受到各级政府、企业的广泛关注并不断发展壮大。它通过物资循环利用、能源转化等降低运营成本，特别是通过流通加工等增值服务，为企业创造更多的经济收入，也为社会带来更大的综合效益。仓储与配送的运行状况对于物流系统的运作起着举足轻重的作用。

近年来，仓储与配送技术在我国得到飞速发展，特别是连锁经营、电子商务等新的营销形式的出现和迅猛增长，促使仓储配送服务出现了空前的需求热潮。一些大型制造企业纷纷建立自己的零配件、半成品、成品的仓储配送中心；商业企业，尤其是连锁企业也建立起自己的商品仓储配送中心。仓储配送在现代商品流通中的作用极大，它通过对商品的运输、储存、流通加工、配送、订单处理和信息处理等工作实现统一管理，既可以提高物流效率，减少商品损耗，提高库存周转率，加速商品流转，降低流通成本，提高社会需求的满足程度，又给消费者更多的选择空间。如今，发展仓储配送已经成为企业提高核心竞争力的重要战略。

如今社会对仓储与配送人才的需求日益增多，尤其是对技能型人才的需求更为旺盛，但大部分高职高专仓储或配送教材偏向理论的阐述，与职业教育培养目标不符，迫切需要与社会、学校相适应的实践性强的教材。这本《仓储配送技术与实务》是"21世纪高职高专能力本位型系列规划教材·物流管理系列"之一，其内容上改变传统教材的编写方式，结合高职高专培养生产、建设、管理、服务第一线所需的高等技术应用型专门人才的特点，编写重点体现仓储与配送运营中的实用性、综合性、可操作性。本书观念新、内容丰富、实用性强，通过对物流企业及企业物流部门的仓储与配送岗位任务与能力进行分析，以仓储与配送作业的实际流程为导向，以仓储与配送作业所应具备的职业能力为依据，结合高职学生的认知特点，力求深入浅出，采用能力培养与作业流程相结合的结构脉络来展示学习内容，强化学生综合职业能力的培养。

本书由广东省示范性高职院校双师型骨干教师张建奇担任主编，负责全书框架结构的设计、统稿、审稿及改稿工作。韩军烈、李娜、张志栋担任副主编。本书的编写人员及分工为：张建奇(广州城市职业学院)编写了项目1、项目3、项目4；韩军烈(广州康大职业技术学院)编写了项目7和项目2中的任务2.3和任务2.4；李娜(黑龙江生态工程职业学院)编写了项目5、项目8、项目2中的任务2.1和任务2.2(含该项目的案例导入、学习测评、案例研讨、任务驱动)及项目6中的任务6.4(含该项目的案例导入);张志栋(潮汕职业技术学院)和韩端亮(广州航海学院)共同编写了项目6中的任务6.1、任务6.2和任务6.3(含该项目的学习测评、案例研讨、任务驱动)。

本书的编写工作得到了人人乐商业集团华南物流配送中心、神州数码科捷物流有限公司、新邦物流有限公司、天地华宇物流公司等校企合作企业一线管理者的支持和帮助,在此表示衷心的感谢!当然,在编写过程中,编者还参阅了大量同行学者的论文、著作、案例及网络资料,他们的观点和材料对本书有很大的帮助,在此向他们表示崇高的敬意和诚挚的谢意!

由于物流行业在不断地发展,仓储配送的内容、方法手段及模式处于变革之中,加之编写时间仓促和编者水平有限,书中难免存在不当和疏漏之处,望广大读者多提宝贵意见,以便修订时改进,所有意见和建议请发往:kangda2007.love@163.com。

编 者
2013年3月

目 录

项目1 走近仓储 ·········· 1

任务1.1 初识仓储 ·········· 2
1.1.1 仓储的概念 ·········· 2
1.1.2 仓储的功能 ·········· 3
1.1.3 仓储在物流系统中的作用 ·········· 5
1.1.4 我国仓储业的发展 ·········· 7

任务1.2 探析仓储经营 ·········· 9
1.2.1 仓储经营概述 ·········· 9
1.2.2 对仓储经营的要求 ·········· 9
1.2.3 仓储经营方式 ·········· 10

任务1.3 探析仓储管理 ·········· 12
1.3.1 仓储管理的含义 ·········· 12
1.3.2 仓储管理基本原则 ·········· 12
1.3.3 仓储管理的主要内容 ·········· 13
1.3.4 不同行业对仓储管理的要求 ·········· 14
1.3.5 物流信息技术在仓储管理中的应用 ·········· 14

任务1.4 洞悉仓储合同 ·········· 18
1.4.1 仓储合同的含义及种类 ·········· 18
1.4.2 仓储合同的特征与相关概念 ·········· 21
1.4.3 仓储合同格式 ·········· 21
1.4.4 仓储合同的条款 ·········· 22
1.4.5 仓储合同的生效和无效 ·········· 24
1.4.6 仓储合同的变更解除 ·········· 25
1.4.7 仓储合同当事人的权利和义务 ·········· 26
1.4.8 仓储合同的违约责任和免责 ·········· 28
1.4.9 仓单 ·········· 30

任务1.5 洞悉仓储部门 ·········· 32
1.5.1 仓储部门职能 ·········· 33
1.5.2 仓储部门结构 ·········· 34

学习测评 ·········· 45

项目2 仓库选址与规划设计 ·········· 50

任务2.1 初识仓库 ·········· 52
2.1.1 仓库的概念 ·········· 52
2.1.2 认识仓库的种类 ·········· 53
2.1.3 识别自动化立体仓库 ·········· 56

任务2.2 仓库选址 ·········· 59
2.2.1 仓库选址的影响因素 ·········· 59
2.2.2 仓库选址的方法 ·········· 61

任务2.3 仓库规划设计 ·········· 65
2.3.1 仓库的布局与储存区域空间规划 ·········· 65
2.3.2 仓库货区规划与货位管理 ·········· 68

任务2.4 配置仓库设备 ·········· 77
2.4.1 认知储存保管设备 ·········· 77
2.4.2 认知装卸搬运设备 ·········· 84
2.4.3 认知输送分拣设备 ·········· 87
2.4.4 选择仓储设备 ·········· 93

学习测评 ·········· 95

项目3 仓储作业 ·········· 102

任务3.1 初识仓储作业 ·········· 104
3.1.1 仓储作业的目标 ·········· 104
3.1.2 仓储作业的原则 ·········· 104

任务3.2 入库作业 ·········· 106
3.2.1 入库作业的原则 ·········· 106
3.2.2 入库作业的基本业务程序 ·········· 107

任务3.3 在库作业 ·········· 117
3.3.1 商品在库管理的基本要求 ·········· 118
3.3.2 仓库现场的5S管理 ·········· 118
3.3.3 物料编号 ·········· 120
3.3.4 商品堆码与苫垫 ·········· 124
3.3.5 在库商品的养护与保管 ·········· 130
3.3.6 盘点作业技术 ·········· 144

任务3.4 出库作业 ·········· 149
3.4.1 出库前的准备工作 ·········· 149
3.4.2 商品出库作业的基本流程 ·········· 150
3.4.3 出库作业中发生问题的处理 ·········· 152

学习测评 ·········· 155

项目4 库存管理与控制 ·········· 161

任务4.1 初识库存管理 ·········· 163

4.1.1　库存的类型 …………………… 163
　　　4.1.2　库存管理的作用 ………………… 164
　　　4.1.3　库存管理思想 …………………… 165
　　　4.1.4　库存管理的发展趋势 …………… 166
　　　4.1.5　与库存管理有关的成本 ………… 167
　　任务4.2　库存控制 ………………………… 168
　　　4.2.1　独立需求的库存控制方法 …… 168
　　　4.2.2　相关需求的库存控制方法 …… 180
　　学习测评 ……………………………………… 184

项目5　认知配送 …………………………… 188

　　任务5.1　初识配送 ………………………… 189
　　　5.1.1　配送的内涵 …………………… 190
　　　5.1.2　配送与物流的关系 …………… 191
　　　5.1.3　配送的意义 …………………… 193
　　　5.1.4　配送的分类 …………………… 194
　　任务5.2　洞悉配送中心 …………………… 199
　　　5.2.1　配送中心的功能及作业
　　　　　　流程 ………………………… 200
　　　5.2.2　配送中心的分类 ……………… 202
　　　5.2.3　配送中心定位 ………………… 206
　　　5.2.4　配送中心的规划与建设 …… 207
　　学习测评 ……………………………………… 212

项目6　配送订单作业 ……………………… 217

　　任务6.1　订单处理 ………………………… 218
　　　6.1.1　接受订货 ……………………… 219
　　　6.1.2　订单内容确认 ………………… 220
　　任务6.2　拣货及理货作业 ………………… 226
　　　6.2.1　拣货方式 ……………………… 226
　　　6.2.2　拣货作业方式 ………………… 229
　　　6.2.3　理货作业 ……………………… 231
　　任务6.3　补货作业 ………………………… 233
　　　6.3.1　补货作业功能及流程 ………… 233
　　　6.3.2　补货时机 ……………………… 234
　　　6.3.3　补货方式 ……………………… 234
　　　6.3.4　几种补货方式的应用 ………… 236

　　任务6.4　配货作业 ………………………… 237
　　　6.4.1　编制配货计划 ………………… 238
　　　6.4.2　分货作业 ……………………… 238
　　　6.4.3　流通加工作业 ………………… 239
　　学习测评 ……………………………………… 239

项目7　配送送货与退货作业 ……………… 243

　　任务7.1　初识配送送货 …………………… 244
　　　7.1.1　送货的基本作业流程 ………… 244
　　　7.1.2　送货服务要求 ………………… 246
　　　7.1.3　提高送货效率的措施 ………… 247
　　任务7.2　送货作业 ………………………… 248
　　　7.2.1　认识送货车辆类型 …………… 248
　　　7.2.2　车辆调度 ……………………… 250
　　　7.2.3　选择配送线路 ………………… 263
　　　7.2.4　车辆积载 ……………………… 269
　　任务7.3　退货作业 ………………………… 271
　　　7.3.1　商品退货的原因分析及处理
　　　　　　方法 ………………………… 271
　　　7.3.2　退货作业流程 ………………… 272
　　学习测评 ……………………………………… 273

项目8　构建仓储及配送绩效评价指标体系 ……………………………………… 279

　　任务8.1　构建仓储绩效评价指标体系 … 280
　　　8.1.1　仓储绩效评价指标的意义 … 280
　　　8.1.2　构建仓储绩效评价指标的
　　　　　　原则 ………………………… 280
　　　8.1.3　仓储绩效评价指标体系的
　　　　　　内容 ………………………… 281
　　任务8.2　构建配送绩效评价指标体系 … 284
　　　8.2.1　配送质量 ……………………… 285
　　　8.2.2　配送效率 ……………………… 286
　　　8.2.3　配送成本 ……………………… 286
　　　8.2.4　服务质量 ……………………… 287
　　学习测评 ……………………………………… 289

参考文献 ……………………………………… 292

项目 1

走近仓储
ZOUJIN CANGCHU

【项目内容】

本项目的内容主要包括现代仓储的概念,仓储的产生、现状、发展,现代仓储在宏观及微观领域的作用;生产企业、流通企业、第三方物流等企业的仓储管理要求;仓储经营的方式及仓储合同;仓储管理人员的职责、素质及技能等。

【项目目标】

1. 知识目标

了解仓储的现状及未来发展趋势,了解物流信息技术在仓储中的应用;熟悉仓储管理的内容及任务,熟悉搞好仓储活动的意义、仓储的功能,熟悉仓储部门的岗位职责;掌握仓储经营的方式,掌握仓储合同的拟定及履行。

2. 技能目标

能够正确叙述仓储的概念,说明仓储的功能;能够独立编制仓储合同,签、填仓储作业中的各种单证;能够清晰表述仓储管理的主要内容和各岗位职责。

3. 素质目标

培养学生对仓储行业的调研及撰写调研报告的能力,培养学生的团队合作意识。

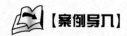【案例导入】

为电商建仓储：快递企业探索"仓储+配送"的物流体系

货物存放需大量库存，而人手不足导致大量货物不能及时发出，这些制约电商企业发展的瓶颈成为快递企业的"掘金点"。通过为电商企业建立仓库，探索"仓储+配送"的物流体系，部分快递企业已经开始试水"新蓝海"，而这种新的快递服务模式未来或许会成为快递行业的整体发展趋势。

1. 快递企业涉足电商仓储

2012年5月，在宅急送主办的电子商务推介会上，宅急送重庆分公司负责人表示："宅急送从两年前就开始探索'仓储+配送'的物流体系。"

"仓储+配送"是什么概念？传统电商行业的快递模式，目前较为普遍的现象是电商卖家自己有仓库，当接到客户订单时，卖家自己负责订单汇总、发货计划、拣货配货包装，而快递企业只负责取件、中转和配送。而新模式下，电商卖家将货物存放在快递企业的库房里，在接到订单后将订单汇总情况发给快递企业。配送计划、拣货配货包装、中转、派送全部环节都交由快递企业来执行，电商企业只需支付一定的服务费用。

2. 或成快递业新趋势

据统计，2011年全国快递量达到36.7亿件，增长57%，其中电子商务贡献了30%的增长率，全国有资质的快递企业有6 405家。网购的成交是通过快递企业来实现的，在激烈的竞争下，快递企业可以更多地参与到电子商务中去，而为电商企业提供仓储则是一种全新的模式和路径，这或许会是未来快递行业一个重要的发展趋势。实际上，为电商提供仓储服务已经让"试水"的宅急送尝到甜头。"通过该物流配送体系，我们在淘宝的业务量同比增加了一倍。"宅急送重庆分公司总经理说。

【归纳评析】

快递企业为电商建仓储，很大程度上源自卖家的需要。如今网络购物非常普遍，特别是节假日，订单更是可以用火爆形容。节假日，电商企业由于人手问题即使是通宵拣货发货，也还是有大量货物不能按时发出，被消费者投诉。正是考虑到电商企业在传统物流配送模式下的瓶颈，宅急送才涉足电商仓储。

任务1.1　初识仓储

在现代社会中，物流已成为国民经济发展的基础产业，是衡量一个国家现代化程度的重要标准之一。物流又是一个系统工程，它贯穿产品生产流通到消费的全过程，由运输、仓储、配送、装卸、包装、流通加工、信息等多个环节组成，各环节有机联系、不可分割。作为物流的核心功能之一的仓储在整个物流系统中具有重要作用，是社会物质生产的必要条件。仓储质量的优劣、效率的高低，会直接影响物流系统的质量和效率。正因为仓储在物流系统中的地位如此重要，当前世界各国、各企业都非常重视这一环节，他们积极采取措施改进仓储技术、设备，进行科学的仓储管理。

1.1.1　仓储的概念

仓储是物流系统中一个不可或缺的构成要素。仓储是商品流通的重要环节之一，也是物流活动的重要支柱。在社会分工和专业化生产的条件下，为保持社会再生产的顺利进行，必须储存一定量的物资，以满足一定时期内社会生产和消费的需要。

【小词典】

《中华人民共和国国家标准物流术语》(GB/T 18354—2006)对仓储的定义为"利用仓库及相关设施设备进行物品的入库、存贮、出库的活动"。

"仓"即仓库(warehouse),为存放物品的建筑物和场地,可以是房屋建筑、大型容器或特定的场地等,具有存放和保护物品的功能。"储"即储存(storing),表示收存以备使用,具有收存、保管、交付使用的意思。

对仓储概念的理解包括以下几个要点。

(1) 仓储是物质产品的生产持续过程,仓储也创造产品的价值。
(2) 仓储既有静态的物品储存,又包括动态的物品存取、保管、控制的过程。
(3) 仓储活动发生在仓库等特定的场所。
(4) 仓储的对象既可以是生产资料,也可以是生活资料,但必须是实物产品。

1.1.2 仓储的功能

1. 储存和保管的功能

这是仓储最基本的传统功能,即仓库应具有必要的空间用于容纳物品。通过对仓库温度、湿度等养护条件的控制,保持物品的物理性质、化学性质的稳定性,在储存期间不发生变质、损坏、丢失等异常现象。例如水泥受潮易结块,使其使用价值降低,因此在保管过程中要选择合适的储存场所,采取合适的养护措施。要有完善的保管制度,合理使用搬运机具,有正确的操作方法,在搬运和堆放时不能碰坏或压坏物品。传统仓储将这一功能作为衡量企业效益的主要指标,保管的物资越多,证明企业的实力越雄厚;现在,多数的仓储企业都在为降低库存而努力,企业更加看重配送、流通加工能功能。从图1.1可以看出,不同类型的仓库的功能侧重点是不同的。

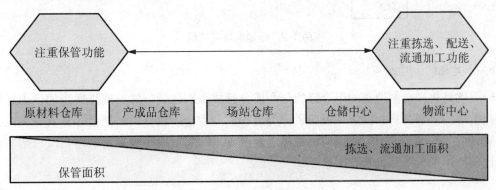

图1.1 仓库功能比较

2. 调节供需平衡的功能

从生产和消费的连续性来看,因产品性质、种类的不同,其生产和消费的节奏不可能完全一致,从而产生供需的不均衡,这就需要有仓储的储存作用作为均衡环节使生产和消费协调起来,这也体现出物流系统创造物资的时间效用的基本职能。

3. 调节货物运输能力的功能

各种运输工具的运量差距很大，海运船舶一般在万吨以上，火车车皮能装几千吨，而每辆汽车的运力则一般在几十吨以下。它们之间进行转运时，运输能力很不匹配，这种运力的差异也是通过仓储或货场进行调节和衔接的。

4. 流通加工功能

保管物在保管期间，保管人根据存货人或客户的要求对保管物的外观、形状、成分构成、尺度等进行加工，使仓储物发生期望的变化。流通加工主要包括：①为保护产品进行的加工；②为适应多样化进行的加工；③为使消费者方便、省力的加工；④为提高产品利用率的加工；⑤为便于衔接不同的运输方式、使物流更加合理的加工；⑥为实现配送进行的流通加工。

5. 拼装功能

拼装是仓储活动的一个经济功能。通过这种安排，仓储可以将来自多个制造企业的产品或原材料整合成一个单元，进行一票装运。其好处是有可能实现最低的运输成本，也可以减少由多个供应商向同一客户进行供货带来的拥挤和不便。

为了能有效地发挥仓储的整合功能，每一个制造企业都必须把仓储作为货运储备地点或用作产品分类和组装的设施。这是因为拼装装运的最大好处就是能够把来自不同制造商的小批量货物集中起来形成规模运输，使每一个客户都能享受到低于其单独运输成本的服务。图1.2说明了仓储的拼装流程。

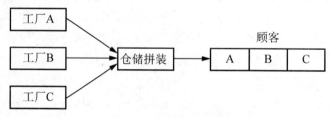

图1.2 仓储的拼装流程

6. 分类和转运功能

分类就是将来自制造商的组合订货分类或分割成个别订货，然后安排适当的运力运送到制造商指定的个别客户。图1.3说明了分类流程。分类仓库或分类站把组合订货分类或分割成个别订货并安排当地的运输部门负责递送。由于长距离运输是大批量装运，所以运输成本相对比较低，进行跟踪也不太困难。

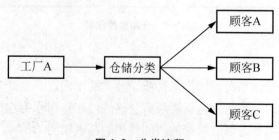

图1.3 分类流程

当涉及多个制造商和多个顾客时，需要采取交叉作业，如图1.4所示。在这种情况下，交叉站台先从多个制造商处运来整车的货物，在收到货物后，如果货物有标签，就按客户的要求进行分类；如果没有标签，就按地点分类。货物不在仓储站台停留直接装到运输车辆上，一旦该拖车装满了来自多个制造商的组合产品，便将产品运往指定的零售店。由于产品不需要储存，降低了在交叉站台设施处的搬运成本。此外，由于所有的车辆都进行了充分装载，更有效地利用了站台设施，使站台装载利用率达到最大程度。

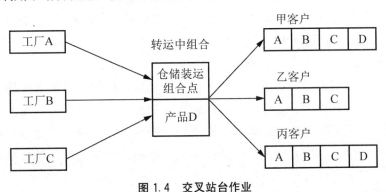

图1.4　交叉站台作业

7. 支持企业市场形象的功能

尽管支持市场形象的功能所带来的利益不像前面几个功能带来的利益那样明显，但对于一个企业的营销来说，仓储活动依然被重视。从满足需求的角度看，从一个距离较近的仓库供货远比从生产厂商处供货方便得多，同时，仓储也能提供更为快捷的递送服务。这样在供货的方便性、快捷性以及对市场需求的快速反应性方面会为企业树立一个良好的市场形象。

8. 市场信息的传感器

任何产品的生产都必须满足社会的需要，生产者都需要把握市场需求的动向。社会仓储产品的变化是了解市场需求极为重要的途径。仓储量减少，周转量加大，表明社会需求旺盛；反之则为需求不足。厂家存货增加，表明产品需求减少或者竞争力下降，或者生产规模不合适。仓储环节所获得的市场信息虽然比销售信息滞后，但更为准确和集中，且信息成本较低。现代企业生产特别重视仓储环节的信息反馈，将仓储量的变化作为决定生产的依据之一。现代物流管理也特别重视仓储信息的收集和反应。

1.1.3　仓储在物流系统中的作用

1. 仓储的正面作用

1) 仓储是现代物流的主要功能要素之一

在物流体系中，运输和仓储被称为两大支柱。运输承担着改变物品空间状态的重任；仓储则承担着改变物品时间状态的重任，通过仓储的增值服务进行产品的整合，实现时间价值。

2) 仓储是保持商品原有使用价值和商品使用合理化的重要手段

生产和消费的供需在时间上的不均衡、不同步造成商品使用价值在数量上减少、质量上降低，只有通过仓储才能减小商品损害程度，防止商品一时过剩浪费，使商品在效用最大的时间发挥作用，充分发挥商品的潜力，实现商品的最大效益。

3) 仓储是加快商品流通、节约流通费用的重要手段，是降低物流成本、提高经济效益的有效途径

虽然有了仓储的保证可以免除加班赶工的费用，免除紧急采购的成本增加。但同时，货物在仓库中进行储存时处于静止的状态，这会带来时间成本和财务成本的增加，还大量地占用资金，这些都说明仓储节约的潜力是巨大的。通过仓储的合理化，可以加速物资的流通和资金的周转，从而节省费用支出、降低物流成本、开拓"第三利润源泉"。

4) 仓储能对商品进入下一个环节前的质量起保证作用

在商品仓储环节对商品质量进行检验能够有效地防止伪劣商品流入市场、保护消费者权益，也可以在一定程度上保护生产厂家的信誉。通过仓储来保证商品质量主要进行两个环节：一是在商品入库时进行质量检验看商品是否符合仓储要求，严禁不合格商品混入库场；二是在商品的储存期间，要尽量使商品不发生物理及化学变化，尽量减少库存商品的损失。

5) 仓储能够为商品进入市场做好准备

仓储能够在商品进入市场前完成整理、包装、质检、分拣、贴标签等作业程序，这样可以缩短后续环节的工作时间，加快商品的流通速度。

2. 仓储的负面作用

仓储是物流系统中一种必要的活动，但也经常存在冲减物流系统效益、恶化物流系统运行的趋势。甚至有人明确提出，仓储中的库存是企业的"癌症"。因为仓储会使企业付出巨大代价，这些代价主要包括以下几方面。

1) 固定成本和变动成本支出

仓储要求企业在仓储建设、仓储管理、仓储工作人员工资、福利等方面支出大量的成本费用，使开支增加。

2) 机会损失

储存物资占用资金及资金利息，如果用于另外项目可能会有更高的收益。

3) 陈旧损失与跌价损失

随着储存时间的增加，存货时刻都在发生陈旧变质，严重的更会完全丧失价值及使用价值。同时，一旦错过有利的销售期，又会因为必须低价贱卖产品而不可避免地出现跌价损失。

4) 保险费支出

为了分担风险，很多企业对储存物采取投保并缴纳保险费的方法，保险费支出在仓储物资总支出中占了相当大的比例。

上述各项费用及支出都是降低企业效益的因素，再加上在企业全部运营中，仓储对流动资金的占用达到40%~70%的高比例，有的企业库存在某段时间甚至占用了全部流动资金，使企业无法正常运转。由此可见，仓储既有积极的一面也有消极的一面，只有考虑到仓储作用的两面性，尽量使仓储合理化才能有利于物流业务活动的顺利。

1.1.4 我国仓储业的发展

1. 我国仓储业的发展现状

改革开放以来，我国的物流业从整体上看得到了迅速发展，但与西方发达国家相比，我国经济发展规模、发展速度仍有不小的差距。同时，我国物流在各个环节上很不平衡，特别是仓储业明显滞后，而仓储在物流环节中又是一个关键环节，近年来仓储基础设施有了一定的改善，但存在的问题仍比较多。主要来说有以下几方面。

1) 传统管理体制的制约，造成仓储的重复建设、布局不平衡

在经济发达地区，有的仓库长期闲置，但有的规模不能满足需求，还在继续投资建设新的仓库；而一些边远落后地区在发展经济急需建立仓库时，又由于资金不足或其他原因不能及时修建。仓储布局的这种不平衡，直接影响了地区经济的发展，进而影响了城市或区域整体经济发展规划的实施。

2) 仓库的拥有量大，但管理水平较低

与发达国家相比，我国的仓库数目虽多，但仓储管理水平却不高。究其原因，一是在思想上对仓储管理重视不够。他们把主要精力放在如何争取货源上，一旦货物到手，往仓库里一放，就认为万事大吉了，至于如何管理好库存物资，就不再关心了。二是一些城市近年来出现大量的不景气工厂将闲置厂房做仓库低价出租、吸引客户，扰乱了市场价格，背离了价值规律，造成了仓储管理水平低、储存条件差、服务质量低的局面，致使储存物资损坏变质、失窃严重，使企业遭受了不应遭受的损失。

3) 仓储作业机械化、自动化水平欠缺

目前我国在仓储作业技术方面处在先进与落后并存的状态。有的已发展为现代化仓储，拥有非常先进的仓储设备和仓储管理系统，例如，各种先进的装卸搬运设备、高层货架及各种物流信息技术得到了应用，而大多数仓储却还处在以人工作业为主的原始作业状态，缺乏应有的机械和设备。当然，随着我国经济的高速发展这种技术的差距将逐渐缩小。

4) 专业的仓储管理人才匮乏

在发达国家的人才培养体系相对比较完善和健全，物流相关教育及培训十分发达。许多大学都设有物流专业，另外，继续教育体系也较为先进，在培养人才方面，重视学生的实践能力操作训练，学生毕业后基本可以胜任工作岗位。我国虽然很多高校设置了物流管理类似专业，学习形式有脱产、业余、在职继续教育或培训，但总体来说，还是重理论、轻实践，物流人才方面的教育还比较落后。培养出来的人能适应仓储岗位或者说能迅速驾驭现代仓储操作的比较少；对物流仓储能科学有效进行管理的人才更是凤毛麟角。所以从整体来说，我国物流仓储人才素质偏低。

2. 我国仓储业的发展方向

面对着生产的发展和流通规模的扩大，我国的仓储业需要迅速进行改造升级，不断提高质量和效率，同时实现仓储业的健康发展。在借鉴一些发达国家仓储业及物流业的发展经验的同时，结合我国的实际情况，当前我国的仓储业应朝着以下方向发展。

1) 朝社会化、专业化等方向发展

我国仓储业应朝着专业化、功能化、个性化的方向发展。同时，仓储业内部在市场竞争

中只有通过专业化的发展,才能提高产品个性化的优势,面向社会,开展竞争,优胜劣汰,促进仓储业的发展。

2) 朝仓储标准化方向发展

为了保证全社会物流的统一性及各物流环节的有机联系并与国际接轨,必须实现物流的标准化。仓储是物流的重要环节之一,因而也需要标准化。仓储的标准化不仅是为了实现仓储环节与其他环节的无缝配合,同时也是仓储内部提高作业效率、充分利用仓储设施和设备的有效手段,是开展信息化、机械化、自动化的前提条件。

【拓展知识】

仓储标准化的内容很多,具体来说,主要有包装标准化、托盘标准化、计量标准化、条形码的采用、仓储建筑标准化、作业工具标准化、货物出入库标准化、货物装卸搬运标准化等技术标准化,以及仓储技术经济指标与考核办法、仓储服务、仓储单证、仓储安全、仓储合同等标准化。目前采用的标准有国际标准化组织(ISO)的推荐标准,也有国家质量技术监督局发布的"中华人民共和国国家标准(GB)"、行业主管部门或者行业协会发布的行业标准、企业制定的企业标准等。

3) 朝产业化方向发展

仓储业要想真正如工业、农业一样成为一个独立的行业,必须发展自己的支柱产业。世界上许多国家或地区的物流中心或仓储中心在经营中都存在着流通加工业务,今后我国仓储业也应利用自己的优势发展相应的流通加工业务,如贴标签、换包装等,通过流通加工创造价值。因此,仓储业发展流通加工是最具发展前途的。

4) 朝机械化、自动化方向发展

随着科学技术的发展,机械化作业已是社会的基本要求。机械设备具有承重能力强、效率高、工作时间久、损坏低等众多优点。仓储作业大都负荷重、作业量大、时间紧,人工作业存在众多不安全隐患,因而仓储业有必要实现机械化,通过机械化实现最少使用人力作业,加大作业集成度,减少人身伤害和货物伤害,提高作业效率。同时货物运输包装在向大型化、托盘化方向发展,仓储也必然要向机械化过渡。

仓储自动化是指由计算机管理和控制仓储作业的全过程,它可以实现仓储的无人作业。在自动化仓储中货物仓储管理、环境管理、作业控制等仓储工作,通过住处管理、扫描技术、条形码、射频通信、数据处理等技术,指挥仓储堆垛机、传送带、自动导引车、自动分拣等设备自动完成仓储作业;自动控制空调、监控设备、制冷设备进行环境管理;自动向运输设备下达运输指令安排运输等;同时完成单证、报表的制作和传递。对于危险品、冷库暖库、粮食等特殊仓储,都有必要采取自动化控制的仓储。

5) 朝信息化、信息网络化方向发展

要提高仓储利用率、保持高效率的货物周转、实施精确的存货控制,必须实现信息化。仓储信息化管理就是通过计算机和相关信息输入输出设备,对货物识别、理货、入库、存放、出库等进行操作管理,另外还进行账目处理、结算处理、货位管理、存量控制、单证处理等。

仓储是物流的节点,是企业存货管理的核心环节。实现高效的物流管理需要仓储、厂商、物流管理者、物流需求者、运输工具之间建立有效的信息网络,实现仓储信息共享,通过信息网络控制物流,做到仓储信息网络化。

6）实行科学管理

商业仓储通过进行现代企业制度的改造和开展科学化的现代企业管理，使仓储企业产权独立，给予企业充分的经营自主权，按照满足社会需要的原则向社会提供服务。企业以利润最大化为目标。仓储企业（部门）内部应实施现代企业科学管理，建立高效的组织机构，实行规章化的岗位负责制，建立有利提高生产率的动态奖励分配制度，实施系统有效的职工教育培训制度，采取科学化的管理方法，培养积极向上的优秀企业文化。

 任务 1.2　探析仓储经营

 【你知道吗?】

仓储经营面向社会，以经营为手段，实现营业利润最大化。它与仓储自营相比，仓库使用效率较高。

1.2.1　仓储经营概述

对仓储经营主题而言，仓储经营的过程是树立现代仓储经营观念、开发全新的仓储经营方式的过程，同时也是进行技术、组织、制度等各方面创新的过程。因此，开展仓储经营具有重要的意义。

 【小词典】

仓储经营是指以营利为目的、利用现有仓储保管能力向社会提供储存和保管仓储物及相关增值服务的筹划与管理活动。

1.2.2　对仓储经营的要求

 【小词典】

仓储经营组织是以实现仓储经营的最高经济效益和社会效益为目标，将仓储作业人员与仓储作业手段有效地结合起来，完成仓储作业过程各环节的职责，为商品流通提供良好的仓储服务和有效的经营管理的经营实体。

1. 仓储经营的总体目标

仓储经营的目标是按照仓储活动的各项要求和仓储管理上的需要，把与仓储经营有关的各部门、各环节合理组织起来，使各方面的工作协调、有效地进行，加速商品在仓库中的周转，合理地使用人、财、物，以最小的资源取得最大的经济效益。

2. 仓储经营的具体目标

仓储经营的具体目标是实现仓储经营活动的"多储存、多经营、快进、快出、保管好、费用省"。

1.2.3 仓储经营方式

如何确定科学的、先进的、有效的仓储经营方式是仓储企业搞好经营管理的关键。仓储经营方式根据仓储目的的不同可分为保管仓储经营、混藏仓储经营、消费仓储经营、仓库租赁经营、流通加工式经营等。

1. 保管仓储经营

【小词典】

保管仓储是指仓储经营者根据与存货人的合同约定，提供储存保管其仓储物的服务并收取仓储保管费的一种仓储经营方式。

1) 保管仓储的特点

（1）保管仓储的目的在于保持仓储物原状。存货人交付仓储物于仓储保管人（仓储经营者），其主要目的在于保管。也就是说，存货人将自己的货物存入仓库，仓储保管人必须采取必要的措施对货物进行有效保管而最终达到维持仓储物原状的目的。仓储经营者与存货人之间是一种提供劳务的关系。所以在仓储过程中，仓储物的所有权不转移到仓储过程中，仓储企业就没有处理仓储物的权力。

（2）保管仓储的仓储对象是动产。一般情况下，存货人交付仓储经营者保管的都是数量大、体积大、质量高的大宗货物，例如食品、工业制品、水产品等，因此"仓储物只能是动产，不动产不可能成为仓储物"。

2) 保管仓储的经营策略

在保管仓储中，仓储经营者应以追求最高仓储保管费收入为经营目标，尽可能多地吸引客户，争取仓储委托，并采取合理的价格策略，在仓储保管中不断降低仓储成本和支出。

2. 混藏仓储经营

【小词典】

混藏仓储是指多数存货人将相同种类、品质、一定数量的可替代仓储物交付仓储经营者混合储藏并支付仓储费用。而仓储期届满时，仓储经营者只需返还同种、同质、同量的替代物的一种仓储经营方式。

1) 混藏仓储的特点

（1）混藏仓储的对象是种类物。混藏仓储的目的并不完全在于原物的储存保管，有时存货人仅仅需要实现物品的价值的储存保管即可，待仓储期届满时，仓储保管人完全可用相同种类、品质、数量的替代物返还，并不需要返还原物。因此，当存货人基于物品价值仓储的目的免去仓储保管人对原物的返还义务时，仓储保管人减轻了义务负担，也扩大了仓储物的范围，种类物成为仓储合同中的标的物。

（2）混藏储存的仓储物并不随交付而转移所有权。仓储保管人只需为存货人提供仓储服务，而仓储物的转移只是物的占有转移，与所有权的转移毫无关系。

（3）混藏仓储适用范围有限。混藏仓储在物流活动中发挥着重要的作用，通过混藏的方式可以减少仓储设备投入，提高仓储空间利用率，从而降低仓储成本。但这种仓储方式有一定的适用范围，它主要适用于农村、建筑施工、粮食加工等行业，针对品质无差别、可以准确计量的物品。

2）混藏仓储的经营策略

混藏仓储经营者的收入依然来自于仓储保管费，存量越多、存期越长收益越大。尽管混藏式仓储是成本较低的仓储方式，然而一旦仓储物品种增加，则会导致仓储成本增加。因此在混藏仓储经营中应尽可能开展少品种、大批量的混藏经营。

3. 消费仓储经营

【小词典】

消费仓储是指存货人将和类物交付仓储经营者储存保管，在仓储期间，仓储经营者享有该种类物的所有权。到仓储期届满时，仓储经营者只需向存货人返还相同种类、品质及数量的替代物的一种仓储经营方式。

1）消费仓储的特点

（1）消费仓储的仓储对象是种类物，仓储期间其所有权将转移于仓储保管人。在消费仓储中，存货人将仓储物存放于仓储保管人处，仓储保管人可以以所有者的身份自由处置仓储物。仓储保管人在接收仓储物时便取得了仓储物的所有权，这是消费仓储最为显著的特征。

（2）消费仓储以物的价值储存保管为目的，仓储保管人仅以种类、品质、数量相同的物进行返还。在消费仓储中不仅转移仓储物的所有权，而且必须允许仓储保管人拥有使用、处置仓储物的权利。即将仓储物的所有权转移于仓储保管人，仓储保管人无须返还原物，而仅以同种类、品质、数量的物品返还，保存仓储物的价值即可。

2）消费仓储的经营策略

消费仓储经营者的收益主要来自于对仓储物消费的收入，当该消费的收入大于取得返还仓储物的成本时，仓储经营者便获得了经营利润。反之，当消费收益小于取得返还仓储物的成本时，仓储经营者就不会对仓储物进行消费而将原物返还。在消费仓储中，仓储费收入是次要收入，有时甚至采取无收费仓储。

由此可见，消费仓储是仓储经营者利用仓储物停滞在仓库期间的价值进行经营，追求利用仓储物经营的收益。消费仓储的开展使得仓储物的价值得以充分利用，提高了社会资源的利用率。消费仓储的仓储对象范围较广，但对仓储经营者的经营水平要求很高。

4. 仓库租赁经营

【小词典】

仓库租赁经营是指仓储经营者将仓库或仓库设备租给存货人使用，由存货人自行储存保管货物的一种仓储经营方式。

仓库租赁经营的关键是签订一份仓库租赁合同，在法律条款的约束下进行租赁经营并取得租赁收入。仓库租赁经营既可以是整体性的出租，也可以采用部分出租、货位出租等分散进行的方式。在分散出租的情况下，仓库所有者需要承担更多的仓库管理工作，如环境管理、保安管理等。

5. 流通加工式经营

【小词典】

所谓流通加工是指在某些产成品从生产领域向消费领域流动的过程中，为了更有效地利用资源、方便用户，提高物流效率和促进销售，在流通领域对产品进行的简单再加工，例如包装、分割、计量、分拣、刷标志、拴标签、组装等。

流通加工是物流服务业与现代化生产发展相结合的产物，它弥补了企业大批量生产加工不能同时满足不同消费者需要的不足。

流通加工是一项具有广阔前景的物流活动。流通加工的重要性不仅在于为物流合理化提供了条件，更重要的是为提高社会经济效益开辟了一条新途径，流通加工在我国的仓储中显示显得越来越重要。但仓储企业流通加工业务的开展或多或少的都要有一定的资源投入，需要一定成本，因而需要选择仓储企业具有能力开展的流通加工业务及具有成本优势的业务，才能使流通加工经营获得成功。

任务 1.3　探析仓储管理

1.3.1　仓储管理的含义

【小词典】

仓储管理是指对仓储和仓储中储存的货物进行管理，是仓储机构为了充分利用所拥有的仓储资源提供高效的仓储服务所进行的计划、组织、控制和协调的过程。

仓储管理的内涵随着其在社会经济领域中的作用不断扩大而变化。仓储管理从单纯意义上的对货物存储的管理，已发展为物流过程中的中心环节，它的功能已不是单纯的货物存储，而是兼有包装、分拣、整理、简单装配等多种辅助性功能。因此广义的仓储管理应包括对这些工作的管理。

1.3.2　仓储管理基本原则

仓储管理的基本原则是保证质量、注重效率、确保安全、讲求经济。

1. 注重效率

仓储的效率表现在仓容利用率、货物周转率、进出库时间、装卸车时间等指标上，表现出"快进、快出、多存储、保管好"的高效率仓储。仓储效率的提高关系到整个物流系统的效率和成本，在仓储管理过程中要充分发挥仓储设施设备的作用，提高仓储设施和设备的利用率；要充分调动仓储生产人员的积极性，提高劳动生产率；要加速在库物品周转，缩短物品在库时间，提高库存周转率。

2. 保证质量

仓储管理中的一切活动，都必须以保证在库物品的质量为中心。没有质量的数量是无效的，甚至是有害的，因为这些物品依然占用资金、产生管理费用、占用仓储空间。因此，为了完成仓储管理的基本任务，仓储活动中的各项作业必须有质量标准并严格按标准进行。

3. 确保安全

仓储活动中的不安全因素有很多。有的来自库存物，如有些物品具有毒性、腐蚀性、辐射性、易燃易爆性等；有的来自装卸搬运作业过程，如每一种机械的使用都有其操作规程，违反规程就容易出事故；还有的来自人为破坏。因此要特别加强安全教育、提高认识、制定安全制度、贯彻执行"安全第一，预防为主"的安全生产方针。

4. 服务的原则

仓储活动本身就是向社会提供服务产品。服务是贯穿在仓储中的一条主线，从仓储的定位、仓储具体操作、对储存货物的控制都围绕着服务进行。仓储管理要围绕服务定位，围绕提供服务、改善服务、提高服务质量开展管理。

5. 讲求经济效益

仓储活动中所耗费的物化劳动和活劳动的补偿是由社会必要劳动时间决定的。为实现一定的经济效益目标，必须力争以最少的人财物消耗，及时准确地完成最多的储存任务。因此，对仓储生产过程进行计划、控制和评价是仓储管理的主要内容。

1.3.3 仓储管理的主要内容

具体来说，仓储管理包括仓库的选址与规划、仓储业务管理、仓储库存管理等多种管理工作及相关的操作，见表1-1。

表1-1 仓储管理的内容

仓库的管理	管理内容
仓库的选址与规划	例如，仓储的选址原则，仓储建筑面积的确定，库内运输道路与作业的布置等
仓储机械作业的选择与配置	例如，如何根据仓储作业特点和所储存货物种类以及其物理、化学特性选择机械装备以及应配备的数量，如何对这些机械进行管理等
仓储的业务管理	例如，如何组织货物入库前的验收，如何存放入库货物，如何对在库货物进行保管养护，发放出库等
仓储的库存管理	例如，如何根据企业生产的需求状况和销售状况储存合理数量的货物，既不因为储存过少引起生产或销售中断造成损失，又不因为储存过多占用过多的流动资金等
仓储的组织管理	例如，货源的组织，仓储计划，仓储业务，货物包装，货物养护，仓储成本核算，仓储经济效益分析，仓储货物的保税类型，保税制度和政策，保税货物的海关监管，申请保税仓储的一般程序等
仓储的信息化管理	仓储管理中信息化的应用以及仓储管理信息系统的建立和维护等问题

注：仓储业务考核、新技术新方法在仓储管理中的运用、仓储安全与消防等，都是仓储管理所涉及的内容。

1.3.4 不同行业对仓储管理的要求

1. 物流企业对仓储管理的要求

随着经济的不断发展，客户对物流服务的需求正迅速增加，而且客户的个性化需求也越来越高。为了满足客户的需求，物流仓储应配备全自动立体仓储、自动分拣系统、条形码及智能化仓储管理信息系统等。与此同时，对仓储管理人员的业务能力也提出了更高的要求。物流企业对仓储管理的要求主要体现在如下方面：

（1）合理调度仓储运作，对客户需求能做出快速的动态反应。

（2）仓储配备先进的物流软件和硬件设施，包括立体货架、自动分拣系统、条形码管理系统、流通加工设备等。

（3）仓储管理方式应能够满足不同客户的需要。

（4）在搞好仓储基本业务管理的基础上，还要进行分拣、配货、包装等，为客户提供个性化服务。

（5）为客户提供增值服务，包括搞好库存控制和提高流通加工能力等。

2. 流通企业对仓储管理的要求

仓储作为商品营销的保障，为企业销售提供物流服务。流通企业对仓储管理的要求主要体现在如下方面：

（1）搞好物品的接运。

（2）搞好物品数量和外观质量验收。

（3）分区分类和专仓专储。

（4）进行储存期标示和质量维护。

（5）高效的包装加工作业。

（6）准确发货和及时发运。

3. 生产企业对仓储管理的要求

生产企业的核心竞争力体现在产品的开发、生产和制造上，仓储作为企业生产和营销的保障，主要体现在对物料、备品备件和成品的仓储管理上。物料是指企业生产所需的原材料、零部件、在制品等。搞好物料仓储管理对确保企业生产的正常进行有着重要意义。生产企业对物料仓储管理的要求主要体现在如下方面：

（1）对供货商的供货严格把关。

（2）物品储存标识符合批次管理和可追溯性要求。

（3）建立库位编码系统，实现物品储存可视化。

（4）合理储存保管，符合先进先出的要求。

（5）限额供料和配送到现场。

此外，对工具、备品备件的仓储还要求能够根据需求规律搞好库存管理，建立安全库存并控制库存量。

1.3.5 物流信息技术在仓储管理中的应用

物流信息技术是现代信息技术在物流各个作业环节中的综合应用，是现代物流区别传统物流的根本标志。在仓储中使用的物流信息技术常见的有以下两种。

1. 条码技术

条码是由一组规则排列的条、空及其对应字符组成的标记,用以表示一定的信息。不同的码制,条码符号的组成规则不同。目前,国际上通用和公认的物流条码制有3种:EAN-13条码、ITF-14条码和贸易单元128码,如图1.5所示。

图1.5 EAN-13条码

条码技术已经广泛应用于交通运输业、商业贸易、生产制造业、医疗卫生、仓储业、邮电系统、海关、银行、公共安全、国防、政府管理、办公自动化等领域。

今天的仓储作业和库存控制作业已十分多样化、复杂化,靠人工去记忆处理已十分困难。如果不能保证正确的进货、验收、质量保证及发货,就会浪费时间、产生库存、延迟交货、增加成本,以致失去为客户服务的机会。采用条码技术,并与信息处理技术结合,可确保库存量的准确性,保证必要的库存水平及仓储中物料的移动、与进货协调一致,保证产品的最优流入、保存和流出仓储。

1) 条码技术在仓储管理中的应用

仓储管理是条码技术广泛应用和比较成熟的传统领域,条码技术不仅适用于商业商品库存管理,同样适用于工厂产品和原料库存管理。管理者通过它来及时进货或减少进货、调整生产,保持最优库存量,改善库存结构,加速资金周转,实现产品和原料的全面控制和管理,更新管理方式。实施条码技术后,仓储管理呈现以下电子化特点:①实时数据;②无停顿运行;③"零"差错;④省人力;⑤高效益。

2) 条码技术应用流程

条码技术在仓储管理中应用设计时,需要根据不同的需求选用不同的软件和条码设备。系统使用的软件可分为两部分。

(1) 条码终端使用的软件及设备。条码终端使用的软件及设备只完成数据的采集功能,较为简单。常用识读设备(以一维条码识读设备为例)包括:手持扫描枪、便携式阅读器、卡槽阅读器及全向扫描平台等,如图1.6所示。

(2) 在仓储计算机中心或服务器上使用的软件。仓储计算机中心或服务器中使用的软件包括数据库系统和仓储管理软件。另外,系统中还需要配置条码打印机,以便打印各种标签,如货位、货架使用的标签,物品标识用的标签等。图1.7为仓储条码技术应用流程,图1.8为条码应用于入库管理示意图。

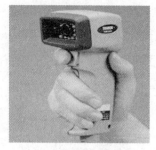
(a) 手持条码扫描枪

(b) 台式条码扫描器

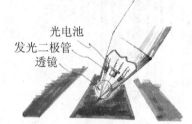
(c) 光笔

(d) 全向扫描平台

(e) 卡槽条形码阅读器

(f) 便携式条形码阅读器

图1.6 常用识读设备

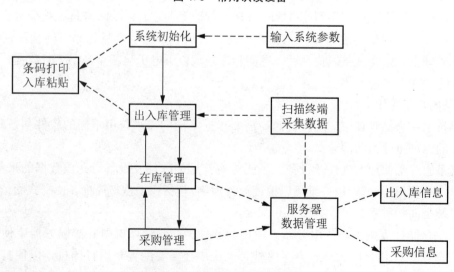

图1.7 仓储条码技术应用流程

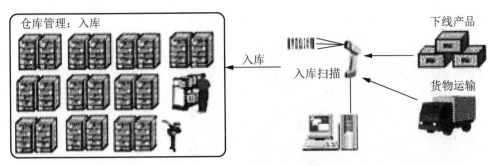

图 1.8 条码应用于入库管理示意

2. 射频识别技术

1) 射频识别技术概述

射频识别技术(Radio Frequency IDentification,RFID)的基本原理是电磁理论。射频系统的优点是不局限于视线,识别距离比光学系统远,射频识别标签具有可读写能力、可携带大量数据、难以伪造和有智能等特点。

2) RFID 系统组成与基本原理

RFID 系统一般都由信号发射机、信号接收机、发射接收天线 3 部分组成。RFID 技术的基本工作原理:标签进入磁场后,接收解读器发出的射频信号,凭借感应电流所获得的能量发送出存储在芯片中的产品信息(Passive Tag,无源标签或被动标签)或者主动发送某一频率的信号(Active Tag,有源标签或主动标签),解读器读取信息并解码后,送至中央信息系统进行有关数据的处理。

3) 射频技术在仓储管理中的应用

由电子标签、读写器、天线和应用软件构成的 RFID 系统直接与相应的管理信息系统相连。每一件物品都可以被准确地跟踪,这种全面的信息管理系统能为客户带来诸多的利益,包括实时数据的采集、安全的数据存取通道、离线状态下就可以获得所有产品信息等等。在国外,RFID 技术已被广泛应用于诸如工业自动化、商业自动化等众多领域。现在射频技术广泛地应用在仓储、车辆自动识别、高速公路收费及智能交通系统(ITS)、非接触识别卡、生产线的自动化及过程控制、动物的跟踪及管理、货物的跟踪及物品监视等领域。

将 RFID 系统用于智能仓储货物管理,有效地解决了仓储货物信息管理问题。对于大型仓储基地来说,管理中心可以实时了解货物位置、货物存储的情况,对于提高仓储效率、反馈产品信息、指导生产都有很重要的意义。它不但增加了一天内处理货物的件数,还可以监看货物的一切信息。其中应用的形式多种多样,可以将标签贴在货物上,由叉车上的读写器和仓储相应位置上的读写器读写;也可以将条码和电子标签配合使用。

RFID 在仓储中主要应用于货物的接收入库、上架、拣货、捆包、出库这几个方面。图 1.9 显示出库时,推车经过 RFID Readers(阅读器)的同时获取每一箱货物的数据。

RFID Reader #1   有标签的的推车   RFID Reader #2

Step 1：推车经过Reader门户。

Step 2：从reader抓取每个箱子的数据。

Step 3：生成业务相关事件，传送到数据中心。

图 1.9 RFID 应用于出库时示意图

 任务 1.4 洞悉仓储合同

1.4.1 仓储合同的含义及种类

1. 含义

【小词典】

仓储合同，又称仓储保管合同，是保管人储存存货人交付的仓储物，存货人支付仓储费的合同。合同双方当事人为保管人和存货人，交付保管的仓储物为合同的标的物。

【拓展知识】

仓 储 合 同

保管人(以下简称甲方)：
存货人(以下简称乙方)：
兹为储藏及保管仓储物订立仓储契约，条件如下。
第一条 乙方将所有后开标示记载物品寄托于甲方营业仓库中储藏及保管，而甲方承担保管该物品的义务。
第二条 甲方保管寄托物应以善良管理人的注意妥加保管，并随时注意观察，保持该仓储物原状完整。
第三条 乙方应按照甲方所规定的下列保管费价目表，计算支付保管费给甲方。
价目表(略)

第四条　前条保管费支付时间约定每月日，乙方应一次支付该月份保管费给甲方。但仓库内储藏保管的物品，因非可归责于甲方的事由而灭失致仓储契约消灭的，甲方得就其已为保管的部分按其已保管日数计算请求保管费，乙方决无异议。

第五条　甲方因储藏及保管所支出的必要费用，如包装费、代垫的税捐、保险费或凡属维持原状而支出的一切必要保管费用，甲方得向乙方请求偿还。但以其确有切实必要依本契约应由乙方负担，而情况紧急一时无暇通知乙方所支出者为限。

第六条　乙方对仓储物处于寄托时，非因过失而不知仓储物有发生危险的性质或瑕疵的，免其责外，因仓储物的性质或瑕疵所生的损害，乙方应负赔偿责任。

第七条　本契约终了后甲方即无继续储藏及保管仓储物的义务，而应将寄托物退还于乙方或仓单持有人。但乙方或仓单持有人，应即返还仓单于甲方，倘乙方或仓单持有人拒绝或不能移去，甲方可定相当期限请求移去，逾期不移去的，甲方即得将寄托物付诸拍卖。

第八条　甲方依前条规定行使拍卖权，就寄托物拍卖其所得金，扣去因拍卖所生的费用及保管费及甲方为保管所支出的必要费用，以及因迟延移去寄托物所生的保管费用，如有剩余甲方应将余额交付于应得之人。

第九条　甲方因仓储物的性质或瑕疵所生损害的赔偿，对于仓储物可行使留置权，以达清偿的目的。

第十条　甲方对于寄托物储藏自应尽善良管理人的注意而保管之责，就其所保管仓储物的灭失损毁应负损害赔偿责任。

第十一条　甲方除经乙方或仓单持有人的同意或依习惯或有不得已之事由外，应自己保管仓储物，不得使第三人代为保管仓储物。

第十二条　甲方未经乙方或仓单持有人的同意亦非习惯或有不得已的事由，而使第三人代为保管者，对于寄托物因此所受的损害甲方应负赔偿责任。

第十三条　保管期间经双方约定自　　起至　　止。

前款规定期间内甲方不得任意请求移去仓储物，但甲方因不可归责于自己之事由致不能为储藏保管时，虽在期间中亦可随时请求乙方或仓单持有人移去。

第十四条　保管期间届满后甲方应将仓储物及其所生孳息一并返还乙方或仓单持有人。

第十五条　甲方返还仓储物得在甲方储藏寄托物的仓库所在地为之。但寄托物如经乙方或仓单持有人同意或依习惯或有不得已之事由转使第三人代为保管的，得于仓储物的现在地返还。

第十六条　甲方在保管期间如有第三人就寄托物对甲方提起诉讼，主张寄托物系其所有而对甲方诉请返还或就寄托物为假扣押假处分的执行时，甲方有即时通知乙方或仓单持有人的义务。

第十七条　甲方在仓库储藏的仓储物发生霉烂、发酵、蒸发、变质等有减少价格之虞时，应有从速通知乙方或仓单持有人的义务。

第十八条　甲方对于前两条危险通知的义务如怠于履行，致乙方或仓单持有人不能依法定程序维护权利因此所受损害，甲方应负赔偿之责。

第十九条　甲方因乙方或仓单持有人的请求，应允许其检点仓储物使其可查悉仓储物的现状以防止其损坏灭失或其他减少价格的危险，亦应允许其摘取样本，甲方绝无异议。

第二十条　甲方于本合同订立同时应将仓单交付乙方收执。

第二十一条　前条仓单如遗失、被盗或灭失时可请求补发。但应先由乙方或仓单持有人向法院依法律程序宣告其原填发仓单为无效后，始得请求补发。

第二十二条　乙方或仓单持有人于仓单填发后认为有将仓储物分割为数部分以便分别处分的必要者，甲方自当应其请求为之分割换发各该部分的仓单；但原仓单同时由持有人交还甲方，前项分割仓储物及填发新仓单的费用由请求人负担。

第二十三条 本合同除寄托物灭失、保管期限届满，或因不可归责于当事人的事由致给付不能、解除条件成就、解除权及撤销权的行使等一般法律行为的消灭原因而归于消灭外，乙方或仓单持有人均可随时终止契约而请求返还寄托物。

寄托物标示：

物品种类：

品质：

数量：

包装的种类：

个数：

记号：

本合同一式两份，双方各执一份为凭。

甲方：

乙方：

2．种类

仓储合同可以依据不同的标准做出不同分类。不同种类的仓储合同具有不同的种类特征，也具有不同的法律效力。下面按仓储经营方式分为一般仓储合同、混藏仓储合同、消费仓储合同与仓库租赁合同。

1）一般仓储合同

一般仓储合同以特定物或特定化的种类物为标的物，合同期限届满时，保管人将原物返还于存货人。例如，存货人存入100袋香米，取回时依然是存入时的那100袋香米。

2）混藏仓储合同

混藏仓储合同是指存货人将一定品质数量的种类物交付保管人储藏，而在储存保管期限届满时，保管人只需以相同种类、相同品质、相同数量的替代物返还的仓储合同。如上例，存货人与保管人签订的是混藏合同，存入100袋香米，取回时只要是相同种类和品质的100袋香米即可，可以是泰国产的，也可以是印度产的。

3）消费仓储合同

消费仓储合同是指存货人不仅将一定数量品质的种类物交付仓储保管人储存保管，而且与保管人相互约定，将储存物的所有权也移转于保管人处，在合同期届满时，保管人以相同种类、相同品质、相同数量的替代品返还的仓储合同。消费式仓储合同的不同之处是涉及仓储物所有权转移到保管人，自然地保管人需要承担所有人的权利和义务。消费式仓储经营人的收益，除了约定的仓储费（一般较低）外，更重要的是消费仓储物与到期购回仓储物所带来的差价收益。

4）仓库租赁合同

仓库租赁合同是指仓库所有人将所拥有的仓库以出租的方式开展仓储经营，由存货人自行保管商品时签订的合同。仓储人只提供基本的仓储条件、进行一般的仓储管理，如环境管理、安全管理等，并不直接对所存放的商品进行管理。仓库租赁合同严格意义上来说不是仓储合同，只是财产租赁合同。但是由于仓库出租方具有部分仓储保管的责任，所以具有仓储合同的一些特性。

1.4.2 仓储合同的特征与相关概念

1. 仓储合同的特征

（1）保管人必须是具有仓库营业资质的人，即具有仓储设施、仓储设备，专事仓储保管业务的人。这是仓储合同主体上的重要特征业务的人。

（2）仓储合同的对象仅为动产，不动产不可能成为仓储合同的对象。

（3）仓储合同为诺成合同。仓储合同自成立时起生效。

（4）仓储合同为不要式合同，可以是书面形式，也可以是口头形式。

（5）仓储合同为双务、有偿合同。保管人承担储存、保管的义务，存货人承担支付仓储费的义务。

2. 仓储合同的相关概念

1）仓储合同的当事人

仓储合同的当事人就是参与合同签订的存货人和保管人。在合同签订时双方必须都在场且合同上必须有当事人的签名盖章。

存货人是指将仓储物交付仓储的一方的合同当事人。存货人必须是具有将仓储物交付仓储的处分权的人，可以是仓储物的所有人也可以是只有仓储权利的占有人，如承运人，或者是受让仓储物但未实际占有仓储物的准所有人，或者是有权处分人，如法院、行政机关等；可以是法人、非法人单位、民营企业、事业单位、个体经营户、国家机关、群众组织、公民等。

保管人为仓储物的保管一方的合同当事人。根据合同法规定，保管人必须有仓储设备和专门从事仓储保管业务的资格。即保管人必须拥有仓储办公设备和设施，具有仓库、场地、货架、装卸搬运设施、安全、消费等基本条件，取得相应的公安、消防部门的许可。从事特殊保管的，还要有特色保管的条件要求。设备和设施无论是保管人自有的还是租赁的，保管人都必须具有有效的经营使用权。

2）仓储合同的标的物

仓储合同的标的物是指合同关系指定的对象，也就是仓储合同当事人权利和义务共同指向的对象。依合同的性质而言，存货人交付的仓储对象必须是动产，不动产不能成为仓储合同的标的物。

1.4.3 仓储合同格式

仓储合同是不要式合同，当事人可以协议采用任何合同格式。

【小词典】

不要式合同，是相对于要式合同的法律概念，是指当事人订立的合同依法并不需要采取特定的形式，当事人可以采取口头方式，也可以采取书面方式。

1. 合同书

合同书是仓储合同的最常用格式，由合同名称、合同编号、合同条款、当事人签署等部分构成。合同书具有形式完整、内容全面、程序完备的特征，便于合同订立、履行、留存及合同争议的处理。

2. 确认书

确认书是合同格式的主要部分，一般有两种形式：一种仅列明合同的主要事项，合同的其他条款在其他文件中表达；另一种是将完整合同事项列在确认书上，相当于合同书的形式。由于确认书仅由发出确认书的一方签署，所以它与完整合同书不同。在采取口头、传真、电子电文等形式商定合同时，为了明确合同条款和表达合同订立，常常采用一方向另一方签发确认书的方式确定合同。

3. 计划表

计划表是长期仓储合同的补充合同或执行合同。在订立长期仓储合同关系时，对具体仓储的安排较多采用计划表的形式，由存货人定期制订仓储计划交仓储保管人执行。

4. 格式合同

格式合同是由一方事先拟订并在工商管理部门备案的单方确定合同。对于仓储周转量极大、每单位仓储物量较小，即次数多、批量少的公共仓储，如车站仓储等，仓储保管人可以采用格式合同。在订立合同时，只有仓储保管人填写仓储物、存期、费用等变动事项后直接签发并交由存货人签认，不进行条款协商。

1.4.4 仓储合同的条款

仓储保管合同的主要条款一般有：仓储物品种类（货物的品名或品类；货物的数量、质量、包装；货物验收的内容、标准、方法、时间）；货物保管条件和保管要求；货物进出库手续、时间、地点、运输方式；货物损耗标准和损耗的处理；计费项目、标准和结算方式、银行、账号、时间；责任划分和违约处理；合同的有效期限；变更和解除合同的期限。

1. 货物的品名和品种

由于仓储合同的标的物是委托储存保管的货物，对于存货人来说，无论其为特定物还是种类物，均具有特定的用途，保管人不但应妥善保管，以免发生损毁，而且在保管期满后应当按约定将原物及其孳息交还存货人或其委托的第三人。因此，必须在合同中对货物的品种或品名作出明确、详细的规定。

2. 货物的数量、质量、包装

货物的数量依据保管人的存储能力由双方协商确定，并应以法定计量单位计算；货物的质量应使用国家或者有关部门规定的质量标准标明，如货物有保质期的，也应一并说明；货物的包装由存货人负责，有国家或者专业包装标准的，执行规定标准，没有有关标准的，在保证运输和储存安全的前提下，由合同当事人约定。

3. 货物验收的内容、标准、方法、时间

验收由保管人负责。通常验收的内容、标准包括三个方面：一是无须开箱拆捆即直观可见的质量情况，项目主要有货物的品名、规格、数量、外包装状况等；二是包装内的货物品名、规格、数量，以外包装或者货物上的标记为准，无标记的，以供货方提供的验收资料为准；三是散装货物按国家有关规定或合同的约定验收。验收方法有全验和按比例抽验两种，具体采用哪种方法，应在合同中明确约定。验收的期限是自货物和验收资料全部送达保管人之日起，至验收报告送出之日止，日期以运输或邮电部门的戳记或直接送达的日期为准。

4. 货物保管条件和保管要求

存货人委托储存保管的货物种类繁多，性质各异，因而对保管的要求也各不相同，许多货物需要特殊的保管条件和保管方法。如储存易燃、易爆、有毒、有腐蚀性、有放射性等危险物品或者易变质物品，需要有专门的仓储设备及技术条件，应在合同中作相应的约定，存货人应向保管人说明该物的性质并提供有关资料，以免发生货、仓毁损或者人身伤亡。

5. 货物进出库手续、时间、地点、运输方式

货物进出库是仓储合同的重要环节，双方应当详细约定具体的交接事项，以便分清责任。对货物入库，应当明确规定是由存货人或运输部门、供货单位送货到库，还是由仓管人到供货单位、车站、码头等处提取货物；同样，对于货物出库，也应明确规定是由存货人、用户自提或是由保管人代送、代办发送手续。无论采用何种方式，都应按照货物验收规定当面交接清楚，分清责任。

6. 货物损耗标准和损耗的处理

货物损耗是指货物在储存、运输过程中，由于自然因素（如干燥、风化、散失、挥发、黏结等）、货物本身的性质和度量衡的误差等原因，不可避免地要发生一定数量的减少、破损或计量误差。有关主管部门对此做出规定或者由合同当事人商定货物自然减量标准和合理磅差（一般以百分比或千分比表示），统称为损耗标准。

损耗的处理是指实际发生的损耗超过标准或者没有超过标准规定时，如何划分经济责任，以及如何对实物进行处理。例如，在货物验收过程中，在途损耗不超过货物自然减量标准和损耗在规定磅差范围内的，仓库可按实际验收数验收入库；如果超过规定的，应核实做出验收记录，按照规定处理。

7. 计费项目、标准和结算方式、银行、账号、时间

货物储存和运输过程中的计费项目，应按仓储保管部门制定的标准执行，也可由当事人双方协商确定。计费项目包括：仓储费、转仓费、出入库装卸搬运费，车皮、站台、包装整理、商品养护等费用。此条款中除了要明确上述费用由哪一方承担外，还应明确各种费用的计算标准、支付方式、地点、开户银行、账号等。存货方一般应按月支付保管费用。

8. 违约责任

《仓储保管合同实施细则》规定：保管人不能全部或部分按合同议定的品名、时间、数量接货的；存货方不能全部或部分按合同议定的品名、时间、数量入库（含超议定储存量储存）的；保管方没有按合同规定的时间、数量交货的；存货方已通知货物出库或合同期已到，由于存货方（含用户）的原因不能如期出库的；均应承担违约责任。当事人必须向对方支付违约金，合同另有规定的除外。违约金的数额为违约所涉及的那一部分货物的 3 个月保管费

(或租金)或 3 倍的劳务费,合同另有规定的除外。因违约使对方遭受经济损失的,如违约金不足以抵偿实际损失,还应以赔偿金的形式补偿其差额部分。

其他违约行为给对方造成经济损失的,一律赔偿实际损失。

赔偿货物的损失,一律按进货价或国家批准调整后的价格计算;有残值的,应扣除残值部分或残值归赔偿方;不负责赔偿实物。

9. 合同的有效期限

合同的有效期限即货物的保管期限,存货方过期不取走货物应承担违约责任。但有的存储保管合同也可以不规定期限,双方约定只要存货方按日或按月支付保管费用,即可继续存放。

10. 变更和解除合同期限

保管方或存货方如需要对合同进行变更或解除,必须事先通知对方,以便做好相应的准备工作。因此,仓储保管合同中应当明确规定提出变更或解除合同的期限。

11. 争议的解决方式

约定双方如果发生纠纷的解决办法。

12. 双方认定的其他需要约定的条款

如有上述条款不能表述的内容,可约定其他条款。

1.4.5 仓储合同的生效和无效

《中华人民共和国合同法》(简称《合同法》)第四十四条规定:"依法成立的合同,自成立时生效,法律、行政法规规定应当办理批准、登记等手续生效的,依照其规定。"合同生效是指已经成立的合同在当事人之间产生了一定的法律约束力。合同生效须具备两大要件,一是合同成立;二是合同依法成立。

1. 合同成立

1) 合同成立条件

(1) 订约主体必须存在两方以上的当事人。

(2) 当事人对合同必要条款达成合意。

(3) 合同的成立应当经过要约和承诺阶段。

2) 合同生效的条件

(1) 合同当事人在缔结合同时必须具有相应的缔结合同的行为能力。

(2) 合同当事人订立合同时的意思表示必须真实。

(3) 合同不违反法律、行政法规的强制性规定,不损害社会公共利益。

(4) 合同的标的物确定,履行的可能、标的物的合法。

(5) 合同必须具备法律所要求的形式。

2. 合同生效

1) 合同生效的时间

合同生效是指合同产生法律约束力。《合同法》第四十四条规定,依法成立的合同,自成立时生效。法律、行政法规规定应当办理批准、登记等手续生效的，依照其规定。

2）无效合同

无效合同是指不具备法律规定的有效条件而不具有法律效力的合同。

《中华人民共和国民法通则》和《中华人民共和国合同法》规定，有下列情形之一的为无效合同。

（1）订立合同的民事主体不合格，即订立合同的当事人不具有相应的民事权利能力或民事行为能力。

（2）一方以欺诈、胁迫的手段订立合同，损害国家利益。

（3）恶意串通，损害国家、集体或第三人利益。

（4）以合法形式掩盖非法目的。

（5）损害社会公共利益。

（6）违反法律、行政法规的强制性规定。

1.4.6 仓储合同的变更解除

在合同生效后，当事人应按照约定全面履行自己的义务，任何一方不能擅自变更、解除和终止合同，这是《中华人民共和国合同法》所确定的合同履行原则。但仓储经营具有极大的变动性和复杂性，会随着主客观情况的变化而变化，为了避免当事人双方的利益受到更大的损害，变更、解除或终止已生效的合同会是更有利的选择。

1. 仓储合同的变更

仓储合同的变更是指对方已经合法成立的仓储合同内容在原来合同的基础上进行修改或者补充。例如对仓储物数量的增加或减少；对履行期限的推迟或提前；对其他权利义务条款的修改、补充、限制等。仓储合同的变更一般不涉及已经履行的部分，其效力仅及于未履行的部分。因此，仓储合同的变更并不改变原合同关系，而是在原合同关系基础上对有关内容的修订，其目的在于便于合同的履行，从而更好地满足合同当事人对经济利益的要求。

仓储合同当事人一方因为利益需要，向另一方提出变更合同的需求，并要求另一方在限期内答复，另一方在期限内答复同意变更，或者在期限内未做答复，则合同发生变更，双方按照变更后的条件履行。如果另一方在期限内明确拒绝变更，则合同不能变更。

仓储合同变更后，被变更的内容即失去效力，存货人与仓储保管人应按变更后的合同来履行义务，变更对于已按原合同所做的履行部分无追索力，效力仅及于未履行的部分。所以任何一方当事人不得因仓储合同的变更而要求另一方返还在此之前所做的履行。仓储合同变更后，因变更而给对方造成损失的，责任方应当承担损害赔偿责任。

2. 仓储合同的解除

仓储合同的解除是指仓储合同订立后，在合同未履行或尚未全部履行时，一方当事人提前终止合同，从而使原合同设定的双方当事人的权利义务归于消灭。它是仓储合同终止的一种情形。

仓储合同的解除主要有两种方式。

一是存货人与仓储保管人协议解除合同。存货人与仓储保管人协议解除合同是指双方当事人通过协商或者通过行使约定的解除权导致仓储合同的解除。解除合同协议可以在合同生效后、履行完毕之前双方协商达成解除合同的协议；也可以在订立合同时订立解除合同的条款，当约定的解除合同的条件出现时，一方通知另一方解除合同。

二是法定解除。仓储合同的法定解除是指仓储合同有效成立后，在尚未履行或尚未完全履行之前，当事人一方行使法律规定的解除权而使合同效力归于消灭。仓储合同一方当事人所享有的这种解除权是由法律明确规定的，只要法律规定的解除条件成立，依法享有解除权的一方就可以行使解除权。

仓储合同解除后，尚未履行的部分，终止履行；已经履行的部分，根据履行情况和合同性质，当事人可以要求采取补救措施，如仓储保管人可要求存货人偿付额外支出的仓储费、保管费、运杂费等；而存货人则可要求仓储保管人恢复原状，返还原物。此外，仓储合同解除后，存货人或仓储保管人应当承担由于合同解除而给对方造成的损失。

1.4.7 仓储合同当事人的权利和义务

仓储合同一经签订，即发生法律效力。存货人和保管人享有合同规定的权利的同时也都有严格履行合同约定的义务。

1. 存货人的权利与义务

1）存货人的权利

根据《合同法》的规定，仓储合同中存货人享有以下权利。

（1）提货权。存货人拥有凭仓单提取仓储物的权利。如果在合同中约定了仓储时间，存货人有权提前提取仓储物。如果在合同中没有约定仓储时间，存货人仍有随时提取仓储物的权利。

（2）转让权。物品在储存期间，存货人有权将提取物品的权利转让给他人，但是必须办理仓单的背书手续。

（3）检查权。物品在储存期间，仓储保管人负责保管存货人交付的仓储物，此时保管人对物品享有占有权，但仓储物的所有权仍然属于存货人，为了防止货物在储存期间变质或发生货损货差，存货人有权随时检查仓储物或提取样品，但在检查时不得妨碍保管人的正常工作。

（4）索偿权。因保管人的原因造成仓储物损坏、灭失的，存货人有权向其索赔。

2）存货人的义务

存货人在享有《合同法》规定的权利时，必须承担的义务有以下几种。

（1）如实告知货物情况的义务。存货人要求仓储保管人储存易燃、易爆、有毒、有放射性等危险物品或者易腐烂等特殊物品时，应当说明物品的性质和预防货物发生变质、危险的方法，同时提供有关的技术资料，并采取相应的防范措施。如果因存货人未将危险物品情况如实地告知保管人，而遭受货物损失的，存货人应承担责任。

（2）按约定交付货物的义务。存货人应当按照合同约定的品种、数量、质量包装等将货物交付给仓储保管人保管入库，并在验收期间向仓储保管人提供验收资料，存货人不能按此约定交付储存物的，应承担违约责任。

（3）支付仓储费和其他必要费用的义务。仓储费是仓储保管人提供仓储服务应得的报酬。一般情况下，仓储费应在存货人交付仓储物前支付而非提取货物时支付，所以存货人应依据仓储合同或仓单规定的仓储费，将其按时交纳给仓储保管人。其他必要费用是指为了保护存货人的利益或避免发生损失而支付的费用。如果仓储合同中规定的仓储费包括必要费用，存货人可不必再另外支付。

（4）按约定及时提取货物的义务。仓储合同期限到时，存货人应当凭仓单及时提取储存货物，提取货物后应交回仓单。如果储存期限满后，存货人不提取货物，保管人可以提存该货物。

2. 保管人的权利与义务

1) 保管人的权利

根据《合同法》的规定，仓储合同中的存货人享有以下权利。

（1）有权要求存货方按合同规定及时交付标的物。

合同签署后保管人有权要求存货人按照合同约定的品种、数量、质量包装等将货物交付给仓储保管人保管入库，存货人不能按此约定交付储存物的，应承担违约责任。

（2）有权要求存货方对货物进行必要的包装。

（3）有权要求存货人告知货物情况并提供相关验收资料。

根据法律规定，存货人违反规定或约定，不提交特殊物品的验收资料的，仓管人可以拒收仓储物，也可以采取相应措施以避免损失的发生，由此产生的费用由存货人承担。

（4）有权要求存货人对变质或损坏的货物进行处理。

（5）有权要求存货人按期提取货物。

（6）有权按约定收取储存管理货物的各项费用和约定的劳务报酬。

我国《合同法》第三百九十三条规定："储存期间届满，存货人或仓单持有人不提取仓储物的，仓储保管人可以催告其在合同期限内提取，逾期不提取的，仓储保管人可以提存仓储物。"所以存货人延迟提取仓储物时，仓储保管人员有权收取因延迟提取所产生的费用。

2) 保管人的义务

保管人在享有《合同法》规定的权利时，必须承担的义务有以下几方面。

（1）给付仓单的义务。仓单是仓储保管人在收到仓储物时，向存货人签发的表示已经收到一定数量的仓储物，并以此来代表相应的财产所有权利的法律文书。存货人或仓单持有人将以仓单内容向保管人主张权利，保管人也将以仓单所记载的内容向存货人或仓单持有人履行义务。

（2）妥善保管仓储物的义务。保管人应当严格按照合同规定提供合理的保管条件，妥善地保管仓储物。如果仓储物属易爆、有毒、有放射性等危险物品，仓储保管人必须具备相应的仓储条件，如果条件不具备，不得接收危险物品作为仓储物。

(3) 验收货物和危险通知义务。保管人在接收存货人交存的货物时，应当按照合同规定对货物进行验收，例如：货物的品名、规格、数量、外包装状态等。如果在验收时发现不良情况、仓储物变质、发生不可抗力损害或其他涉及仓储物所有权的情况，仓储保管人应及时通知存货人或仓单持有人。

储存的货物出现危险时，保管人应及时通知存货人。危险情形主要包括：

第一，保管人对入库仓储物发现有变质或者其他损坏，危及其他仓储物的安全和正常保管的，应当催告存货人或仓单持有人作出必要的处置。因情况紧急代存货人作出必要处置的，应当于事后将该情况及时通知存货人或仓单持有人。第二，遇有第三人对其保管的货物主张权利而起诉或扣押时，保管人应及时通知存货人或仓单持有人。

(4) 返还保管物的义务。合同约定的保管期届满或因其他事由终止合同时，保管人应将储存的原物返还给存货人或存货人指定的第三人。合同中约定有储存期限的在仓储合同期限届满前，保管人不得要求存货人提前取回保管物；存货人要求提前取回时，保管人不得拒绝，但保管人有权不减收仓储费。

1.4.8 仓储合同的违约责任和免责

1. 仓储合同的违约责任

1) 仓储合同违约责任的概念

仓储合同违约责任是指仓储合同的当事人，因自己的过错不履行合同或履行合同不符合约定条件时所承担的法律责任。依法制裁违约行为，可以保护受害当事人的合法权益，预防和避免违约行为的发生，保障正常经济秩序的发展，维护交易的安全。如果发生违约，依据法律的规定或合同的约定，违约方应当承担民事责任。

2) 仓储合同违约责任的承担方式

根据《合同法》的相关规定，仓储合同违约责任的承担方式有以下 3 种。

(1) 支付违约金。违约金是指仓储合同当事人一方发生违约时，依据法律的规定或合同的约定按照价款或酬金总额的比例向对方支付一定数额的货币。违约金一般分为两类：法定违约金和约定违约金。法定违约金是由国家法律或法规直接规定的违约金。约定违约金是仓储合同当事人在签订合同时协商确定的违约金，由于约定违约金完全是当事人协商确定，所以在确定违约金额时，不能过低也不能过高，过高会加重违约方的经济负担，过低则起不到督促当事人履行合同的作用。

(2) 损害赔偿。损害赔偿是指合同一方当事人违约时，在支付违约金或采取其他补救措施后，如果对方还有其他损失，违约方应承担赔偿损害的责任。

(3) 继续履行。在仓储合同中，当一方当事人不履行合同时，对方有权要求违约方按照合同规定履行义务或向法院请求强制违约方按照合同规定履行义务，而不得以支付违约金和赔偿金的办法来代替履行。

2. 仓储合同的免责

仓储合同的免责也称为仓储合同违约责任的免除，是指一方当事人不履行合同或法律规定的义务，致使对方遭受损失，由于不可归责于违约方的事由，法律规定违约方可以不承担民事责任的情况。

合同违约责任的免除有以下几种情况。

1）因不可抗力免责

不可抗力是当事人不能预见、不能避免并且不能克服的客观情况，例如火山爆发、洪水、地震、台风、冰雹、台风、战争、罢工等自然灾害或社会现象。由于这些原因不是当事人主观过错造成的。所以，在不可抗力发生后，有关当事人可依法免除违约责任。不过不可抗力免责的范围是在不可抗力的直接影响下，如果当事人并没有采取有效措施进行防范、补救从而使造成的损失进一步扩大，其损失扩大的部分是不能免责的。

2）因自然因素或货物本身性质免责

在货物存储期间，由于自然因素，如干燥、分化、挥发、锈蚀等原因或因为货物本身性质如易碎、易腐等原因导致损失或损耗，一般由存货人负责，仓储保管人不承担责任。

3）因存货人的过失而免责

在仓储合同履行期间，存货人未尽到如实告知货物情况的义务从而使货物受到损失的，可以减少或免除保管人的责任。

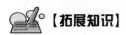【拓展知识】

《中华人民共和国合同法》部分

第二十章　仓储合同

第三百八十一条　仓储合同是保管人储存存货人交付的仓储物，存货人支付仓储费的合同。

第三百八十二条　仓储合同自成立时生效。

第三百八十三条　储存易燃、易爆、有毒、有腐蚀性、有放射性等危险物品或者易变质物品，存货人应当说明该物品的性质，提供有关资料。

存货人违反前款规定的，保管人可以拒收仓储物，也可以采取相应措施以避免损失的发生，因此产生的费用由存货人承担。

第三百八十四条　保管人应当按照约定对入库仓储物进行验收。保管人验收时发现入库仓储物与约定不符合的，应当及时通知存货人。保管人验收后，发生仓储物的品种、数量、质量不符合约定的，保管人应当承担损害赔偿责任。

第三百八十五条　存货人交付仓储物的，保管人应当给付仓单。

第三百八十六条　保管人应当在仓单上签字或者盖章。仓单包括下列事项：

（一）存货人的名称或者姓名和住所；

（二）仓储物的品种、数量、质量、包装、件数和标记；

（三）仓储物的损耗标准；

（四）储存场所；

（五）储存期间；

（六）仓储费；

（七）仓储物已经办理保险的，其保险金额、期限以及保险人的名称；

（八）填发人、填发地和填发日期。

第三百八十七条　仓单是提取仓储物的凭证。存货人或者仓单持有人在仓单上背书并经保管人签字或者盖章的，可以转让提取仓储物的权利。

第三百八十八条　保管人根据存货人或者仓单持有人的要求，应当同意其检查仓储物或者提取样品。

第三百八十九条　保管人对入库仓储物发现有变质或者其他损坏的，应当及时通知存货人或者仓单持有人。

第三百九十条　保管人对入库仓储物发现有变质或者其他损坏，危及其他仓储物的安全和正常保管的，应当催告存货人或者仓单持有人做出必要的处置。因情况紧急，保管人可以做出必要的处置，但事后应当将该情况及时通知存货人或者仓单持有人。

第三百九十一条　当事人对储存期间没有约定或者约定不明确的，存货人或者仓单持有人可以随时提取仓储物，保管人也可以随时要求存货人或者仓单持有人提取仓储物，但应当给予必要的准备时间。

第三百九十二条　储存期间届满，存货人或者仓单持有人应当凭仓单提取仓储物。存货人或者仓单持有人逾期提取的，应当加收仓储费；提前提取的，不减收仓储费。

第三百九十三条　储存期间届满，存货人或者仓单持有人不提取仓储物的，保管人可以催告其在合理期限内提取，逾期不提取的，保管人可以提存仓储物。

第三百九十四条　储存期间，因保管人保管不善造成仓储物毁损、灭失的，保管人应当承担损害赔偿责任。因仓储物的性质、包装不符合约定或者超过有效储存期造成仓储物变质、损坏的，保管人不承担损害赔偿责任。

第三百九十五条　本章没有规定的，适用保管合同的有关规定。

1.4.9　仓单

【小词典】

所谓仓单是保管人应存货人的请求而签发的一种有价证券。它表示一定数量的货物已由存货人交付保管人，是仓单持有人依仓单享有对有关仓储物品的所有权的法律凭证。

仓单是仓储合同存在的证明，也是仓储合同的组成部分。有价证券是表示或证明一定财产权利的证书。

1. 仓单的性质

1) 仓单是提货的凭证

在提取仓储物时，必须出示仓单并在货物提出后将仓单交还仓储保管人注销。没有仓单不能直接提取仓储物。

2) 仓单是储存物所有权的法律文书

保管人收到存货人的物品时，经过检验后向存货人开具仓单说明此时仓储物的所有权是属于存货人的，存货人只是将仓储物的储存保管责任转交给仓储保管人。

3) 仓单是有价证券

仓单经过存货人背书及仓储保管人的签署后可以转交给任何人，任何持有仓单的人都可以向仓储保管人要求给付仓储物。因此从性质上而言，仓单是一种有价证券，它代表着和仓储物等价值的财产权利。

2. 仓单的形式和内容

1) 仓单的形式

仓单由仓储保管人提供。仓单为一式两联,第一联为仓单,在签发后交给存货人;第二联为存根,由仓储保管人保存,以便核对仓单。

2) 仓单的内容

根据我国《合同法》的相关规定,仓储保管人制作仓单应分为两个部分:首先,由仓储保管人记载有关事项;然后由仓储保管人在已经载明权利义务的仓单上签字或盖章。其内容具体包括:存货人的名称和住所,仓储物的品种、数量、质量、包装、件数和标记,仓储物的耗损标准,储存场所,储存期限,仓储费用,保险事项记载,填发人、填发地和填发日期。

一份有效的仓单可以包含以上所有内容和仓储保管人认为必要的内容,也可以是默认的一些内容。只要仓单内容能充分表达出仓储物的所有权、保管人的责任、仓单持有人提取仓储物的权利,此仓单就应该有效。反之缺乏保管人、存货人、仓储物、保管人签字盖章等事项的显然是无效的。

3. 仓单业务

1) 仓单的签收

当存货人将仓储物交给仓储保管人时,仓储保管人应对仓储物进行验收,确认仓储物的状态,在全部仓储物入库后,填制签发仓单。仓储保管人在填制仓单时,必须将所有接收的仓储物的实际情况如实记录在仓单上,特别是对仓储物的不良状态更是要准确描述,以便到期时能按仓单的记载交还仓储物。仓单经仓储保管人签署才能生效。《合同法》规定,仓储保管人只签发一式两份仓单,一份为正式仓单,交给存货人;另一份为存根,由仓储保管人保管。仓单副本则根据业务需要复制相应份数,但须注明为"副本"。

2) 仓单的分割

存货人将一批仓储物交给仓储保管人时,因为转让的需要,要求仓储保管人签发分为几份的仓单,或者仓单持有人要求保管人将原先的一份分拆成多份仓单,以便向不同人转让,这种类型的业务被称为仓单的分割。分割后的各份仓单所载的仓储物总和数应与仓储物实际总数相同。如果仓储保管人对已经签发的仓单进行了分割,必须将原仓单收回。

3) 仓单转让

仓单持有人需要转让仓储物时,可以采用背书转让的方式进行。仓单转让生效的条件为:背书完整,且经过保管人签字盖章。背书转让的出让人为背书人,受让人为被背书人。背书的格式如下。

兹将本仓单转让给＊＊＊(被背书人的完整名称)
＊＊＊(背书人的完整名称)
背书经办人签名、日期

仓单可以进行多次背书转让,第一次背书的存货人为第一背书人。在第二次转让时,第一次被背书人就成为第二背书人,因而背书过程是衔接的完整过程,任何参与该仓单转让的人都在仓单的背书过程中记载。值得注意的是,如果仓单中明确记载了不得背书的,则仓单持有人即使做了背书，也不能发生转让提取仓储物权利的效力。

4) 凭单提货

在仓储期满或经仓储保管人同意的提货时间，仓单持有人向仓储保管人提交仓单并出示身份证明，经保管人核对无误后，仓储保管人给予办理提货手续。具体过程如图1.10所示。

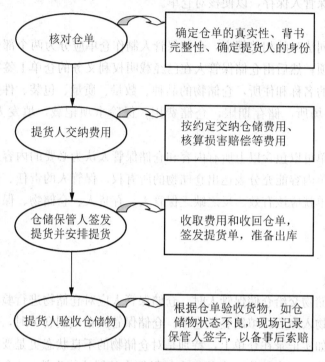

图1.10 凭单提货过程

5) 仓单灭失的提货

原则上提货人不能提交仓单，仓储保管人不能交付货物，无论对方是合同订立人还是其他人。因为仓储保管人签发出仓单就意味着承认只能对仓单承担交货的责任，不能向仓单持有人交付存储物就需要给予赔偿。在实际业务操作过程中会出现仓单因故损毁和灭失，无单提货的情况。仓单灭失的提货方法一般有两种。

(1) 通过人民法院的公示催告使仓单失效。当60天公示期满无人争议，法院可以判决仓单无效，申请人可以向仓储保管人要求提取仓储物。

(2) 提供担保提货。提货人向仓储保管人提供仓储物的担保后提货，由仓储保管人掌握担保财产，将来另有人出示仓单而不能交货赔偿时，仓储保管人使用担保财产进行赔偿。该担保在可能存在的仓单失效后，方可解除担保。

 任务1.5 洞悉仓储部门

【你知道吗?】

随着工业化的进一步发展，现代许多公司传统意义上的仓库也得到了逐步的改良。仓库这个部门的名称也有了很多新的叫法：货仓、仓储部（科）、物料部、资材部门（科）、物流中心、配送中心等。但是不管叫什么名称，仓库作为它传统意义上的职能并没有发生变化。

1.5.1 仓储部门职能

仓储部主要负责管理企业各类原材料、辅料、产成品、零部件、设备等物资的入库、保管、库存控制、出库、配送等活动，为企业的生产经营活动提供保障，为企业的发展提供服务，具体职能包括以下6项。

1. 物资检验

（1）对企业所采购各类物资、产成品进行入库前的数量清点、单据核对。
（2）检查企业所购物资的包装情况，做好记录。
（3）将入库前物资检验的结果及时反馈给采购部，以便采购部及时做出相应处理。

2. 物资出入库管理

（1）对出入库前的各类物资进行点数或过磅。
（2）办理各类物资的出入库手续，检查单据是否填制齐全，单据不全者拒绝出入库。
（3）严把出入库物资的质量关：具有质量检验合格报告书的物资才可入库；对出库物资也要进行品质检验，杜绝不合格品投入使用或流入市场。
（4）优化出入库流程，保证出入库工作的准确性。

3. 物资存储保管

（1）仓储规划，包括规划存放区域，设计各类物资的摆放规则、位置，合理利用仓容及各类资源。
（2）各类物资的分类存放、整理和保管。
（3）各类库存物资，尤其是设备、备件等的保养。
（4）库区的公共卫生管理（防止各类物资受潮、变质等）。
（5）仓储的安全、消防管理（做好防火、防盗工作）。

4. 物资定期盘点

（1）统计每日出入库物资数量，编制统计日报表，为采购、生产等部门提供准确的库存数据。
（2）定期对库存物资进行盘点，记录在库物资的各项数据，定期向财务部提交库存盘点数据。
（3）处理盘盈、盘亏、损失等情况。

5. 库存控制

（1）核定和掌握各种物资的储备定额，并严格控制，保证库存合理。
（2）对各类物资进行动态管理，及时提出采购需求报告。
（3）对仓储内发生的滞料、废料予以及时处理。

6. 物资装卸、搬运及配送管理

（1）做好各类物资的装卸、搬运、出入库及库内搬移作业。

（2）做好各类物资的分拣、拆包，产成品的包装、打包。

（3）做好库内物资的理货、配货工作，并及时将物资送达生产现场或指定地点。

（4）做好叉车、运输车辆的调度、养护及对驾驶员的管理工作等。

1.5.2 仓储部门结构

企业仓储部的组织结构可依据企业的类型、规模、经营范围和管理体制等的不同而选择不同的结构模式，设置不同的管理层次、职能工作组，安排不同的人员。

1. 仓储部门结构类型分类

1）按照职能不同设计组织结构

将仓储部主导业务分解成多个环节，由相应的职能小组负责执行，具体组织结构示例如图 1.11 所示。

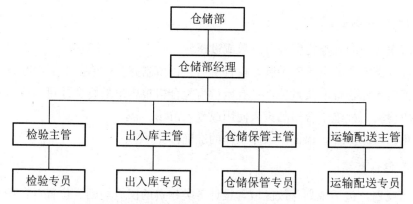

图 1.11 按照职能不同设计的组织结构示例

2）按照存储对象不同设计不同的组织结构

根据企业生产、经营的需要，将不同的物资分别存放在不同的仓库，然后相应地设置职能工作组并配备人员，如图 1.12 所示。

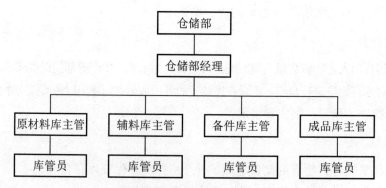

图 1.12 按照存储对象不同设计的组织结构示例

3）按照仓储规模设计仓储部组织结构

（1）小型仓储部组织结构，示例如图 1.13 所示。

图 1.13　小型仓储部组织结构示例

（2）中型仓储部组织结构，示例如图 1.14 所示。

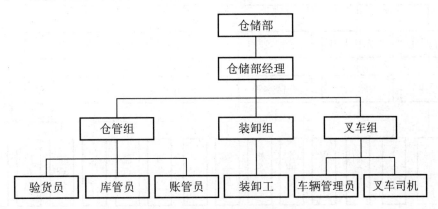

图 1.14　中型仓储部组织结构示例

（3）大型仓储部组织结构示例。

① 按仓储物资不同类型而设计的仓储部组织结构，示例如图 1.15 所示。

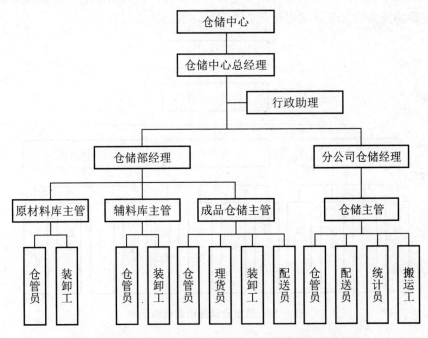

图 1.15　按存储物资不同设计的大型仓储部组织结构示例

② 按仓储不同职能而设计的仓储部组织结构，示例如图 1.16 所示。

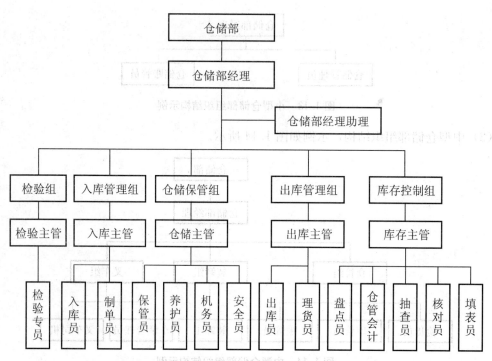

图 1.16 按不同职能设计的大型仓储部组织结构示例

4）按照不同企业类型设计仓储部组织结构

（1）零售超市仓储部的组织结构。对零售超市而言，其仓储部主要负责各类物资的出入库管理、在库物资保管、理货配货及安全管理等，示例如图 1.17 所示。

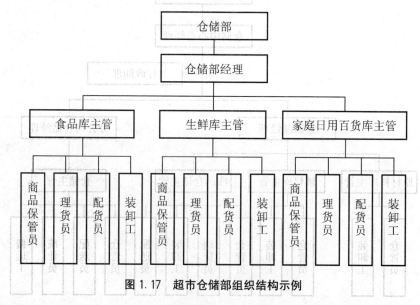

图 1.17 超市仓储部组织结构示例

（2）物流企业仓储部的组织结构。对物流企业而言，其仓储部的主要职能是按照客户的需求提供物资仓储服务，示例如图 1.18 所示。

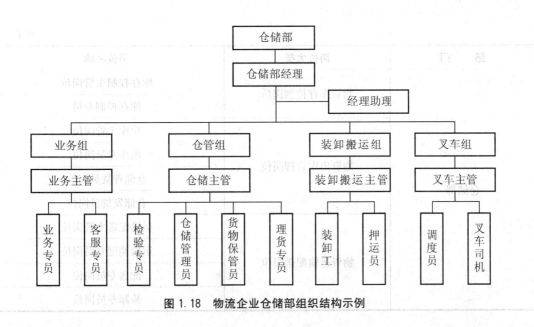

图 1.18 物流企业仓储部组织结构示例

2. 仓储部门岗位权责

1) 仓储部门主要岗位

仓储部门主要岗位见表 1-2。

表 1-2 仓储部门主要岗位

部门	岗位大类	岗位名称
仓储部	仓储部管理岗位	仓储部经理岗位
		仓储部经理助理岗位
	物资验收岗位	入库验收主管岗位
		入库验收专员岗位
	物资入库岗位	入库主管岗位
		入库专员岗位
		入库制单员岗位
	物资储存保管岗位	仓储主管岗位
		保管员岗位
		养护员岗位
		机务员岗位
		安全管理员岗位
		发货员岗位
	物资盘点岗位	仓储管理会计岗位
		仓储账管员岗位
		盘点员岗位
		抽查员岗位

续表

部　　门	岗位大类	岗位名称
仓储部	物资库存控制岗位	库存控制主管岗位
		库存控制专员
	物资出库管理岗位	出库主管岗位
		出库专员岗位
		仓储理货员岗位
		仓储发货员岗位
	物资运输配送岗位	运输配送主管岗位
		运输调度专员岗位
		配送专员岗位
		装卸专员岗位

2）仓储部门主要权责

（1）仓储部主要权力。仓储部的权力如图 1.19 所示。

权力1
有权参与企业相关制度、政策的制定，并提出相应建议。

权力2
有权对企业的库存管理、采购工作提出意见和建议。

权力3
有权拒绝办理手续不全、质量不合格的物资的出入库作业。

权力4
有对不合格品、变质品、废品进行处理的建议权。

权力5
有对仓储部内部组织机构建立，员工聘任、考核、解聘的建议权。

权力6
有对仓储部内部员工违规行为及影响仓储管理工作的人员提请处罚的权力。

权力7
有提交改进仓储管理制度、工作流程并获得答复的权力。

权力8
其他相关权力。

图 1.19　仓储部的主要权力

（2）仓储部主要职责。仓储部的主要职责如图1.20所示。

职责1
仓储部各类管理制度的制定与贯彻实施。

职责2
仓储部各项工作流程、操作标准的制定与监督执行。

职责3
企业所购各类物资入库前的验收，产品或物资出库前的质量检查，对验收不合格的物资拒绝办理出入库。

职责4
各类物资的出入库管理。

职责5
仓储规划，合理利用仓容及各种资源，各类物资摆放得当。

职责6
各类物资的合理存储和保管，控制库存，尽量减少库存损失。

职责7
各类物资库存盘点管理，为采购、生产等运营部门提供准确的库存数据。

职责8
合理处理滞料、废料。

职责9
各类物资的装卸、搬运及配送管理。

职责10
各类在库物资的分拣、拆包、理货、配货、包装及打包工作。

职责11
仓储消防、治安管理，避免出现安全事故。

职责12
仓储叉车、吊车等装卸、搬运工具的管理。

图1.20 仓储部的主要职责

3）仓储部门主要岗位职责说明

（1）入库验收专员岗位职责。入库验收专员的主要职责是执行所有物资的入库验收工作，其具体职责如图1.21所示。

职责1
负责对拟入库的物资进行入库登记,与验收人员办理入库交接手续。

职责2
根据库房规划,合理安排货物的存放地点,做好相关入库报表的编制、单据整理和货位编号工作。

职责3
负责核对成品或物料的入库凭证,并核查相关入库手续、单证。

职责4
协助入库主管进行仓储规划与布置工作。

图1.21 入库专员岗位职责

（2）保管员岗位职责。保管员主要负责所管辖区域内物资的保管工作,其具体职责如图1.22所示。

职责1
负责管辖区内的物资保管工作。

职责2
对管辖区内的物资及时登记实物登记卡。

职责3
定期清扫管辖区,保证管辖区内清洁卫生,无虫害、鼠害。

职责4
定期检查保管的物资品种、数量、质量状况。

职责5
负责物资的安全管理工作,协助安全管理员进行仓储消防安全管理。

职责6
完成仓储主管交办的其他工作。

图1.22 保管员岗位职责

（3）盘点员岗位职责。盘点员主要负责仓储盘点工作,其具体职责如图1.23所示。

（4）库存控制专员岗位职责。库存控制专员在库存控制主管的领导下,具体执行各项库存管理制度和流程,搜集、跟踪库存状况,协助库存控制主管处理库存异常情况。其具体职责如图1.24所示。

职责1
根据盘点计划对库存物资进行现场盘点。

职责2
检查盘存表,并在盘存表上签名。

职责3
协助人力资源部对参与盘点的人员进行针对性的盘点培训。

职责4
盘点中遇到库存物资信息不符时,在盘点表中注明,寻找原因,并报相关领导。

职责5
记录盘点结果,汇总盘点报告及完成领导交办的其他工作。

图1.23 盘点员岗位职责

职责1
分析跟踪每日库存状态,并根据分析、跟踪结果采取相应的处置措施。

职责2
协助库存控制主管不断优化库存控制系统,降低库存控制成本。

职责3
协同生产、物控、质检等各部门分析物料损耗,并提出相关处理意见。

职责4
分析和改进库存控制系统,协助库存控制主管降低库存和提高库存周转次数。

职责5
负责库存数据录入、库存报表列示工作。

职责6
完成上级交办的其他工作。

图1.24 库存控制专员的岗位职责

(5)出库专员岗位职责。出库专员主要是在出库主管的带领下,完成各类存储物资的出库检验、手续办理、数据统计等,保证出库工作及时、准确,其具体职责如图1.25所示。

职责1
协助出库主管制定仓储部出库管理制度,并根据实际工作需要提出合理化建议。

职责2
负责检验待出库物资的质量、包装情况,清点数量或过磅。

职责3
协助审核物资出库手续、凭证等的完整性,确保出库工作准确无误。

职责4
严格按照出库凭证发放物料,做到账、卡、物相符。

职责5
负责物料出库过程中人员的安排,指导物资的搬运操作,防止发生意外。

职责6
负责出库单的收集、汇总、统计及保管。

职责7
负责登记物资出库台账,做好出库物资数量统计,数据提交出库主管。

职责8
完成领导交付的其他工作。

图 1.25　出库专员的岗位职责

（6）仓储理货员岗位职责。仓储理货员的主要职责是根据物资的出库凭单做好提货、拼装、包装等出库准备工作,其具体职责如图 1.26 所示。

（7）仓储发货员岗位职责。仓储发货员主要负责拟出库物资的发放等相关工作,其具体职责如图 1.27 所示。

（8）运输调度专员岗位职责。运输调度专员主要负责运输规章制度的草拟、车辆的调度、运输费用处理等工作事项,保障货物的及时运送和在装车过程中的完好,其具体职责如图 1.28 所示。

（9）配送专员岗位职责。配送专员主要负责制订配送计划、协调客户或供应商配送需求、优化配送方案等工作,其具体职责如图 1.29 所示。

（10）装卸专员岗位职责。装卸专员的主要职责是组织装卸人员做好货物出入库时的装卸搬运工作,其具体职责如图 1.30 所示。

职责1
核对拟出库物资的品种、数量、规格、等级、型号等。

职责2
按照凭单提取物资,并进行复核。

职责3
检验物资的包装、标志,对出库待运物资进行包装、拼装、改装或加固包装。

职责4
对经拼装、改装和换装的物资填写装箱单,并在物资外包装上写好收货人。

职责5
按物资的运输方式、流向和收货地点将出库物资分类集中。

职责6
鉴定物资运输质量,分析货物残损原因,划分事故责任。

职责7
完成领导交付的其他工作。

图1.26 仓储理货员岗位职责

职责1
接收仓储管理人员传递的发货单据、货物对照单据,
清点货物品名、数量是否准确。

职责2
将货物进行打包包装,注意防震、防压、防潮。

职责3
通知指定的货运公司取货并办理移交手续。

职责4
货物发出第二天将货运公司反馈回的货运单号做登记后
交销售部传真至相关单位。

职责5
登记并保管"发货登记表"。

职责6
完成领导交付的其他工作。

图1.27 仓储发货员岗位职责

职责1
协助运输配送主管制定运输规章制度和安全管理制度，组织执行并监督。

职责2
制订月度运输计划，报运输配送主管审核后监督执行。

职责3
合理进行车辆调度，确保运输效率。

职责4
审核运输、保险费用，在相关单证上签字。

职责5
审核发运要求，选择最佳发运路线和方式。

职责6
组织实施专项运输方案，负责项目的组织协调、跟踪工作。

职责7
处理运输事故，并负责善后事宜。

职责8
完成领导临时交办的工作。

图 1.28　运输调度专员的岗位职责

职责1
制订物料配送计划，并组织执行。

职责2
监控物料的发送及运输，以保证物料配送的及时、安全。

职责3
负责与客户或供应商进行沟通，协调配送过程中发生的问题。

职责4
优化物料配送作业流程，不断提高配送工作效率。

职责5
完成领导临时交办的工作。

图 1.29　配送专员的岗位职责

```
┌─────────────────────────────────────────────┐
│                   职责1                      │
│         做好装卸作业管理制度、流程建设。        │
└─────────────────────────────────────────────┘
┌─────────────────────────────────────────────┐
│                   职责2                      │
│   负责组织装卸人员进行货物装卸作业，保证按时按量装卸。│
└─────────────────────────────────────────────┘
┌─────────────────────────────────────────────┐
│                   职责3                      │
│        负责组织货物装载后的固封防护工作。        │
└─────────────────────────────────────────────┘
┌─────────────────────────────────────────────┐
│                   职责4                      │
│  根据仓储作业5S管理要求，负责作业后的场地清扫和物资清理工作。│
└─────────────────────────────────────────────┘
┌─────────────────────────────────────────────┐
│                   职责5                      │
│ 负责装卸人员的业务、劳动纪律、现场管理等的日常检查、督导、考核工作。│
└─────────────────────────────────────────────┘
┌─────────────────────────────────────────────┐
│                   职责6                      │
│             完成领导交付的其他工作。            │
└─────────────────────────────────────────────┘
```

图 1.30　装卸专员的岗位职责

【学习测评】

一、名词解释

1. 仓储　2. 仓储管理　3. 仓单

二、单项选择题

1. 仓储经营的具体目标是（　　）。
   A. 快进慢出 多仓储 费用省　　　　B. 快进快出 多仓储 保管好 费用省
   C. 慢进慢出 少仓储 费用省　　　　D. 慢进快出 少仓储 保管好 费用省
2. 通过对储存物的保管，可以克服产品的生产与消费在时间上的差异，创造物资的（　　）。
   A. 时间效用　　　B. 增值效用　　　C. 空间效用　　　D. 附加效用
3. 仓储是通过仓库对货物进行有目的的（　　）。
   A. 储存　　　　　B. 配送　　　　　C. 保管　　　　　D. 储存和保管

三、多项选择题

1. 仓储管理的主要内容有（　　）。
   A. 仓库的选址与规划　　　　　　　B. 仓储的业务管理
   C. 仓储的组织管理　D. 仓储安全与消防　E. 仓储业务考核
2. 仓储的功能有（　　）。
   A. 调节功能　　　B. 检验功能　　　C. 分类和转运功能　D. 流通加工功能

3. 仓储合同格式有（　　）。
A. 合同书　　　　B. 确认书　　　　C. 格式合同　　　　D. 口头合同

四、判断题

1. 仓储既有静态的物品储存，也包含动态的物品存取、保管和控制的过程。（　　）
2. 仓储主要创造"空间状态"价值。（　　）

五、简答题

1. 简述保管仓储的特点。
2. 仓储的功能是什么？
3. 仓储经营的方式有哪几种？
4. 什么是仓储合同？它有哪些特征？
5. 简述仓储部门的权责。

案例研讨

【案例一】 仓储的增值服务功能

作为仓储来讲，除了日常的基本服务外，还必须提供其他的增值服务，以保持其竞争能力。仓储增值服务主要集中在包装或生产上。

最普通的增值服务与包装有关。在通常情况下，产品往往是以散装形式或无标签形式装运到仓储里来的。但是一旦收到顾客的订单，就要按客户要求对产品进行包装以满足客户的需求且实现增值。例如，仓储可以通过延伸包装和变换托盘来增值。另一个有关仓储增值的例子是在商品交付给零售商或顾客以前，解除保护性包装。在大型机械的情况下，这是一种有价值的服务，因为有时要零售商或顾客处理掉大量的包装是有困难的，因此解除或回收包装材料是提供的增值服务。当然，也可以通过改变包装特点来增值。诸如厂商将大片的防冻剂运到仓储，由仓储部门对该商品进行瓶装，以满足各种牌号和包装尺寸的需要。这类延期包装是存货风险降到最低程度，减少了运输成本，并减少损坏（即相对于玻璃瓶包装的产品而言）。

还有一种增值服务是对诸如水果和蔬菜之类的产品进行温控。仓储可以依赖储存温度，提前或延迟香蕉的成熟过程，这样产品可以按照市场的状况成熟。

仓储经营人提供增值的仓储服务是需要严格符合市场需要的质量标准。因此，仓储增值服务必须按要求的质量运行。

【请分析】

仓储增值服务功能主要有哪些？

【案例二】 DH 服装公司的 VMI 系统

美国达可海德（DH）服装公司把供应商管理的库存（VMI）看作增加销售量、提高服务水平、减少成本、保持竞争力和加强与客户联系的战略性措施。在实施 VMI 过程中，DH 公司发现有些客户希望采用 EDI 先进技术并且形成一个紧密的双方互惠、信任和信息共享的关系。

为对其客户实施VMI，DH公司选择了STS公司的MMS系统，以及基于客户机/服务器的VMI管理软件。DH公司采用Windows NT，用PC做服务器，带有5个用户终端。在STS公司的帮助下，DH公司对员工进行了培训，设置了必要的基本参数和使用规则。技术人员为主机系统的数据和EDI业务管理编制了特定的程序。在起步阶段，DH公司选择了分销链上的几家主要客户作为试点单位。分销商的参数、配置、交货周期、运输计划、销售历史数据以及其他方面的数据，被统一输进了计算机系统。经过一段时间的运行，根据DH公司信息系统部统计，分销商的库存减少了50%，销售额增加了23%，取得了显著的成效。

接着，DH公司将VMI系统进行了扩展，并且根据新增客户的特点采取了多种措施，在原有VMI管理软件上增加了许多新的功能。VMI系统建立起来后，客户每周将销售和库存数据传送到DH公司，然后由主机系统和VMI接口系统进行处理。DH公司用VMI系统，根据销售的历史数据、季节款式、颜色等不同因素，为每一个客户预测一年的销售和库存需要量。结果表明，DH公司和其他客户都取得了预期的效益。

【请分析】

（1）结合案例分析物流和仓储管理中使用现代先进技术的重要性和必要性。现代仓储管理所涉及的新技术主要有哪些？

（2）各个技术使用的场合和范围是什么？

（3）各个技术分别对仓储管理产生了怎样的影响？

【案例三】仓储合同与合同违约

某汽车装配厂从国外进口一批汽车零件，准备在国内组装销售。2011年3月5日，它与某物流公司签订了一份仓储合同。合同约定，物流公司提供仓储保管汽车配件，期限共为10个月，从2011年4月15日起到2011年2月15日止，保管仓储费为5万元。双方对储存物品的数量、种类、验收方式、入库、出库的时间和具体方式、手续等做了约定，还约定任何一方有违约行为，要承担违约责任，违约金为总金额的20%。

合同签订后，物流公司开始为履行合同做准备，清理了合同约定的仓库，并且从此拒绝了其他人的仓储要求。2011年3月27日，物流公司通知汽车装配厂已经清理好仓库，可以开始送货入库。但汽车装配厂表示已经找到更便宜的仓储，如果物流公司能减低仓储费的话，就送货仓储。物流公司不同意，汽车装配厂明确表示不需要对方的仓储。4月2日物流公司再次要求汽车装配厂履行合同，汽车装配厂再次拒绝。

4月5日，物流公司向法院起诉，要求汽车装配厂承担违约责任，支付违约金并且支付仓储费用。

汽车配装厂辩解说合同未履行，因而不存在违约问题。

【请分析】

（1）仓储合同是否生效？

（2）仓储公司的要求是否合理？为什么？

（3）如果你是法官，会做怎样的判决？

【案例四】仓储保管合同是否有效

某五金公司与某贸易公司有着多年的业务往来，两个公司的经理也是"铁哥儿们"，私交很深。2012年3月，五金公司经理王某找到贸易公司经理张某称，"我公司购回走私ipad2

1 000 台，有关部门正在追查，因此，想请张经理帮帮忙，将这批货暂时在贸易仓库存放一段时间，待避过风头之后，我公司立即想办法处理。"但贸易经理张某说："咱们都是经营单位，公司目前效益也不是很好，并且寄存你这批货还要承担很大风险，因此，适当收点仓储费。另外，一旦有关部门得到信息，将该批货查封、扣押或者没收，我单位不承担任何责任。"五金公司王经理表态："费用按标准支付，签个仓储合同。"双方随即签订了一份仓储保管合同。合同约定，贸易公司为五金公司储存 ipad2 1 000 台，期限 3 个月，每月仓储费 3 000 元。5 月，该批货在贸易公司仓库存放期间，被有关部门查获并依法予以没收。后来双方当事人为仓储费问题发生争执，经多次磋商未果，贸易公司诉至法院，要求五金公司依约支付仓储费并赔偿损失。

【请分析】

（1）五金公司与贸易公司之间所签订的仓储保管合同是否有效？

（2）五金公司是否应支付仓储费？为什么？

 任务驱动

【工作任务 1】选择前往具有一定代表性的企业仓储部调研

1. 任务内容

直观地了解该公司的仓储组织管理基本内容、组织结构、岗位设置情况及仓储管理制度等。

2. 任务要求

（1）将学生分成若干组，各组选出一个负责人，组内分工合作完成任务。

（2）调研完后，要求各组写一份调研报告。最后由负责人汇报调查报告。报告内应包括下列内容。

① 公司所处行业、业务内容及优势、公司定位。

② 公司发展现状（包含业务量、成本、人员、设备、物流技术、管理等）。

③ 公司整个物流及仓储运作的基本流程。

3. 任务评价

评价方式采取过程评价和结果评价两种方式，评价方法采取老师评价与小组内部成员互相评价相结合。过程和结果综合得分为该生的此任务得分（注意：确定好老师评分和小组评分占总得分的比重）。任务评价表见表 1-3、表 1-4。

1）过程评价

表 1-3 任务过程评价表

被考评人			该评价总得分	
评分标准	分值	老师评价得分	小组评价得分	小组评价意见
合理分工				
能够快速进入角色				
是否全员参与				
团队协作				

2) 成果评价

表1-4 任务成果评价表

被考评人			该评价总得分	
评分标准	分值	老师评价得分	小组评价得分	小组评价意见
调查报告可行性				
计算方法使用得当				
报告内容详实，结构完整				

【工作任务2】拟订一份仓储合同

1. 任务内容

拟订一份仓储合同，拟订出来后再和同学分析一下所拟合同与仓储合同范例上有什么不同。

2. 任务要求

（1）拟订合同，班级同学成若干小组，明确分工，各组选出一个负责人。

（2）分析合同上的一些要求和规定在什么情况下会起作用。

（3）分析哪些条款对保管人有利，哪些条款对存货人有利。

3. 任务评价

评价方式采取过程评价和结果评价两种方式，评价方法采取老师评价与小组内部成员互相评价相结合。过程和结果综合得分为该生的此任务得分(注意：确定好老师评分和小组评分占总得分的比重)。任务评价表见表1-5、表1-6。

1) 过程评价

表1-5 任务过程评价表

被考评人			该评价总得分	
评分标准	分值	老师评价得分	小组评价得分	小组评价意见
合理分工				
能够快速进入角色				
是否全员参与				
团队协作				

2) 成果评价

表1-6 任务成果评价表

被考评人			该评价总得分	
评分标准	分值	老师评价得分	小组评价得分	小组评价意见
仓储合同的可行性				
合同内容详实，结构完整				

项目 2

仓库选址与规划设计

CANGKU XUANZHI YU GUIHUA SHEJI

【项目内容】

本项目内容主要包括仓库的功能及种类，仓库的选址、仓库的规划与设计，认识仓储设备并合理选择。

【项目目标】

1. 知识目标

了解仓库的分类，了解仓库内部平面布局与结构，了解仓库选址应考虑的主要因素，理解仓库选址的策略和思路，熟悉仓库规划的原则，熟悉各种类型的仓库、主要储存设备的类型及功能，掌握仓库选址决策的主要技术方法。

2. 技能目标

能够收集、分析影响仓库选址因素的资料，能够运用定性和定量法进行仓库选址决策；能够进行仓库规划和设计；会选择和应用主要的仓储设备；能选择和确定储位布局，并能进行储位编号。

3. 素质目标

培养学生搜集信息及解决实际问题的能力；培养学生撰写决策报告的能力；培养学生的参与精神和团队合作意识。

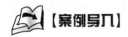【案例导入】

耐克的现代化仓库

2012年2月,选址在江苏太仓的耐克中国物流中心(CLC)正式启用,这是耐克全球第7个也是第二大物流中心。这个巨型方盒的建筑面积达20万m²,拥有超过10万个货品托盘,年吞吐能力超过2.4亿件次,可同时满足79个集装箱货车装卸货。更重要的是,耐克将借此缩短15%的交货时间,一件货品从门店下单到发货将只需要数小时。

1. 应用业内最领先的信息技术

这座全球顶级水准的物流仓库采用了业内最领先的技术,很多技术是耐克首创并独有的。包括总长达9km的传送带、顺序拣货机、无线射频扫描仪、自动化仓库管理系统等在内的诸多物流技术与装备,让这座仓库在分配效率、吞吐力、弹性力3项指标上均达到了全球最高水准。

这里就像是一个巨型的中央处理器。所有商品分拣和管理都依赖于强大的数字化采集和处理能力。所有货品都嵌入了电子标签并逐一扫描,工人们根据电子显示屏上的信息来分拣配送货品,其信息通过专门数据端口与耐克全球连接,每天都会有完整的共享数据反馈给相关部门。信息如此之多,以至于计算机所需要的编码数量几乎与全球最大的购物网站亚马逊一样多。

2. 高效的自动分拣系统

这座耐克在中国的第一家大型物流中心有两幢建筑,分别储存鞋类和服装类货品,两者之间通过传送带装置接驳。仓储区被分为整箱区和托盘区两大单元,散装托盘区分布其间。如果有大订单到来,整箱区可直接配送;小订单补货则可以直接从托盘区内散装货品中抽取。根据配送分拣需求,服装配送楼层被分割为3层:顶层是拥有4.5万个设置了独立编码的货架区,二层则是两套自动分拣系统,一层为打包和装车配送区。

拥有4.5万个独立编码的顶层货架区的编码并无规律可言,这主要是为了避免操作员因频繁操作熟记编码而产生误操作。取货操作员运用机器语音系统与计算机对话,核对存货信息——取货前自动控制系统会告知操作员取货区域,操作员到达后,通过话筒和耳机先向计算机系统报告货架区编码以及取货数量并进行确认。这套语音识别系统由耐克独立研发完成,它可以识别各国语言,甚至包括方言,系统会事先采集记录每一个操作员的音频信息。为以防万一,耐克另配备了一套应急装置,一旦语音识别系统发生故障,取货员可以用手持扫描设备救急,这也是货架编码的另一用途。

3. 人性的货架设计

货架安放的角度按照人体工程学原理设计,最大限度地避免员工腰肌劳损。耐克规定,在货架充裕的情况下货品必须先存在中间层,方便员工取货。在货架最下端,底层货架与地板的间隙可以容纳临时扩充的货架,便于在发货高峰期存放物料。

4. 充分利用仓库的空间

顶层的仓储区高达10米多,为了最大限度提高空间使用率、增加货品容纳量,耐克采用了窄巷道系统,货架之间的巷道宽度也被压缩到最低,与叉车的宽度相差无几。耐克在地板下方安装了用于叉车牵引的特殊磁力导线系统。这套智能引导系统可以令驾驶员在磁力线的自动引导下,以最精确的行车姿态进入取货巷道,完全避免任何碰撞。在自动引导取货时,叉车只能沿着磁导线的分布前后运动,而不会左右摇摆;取货小车装运完毕,关掉磁导线开关,货车方可左右拐弯。

5. 强大的仓库防火设计

发生火灾怎么办?CLC在设计之初就考虑了这个问题。这里一共安装了超过220个空气探测器,一旦失火,自动报警系统会响应,并打开喷水灭火系统。在仓储区之外,耐克还设立了"防火墙",即便发生火灾，楼层也只会朝着特定方向倒塌，保证另一个独立区域安然无恙。在两道墙壁中央，CLC专门设置了消防人员救援通道和避难走道，后者还有特制的正压送风系统，只会依照特定风道排放烟雾，不会伤害员工的人身安全。

【归纳评析】

耐克在大中国区的年销售额达到18.64亿美元（财报披露2009年12月至2010年11月数字）。耐克领先竞争对手的武器除了品牌、营销等要素外，最优先和最重要做的事情是已经建立起了一个能够高效管理库存和快速补货的强大物流仓库支持系统。

任务 2.1 初识仓库

2.1.1 仓库的概念

【你知道吗？】

仓储的实现场所就是仓库。

仓库是保管、储存物品的建筑物和场所的总称，可以理解为用来存放货物，包括商品、生产资料、工具或其他财产，并对其数量和价值进行保管的场所或建筑物等设施，同时也是物流过程中用于防止减少或损伤货物而进行作业的土地或水面。

仓库作为物流过程中的一个中心环节，是连接生产和消费的纽带，是物流网络的关键节点。仓库是物流系统中的一些货运枢纽、配送中心不可缺少的重要组成部分，从社会经济活动看，无论是生产领域还是流通领域都离不开仓库。

保管、存储物品的建筑物和场所众多，主要有库房、货棚、货场等。

1. 库房

库房是供储存各种货物的有屋顶和维护结构的封闭式建筑物。主要用于存放怕雨雪、怕风吹日晒、要求保管条件比较好的货物，如图2.1所示。

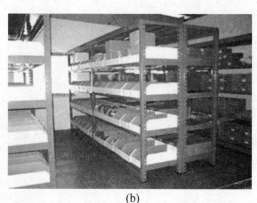

(a)　　　　　　　　　　　　　　　(b)

图 2.1　库房

2. 货棚

货棚是一种半封闭式的仓库建筑，只有顶棚和部分围护结构，一般存放怕受雨雪侵蚀、温度变化对其影响不大的货物。货棚比库房简单，可以就地取材，建造时间短，但性能差，使用年限短，主要有固定货棚和活动货棚，如图 2.2 所示。

3. 货场

货场是用于存放某些货物的露天场地，也称"露天仓库"，是地面经过简单处理而没有任何建筑物的存货场地。它比库房和货棚建造成本低，容量大，一般用来存放对保管没有严格要求或进入生产过程需要再加工的物资，如钢材、生铁、铸件等，如图 2.3 所示。

图 2.2　货棚

图 2.3　货场

2.1.2　认识仓库的种类

仓库是仓储活动的主体设施，按不同的标准可进行不同的分类，一个企业或部门可以根据自身的条件选择建设或租用不同类型的仓库。

1. 按使用范围分类

按使用范围将仓库进行分类，见表 2-1。

表 2-1　按使用范围对仓库分类

仓库类型	特　点
自有仓库	自有仓库是生产或流通企业为满足自身的需要而修建的仓库，完全用于储存企业自己的货物
营业仓库	营业仓库是一些企业专门为了经营储运业务而投资修建的仓库。营业仓库是一种社会化的仓库，面向社会，以经营为手段、以营利为目的，在物流行业中称为第三方物流仓库，主要是一些大型仓储中心、货物配送中心。与自有仓库相比，营业仓库的使用率更高
公用仓库	公用仓库是由国家或某个主管部门为公共利益而修建的仓库，即与公共事业配套服务的仓库，如机场、港口、铁路的货场、库房等
保税仓库	保税仓库是经海关批准，在海关监管下专供存放未办理关税手续而入境或过境货物的场所。为适应国际贸易的需要，在本国国土之上、海关关境之外设立这类仓库，外国货物可以免税进出，无须办理入关申报手续，并且可以在库区对货物进行加工、储存、包装等业务。通常设立这种仓库的地区被称为保税区

【你知道吗?】

保税仓库受到海关的直接监控,虽然所储存的货物由存货人委托保管,但保管人要对海关负责,入库或出库单据均需要由海关签署。保税期一般不超过2年,只适用于存放来料加工、进料加工复出口产品的料件及成品以及经海关批准缓办纳税手续进境的货物等。

2. 按所储存货物的特性分类

按储存货物特性对仓库进行分类见表2-2。

表2-2 按储存货物的特性对仓库分类

仓库类型	特　点
通用仓库	通用仓库是用来储存没有特殊要求的商品,仓库结构及其库内设备比较简单,应用范围广。装卸搬运及物品保管作业简单,对储存条件没有特殊要求。在物资流通过程中的各类仓库中,这类仓库所占比重较大
专用仓库	专用仓库是用来保管一种或某一大类物品的仓库。存放物品必须具有相同特征或相同保管要求。例如,某类物品的数量较多,这类物品对温湿度有共同的要求,且容易对共同储存的其他货物产生不良影响,就可以放在一个仓库内共同储存保管。比如香烟、蜂蜜需要专用仓库来储存
特种仓库	特种仓库是用以储存具有特殊性能、要求,需要特别保管物品的仓库。这类仓库必须配备有防火、防盗、防虫等设施,其构造、安全设施都比其他仓库要求更高

3. 按仓库保管条件分类

按仓库保管条件对仓库进行分类,见表2-3。

表2-3 按仓库保管条件对仓库分类

仓库类型	特　点
普通仓库	普通仓库是指常温下的一般仓库,常温保管、自然通风、无特殊功能,用于存放无特殊保管要求的物品的仓库
冷藏仓库	冷藏仓库指具有冷却设备并具有良好的保温隔热性能以保持较低温度(10℃以下)的仓库
保温、恒温、恒湿仓库	是指能够调节温湿度并具有保持一定温度(10~20℃)和湿度功能的仓库
露天仓库	露天仓库是露天堆码、保管货物的室外仓库
储藏仓库	储藏仓库多指保管散料谷物、粉体的仓库,以筒仓为代表
危险品仓库	危险品仓库是专门保管油料、易爆品、化学药品、高压气体等危险物资的仓库,以油罐仓库为代表。这类仓库大都设置在远离人群的偏远地方
气调仓库	气调仓库是指具有调节库内气体浓度装置的仓库。比如存放粮食、水果、蔬菜的仓库,通过气调装置来调节库内氧气和二氧化碳浓度,使库内物品保鲜

4. 按建筑结构分类

1) 平房仓库

单层建筑物,有效高度一般不超过5~6m,这种仓库的构造简单,造价较低,适宜于人工操作,各项作业也方便简单,是使用最为广泛的一种仓库,如图2.4所示。

2) 多层仓库

多层仓库也称楼房仓库,为两层以上的建筑物,是钢筋混凝土建造的仓库,可以减少使用面积,进出库作业可采用机械化和半机械化,如图2.5所示。

图2.4 平房仓库

图2.5 多层仓库

3) 圆筒形仓库

圆筒形仓库一般储存散装水泥、干矿渣、粉煤灰、散装粮食、石油、煤气等气体。圆筒形仓库的建筑设计根据储存物品的种类和进卸料方式确定。库顶、库壁和库底必须防水、防潮,库顶应设吸尘装置。为便于日常维修,要设置吊物孔、人孔(库壁设爬梯)、量仓孔和起重吊钩等。

4) 罐式仓库

罐式仓库的构造特殊,呈球形或者柱形,主要用于储存石油、天然气和液体化工产品等,有球罐库、柱罐库等,如图2.6所示。

图2.6 球罐式仓库

此外,还有露天仓库(俗称"货场",用于存放较大型的货物)、地下仓库(存储安全性高,主要储存石油等物资)和水上仓库等。

5. 按仓库内的形态分类

1）地面仓库

地面仓库一般指单层地面库，物品直接码放在地面或者托盘上。

2）货架型仓库

货架型仓库是指采用货架进行储存物品的仓库。货物可以码放在托盘上上架，也可以直接上架，货物和托盘可以在货架上滑动，如图2.7所示。

图2.7　货架仓库

3）自动化立体仓库

自动化立体仓库指出入库用运送机械存放取出，用堆垛机等设备进行机械化、自动化作业的高层货架仓库。自动化立体仓库的入库、检验、上架、出库等作业都是由计算机管理和控制的机械化、自动化设备来完成的。

2.1.3　识别自动化立体仓库

1. 概念

【小词典】

自动化立体仓库是现代物流系统中迅速发展的一个重要组成部分，它具有节约用地、减轻劳动强度、消除差错、提高仓储自动化水平及管理水平、提高管理和操作人员素质、降低储运损耗、有效地减少流动资金的积压、提高物流效率等诸多优点。

自动化立体仓库一般是指采用几层、十几层乃至几十层高的货架储存单元货物，用相应的物料搬运设备进行货物入库和出库作业的仓库。由于这类仓库能充分利用空间储存货物，故常形象地将其称为"立体仓库"。自动化立体仓库又称自动存取系统（AS/RS）、自动仓库、自动化高架仓库、高架立体库等，它是第二次世界大战后随着物流与信息技术的发展而出现的一种现代化的仓库，如图2.8所示。

(a)   (b)

图 2.8 自动化立体仓库

2. 自动化立体仓库的优缺点

1) 自动化立体仓库的主要优点

(1) 提高空间利用率。由于自动化立体仓库采用高层货架，能充分利用仓库的垂直空间，其单位面积存储量远远大于普通的单层仓库(一般是单层仓库的 5~10 倍)，有效节省库区占地面积，提高空间利用率。目前，世界上最高的立体仓库可达 70 多米。

(2) 提高工作效率。仓库作业全部实现机械化和自动化，运行和处理速度快，一方面能大大节省人力、减少劳动力费用的支出，另一方面能大大提高作业效率。

(3) 提高仓库管理水平。采用计算机进行仓储管理，可以方便地做到"先进先出"，并可防止货物自然老化、变质、生锈，也能避免货物的丢失。同时借助于计算机管理还能有效地利用仓库储存能力，便于清点和盘库，合理减少库存，加快储备资金周转，节约流动资金，从而提高仓库的管理水平。

(4) 有利于商品保管，提高仓储质量。自动化立体仓库货位集中，便于控制与管理，特别是使用电子计算机不但能够实现作业的自动控制，而且能够进行信息处理，能更好地适应黑暗、低温、有毒等特殊环境的要求。

2) 自动化立体仓库的主要缺点

(1) 由于自动化立体仓库的结构比较复杂，配套设备也比较多，所以需要的基建和设备的投资比较大。

(2) 货架安装精度要求高，施工比较困难，而且工期相应较长。

(3) 存储弹性小，难以应付高峰的需求。

(4) 对可存储的货物品种有一定限制，需要单独设立存储系统用于存放长、大、笨重的货物以及要求特殊保管条件的货物。

(5) 自动化立体仓库的高架吊车、自动控制系统等都是技术含量极高的设备，维护要求高，因此必须依赖供应商，以便在系统出现故障时能得到及时的技术援助。这就增强了对供应商的依赖性。

（6）对建库前的工艺设计要求高，在投产使用时要严格按照工艺作业。

3）自动化立体仓库的构成

（1）高层货架：用于存储货物的钢结构，是自动化立体仓库的最基本单元，目前主要有焊接式货架和组合式货架两种基本形式。

（2）托盘：用于承载货物的器具，亦称工位器具。负责物料的装载与存储。

（3）巷道堆垛机：用于自动存取货物的设备。按结构形式分为单立柱和双立柱两种基本形式；按服务方式分为直道、弯道和转移车3种基本形式。

（4）输送机系统：立体库的主要外围设备，负责将货物运送到堆垛机或从堆垛机将货物移走。输送机种类非常多，常见的有辊道输送机、链条输送机、升降台、分配车、提升机、皮带运输机等。

（5）AGV系统：即自动导向小车，根据其导向方式分为感应式导向小车和激光导向小车。

（6）自动控制系统：驱动自动化立体库系统各设备的自动控制系统。目前以采用现场总线方式的控制模式为主。

（7）储存信息管理系统：亦称中央计算机管理系统，是全自动化立体库系统的核心。目前典型的自动化立体库系统均采用大型的数据库系统（如Oracle、Sybase等）构筑典型的客户机/服务器体系，可以与其他系统（如ERP系统等）联网或集成。

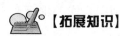
【拓展知识】

自动化立体仓库的使用条件

自动化仓库具有一般普通仓库不可比拟的优点。但是要建立和使用自动化仓库需要具备一定的条件。

（1）商品出入库要频繁和均衡。自动化仓库具有作业迅速、准确的特点，一般出入库频繁的商品使用自动化仓库较合适，否则自动化的上述特点便不能得到充分的体现。自动化仓库要求均衡的作业，出入库频率不可忽高忽低，否则仓库作业停顿的时间过长或时松时紧都不利于自动化仓库发挥应有的效用。影响仓库作业频率和均衡程度的因素主要是存货、供货和用货部门的支配，因此，建立和使用自动化仓库时应有充分的准备。

（2）要满足建设的一些特殊要求。自动化仓库因使用高层货架，所以仓库的地坪承载能力要比普通仓库大好几倍。要建造具有相当承压的地坪，就必须考虑建库地址的地质状况。自动化仓库进行自动作业，巷道堆垛机自动从货架中送取货箱和托盘，对货架的规格尺寸有严格的要求，以保证出入库作业顺利完成。巷道堆垛机前进与后退，上升与下降，水平和垂直偏差要求非常严格。从被存放的货物本身看，则要求外部规格形状不能变化很大。所有这些特殊要求在设计时就必须充分考虑到，否则就不能保证仓库作业的正常进行。

（3）一次性投资大。建造一座自动化仓库一次性投资大，自动化仓库的建设不仅要消耗大量的钢材和其他材料，而且设备费用也高。因此，要建造自动化仓库必须慎重考虑资金情况以及材料、设备的供应情况。

（4）自动化仓库需要一支专业技术队伍。自动化仓库是一项仓储技术，从建库到使用都需要一支专业队伍。自动化仓库的设计、材料、资金的预算以及对投产后经济活动的分析预测等大量基础工作必须在建库前完成。从计算机的安装，仓库作业程序的编制、调试和运转到出现故障后的排除，都要求懂计算机的专门人员。其他方面，如机械设备的管理维修等也需要懂技术的人才。

任务 2.2 仓库选址

【你知道吗?】

仓库不仅仅是一个储存、配送商品的单纯意义上的建筑物,它在物流系统的"成本—服务"的平衡关系中起着非常重要的作用。如果选址不当,将会增加物流成本,给企业带来巨大损失。

2.2.1 仓库选址的影响因素

仓库选址需要考虑的因素非常多,涉及许多方面,不同类型的仓库也不尽相同。选址考虑的主要因素有以下 3 个方面:自然环境因素、经营环境因素、基础设施状况。

1. 自然环境因素

1) 气象条件

仓库地址应考虑与储存物料相适应的气候条件,如年降水量、空气温湿度、风力、无霜期长短、冻土厚度等,特别要考虑高温、高湿、雨雾、风沙和雷击地区对物料保管产生的不良影响。

2) 地质条件

地质条件主要考虑土壤的承载能力,仓库是大宗商品的集结地,货物会对地面形成较大的压力,如果地下存在着淤泥层、流沙层、松土层等不良地质环境,则不适宜建设仓库,另外库址应避开地震区和泥石流、滑坡、流溶洞等危险地段。有开采价值的矿藏区、采空区及古井、古墓、坑穴密集的地区也不宜建仓库。

3) 水文条件

要认真搜集选址地区近年来的水文资料,须远离容易泛滥的大河流域和上溢的地下水区域,地下水位不能过高,古河道及干河滩也不可选。库址所在地的地下水位最好低于地下室和地下构筑物的深度,地下水对建筑物最好无侵蚀性。

4) 地形条件

仓库应建在地势高、地形平坦的地方,尽量避开山区及陡坡地区,最好选长方地形。

2. 经营环境因素

1) 客户的分布

仓库选址时首先要考虑的就是所服务客户的分布,仓库为了提高服务水准及降低运输成本,仓库多建在城市边缘接近客户分布的地区。

2) 供应商的分布

另外,仓库的选址应该考虑的因素是供应商的分布地区。物流的商品全部是由供应商所供应的,如果物流愈接近供应商,则其商品的安全库存可以控制在愈低的水平。但是国内一般进货的输送成本是由供应商负担的,因此有时不重视此因素。

3）政策环境

政策环境条件也是物流选址评估的重点之一，尤其是物流用地取得困难的现在，如果有政府政策的支持，则更有助于物流业者的发展。政策环境条件包括企业优惠措施（土地提供、减税）、城市规划（土地开发、道路建设计划）、地区产业政策等。最近许多交通枢纽城市如深圳、武汉等地都在规划设置现代物流园区，其中除了提供物流用地外，也有关于税赋方面的减免，有助于降低物流业者的运营成本。

4）土地条件

土地与地形的限制：对于土地的使用，必须符合相关法规及城市规划的限制，尽量选在物流园区或经济开发区。建设用地的形状、长宽、面积与未来扩充的可能性，则与规划内容有密切的关系。因此在选择地址时，有必要参考规划方案中仓库的设计内容，在无法完全配合的情形下，必要时需修改规划方案的内容。另外，还要考虑土地面积大小与地价，在考虑现有地价及未来增值状况下，结合未来可能扩充的需求程度，决定最合适的面积。

5）人力资源条件

在仓储作业中，最主要的资源需求为人力资源。由于一般物流作业仍属于劳力密集的作业形态，在仓库内部必须要有足够的作业人力，因此在决定仓库位置时必须考虑劳工的来源、技术水准、工作习惯、工资水准等因素。

人力资源的评估条件有附近人口、上班交通状况、薪资水准等几项。如果仓库的选址位置附近人口不多且交通又不方便时，基层的作业人员不容易招募；如果附近地区的薪资水准太高，也会影响到基层的作业人员的招募。因此必须调查该地区的人力、上班交通及薪资水准。

3. 基础设施状况

1）交通条件

交通条件是影响物流成本及效率的重要因素之一，交通运输的不便将直接影响车辆运行。因此必须考虑对外交通的运输通路，以及未来交通与邻近地区的发展状况等因素。仓库地址宜紧临重要的运输线路，以方便运输作业的进行。考核交通方便程度的条件有：高速公路、国道、铁路、快速道路、港口、交通限制规定等几种。一般仓库应尽量选择在交通方便的高速公路、国道及快速道路附近的地方，如果以铁路及轮船来当运输工具，则要考虑靠近火车编组站、港口等。

2）公共设施状况

要求城市的道路畅通，通信发达，网络齐全，有充足的水、电、气、热的供应能力，有污水和垃圾处理能力。

4. 其他因素

1）国土资源利用

仓库的建设应充分利用土地，节约用地，充分考虑到地价的影响，还要兼顾区域与城市的发展规划。

2）环境保护要求

要保护自然与人文环境，尽可能降低对城市生活的干扰，不影响城市交通，不破坏城市生态环境。

3) 地区周边状况

一是仓库周边不能有火源,不能靠近住宅区。二是仓库所在地的周边地区的经济发展情况是否对物流产业有促进作用。

2.2.2 仓库选址的方法

1. 加权因素比较法

在选址中要考虑的因素很多,但总是有一些因素比另一些因素相对重要;决策者要判断各种因素孰轻孰重,从而使评估更接近现实。加权因素比较法的特点是把提供比较的各项因素进行加权综合比较,充分考虑各种因素对方案的影响程度,因此是一种比较通用的方法。该方法的关键是要选择好比较的因素,合理地确定各个因素的权数,客观地对每个方案的各个因素打分。

若在设施选址中对影响设施选址的非经济因素进行量化分析评价,一般可以采用加权因素法,其步骤如下。

(1) 对设施选址涉及的非经济因素通过决策者或专家打分,再求平均值的方法确定各非经济因素的权重,权重大小可界定为 1~10。

(2) 专家对各非经济因素就每个备选场址进行评级,可分为 5 级,用 5 个字母元音 A、E、I、O、U 表示。各个级别分别对应不同的分数,A=4 分、E=3 分、I=2 分、O=1 分、U=0 分,见表 2-4。

(3) 将某非经济因素的权重乘以其对应选址方案该级别分数,得到该因素所得分数,见表 2-5。

(4) 将各方案的各种非经济因素所得分数相加即得各方案分数,分数最高的方案即是最佳选址方案。可利用表 2-5 的方案加权因素评价表确定最终方案。

表 2-4 评价等级及分值

等 级	符 号	含 义	评价分值
优	A	近于完美	4
良	E	特别好	3
中	I	达到主要效果	2
尚可	O	效果一般	1
差	U	效果欠佳	0

表 2-5 方案加权因素评价表

序号	评价因素	方案及评价等级					备注
		Ⅰ	Ⅱ	Ⅲ	Ⅳ	Ⅴ	
1	因素 1	W_{11}	W_{21}	W_{31}	W_{41}	W_{51}	
2	因素 2	W_{12}	W_{22}	W_{32}	W_{42}	W_{52}	
...	...	...	...	...	...	...	
n	因素 n	W_{1n}	W_{2n}	W_{3n}	W_{4n}	W_{5n}	
总分		T_1	T_2	T_3	T_4	T_5	

【例2-1】某仓库选址,设计了甲、乙、丙、丁4种方案,专家对非经济因素的权重和评级分数进行确定及对步骤3、4的计算见表2-6。

(1) 讨论确定影响方案的各种影响因素,包括各种定性和定量的因素。

(2) 对各种因素划分等级,并且赋予每个等级一个分值,使之量化,用等级或分值定量表示该因素对方案的满足程度。

(3) 比较几个因素的相对重要性,确定最重要的因素,并且将最重要的因素确定其加权值为10,然后每个因素的重要程度与该因素进行比较,确定出合适的加权值,一般加权值的确定应该采用集体评定然后求平均值的方式,最后的结果应该得到大多数参与方案评价人员的认同。

(4) 独立评价出各因素对方案的满足程度,确定评价因素及其加权值,并绘制方案加权因素评价表,最终求出各个方案的评价等级加权和。

(5) 确定方案,若方案总分较接近,须进一步评价,评价时增加一些因素,并对加权值和等级进行细致划分,还可以邀请更多的人参与评价。一般一方案得分高于其他方案20%则可确定为主选最佳方案。

表2-6 加权因素评价综合表

非经济因素	权重	甲方案 等级	甲方案 得分	乙方案 等级	乙方案 得分	丙方案 等级	丙方案 得分	丁方案 等级	丁方案 得分
场址位置	9	A=4	36	E=3	27	I=2	18	I=2	18
面积和位置	6	A=4	24	A=4	24	E=3	18	U=0	0
地势和坡度	2	O=1	2	E=3	6	I=2	4	I=2	4
风向、日照	5	E=3	15	E=3	15	I=2	10	I=2	10
铁路接轨条件	7	I=2	14	E=3	21	I=2	14	A=4	28
施工条件	3	I=2	6	O=1	3	E=3	9	A=4	12
同城市规划的关系	10	A=4	40	E=3	30	E=3	30	I=2	20
合计			137		126		103		92

从表2-6中计算结果上可以看出甲方案得分最高,因此选甲方案场址为佳。

2. 重心法

重心法是一种选择中心位置,从而使成本降低的方法。它把成本看成运输距离和运输数量的线性函数。此种方法利用地图确定各点的位置,并将一坐标重叠在地图上确定各点的位置。坐标设定后,计算重心。重心法是单设施选址中常用的模型。在这种方法中选址因素只包含运输费率和该点的货物运输量,在数学上被归纳为静态连续选址模型。

重心法首先要在坐标系中标出各个地点的位置,目的在于确定各点的相对距离。坐标系可以随便建立。在国际选址中,经常采用经度和纬度建立坐标。然后,根据各点在坐标系中的横纵坐标值求出成本运输最低的位置坐标 X 和 Y,重心法使用的公式是

$$C_x = \frac{\sum D_{ix} V_i}{\sum V_i} \qquad C_y = \frac{\sum D_{iy} V_i}{\sum V_i}$$

式中：C_x——重心的 x 坐标；
　　　C_y——重心的 y 坐标；
　　　D_{ix}——第 i 个地点的 x 坐标；
　　　D_{iy}——第 i 个地点的 y 坐标；
　　　V_i——运到第 i 个地点或从第 i 个地点运出的货物量。

最后，选择求出的重心点坐标值对应的地点作为要布置设施的地点。

【例 2-2】假设在市区建一仓库，给位于东、西、南、北、中 5 个区商场配送，各区位商场位置及配送量见表 2-7，其中位置用 (C_x, C_y) 坐标表示。

表 2-7　各商场位置及配送量

区　位	位置(C_x, C_y)	配 送 量
东	(10，4)	4 000
西	(2，3)	8 000
南	(7，0)	10 000
北	(5，8)	8 000
中	(6，4)	20 000

解： 设新建仓库的坐标为 (C_x, C_y)，由上述公式可知

$$C_x = \frac{\sum D_{ix} V_i}{\sum V_i} = \frac{10 \times 4\,000 + 2 \times 8\,000 + 7 \times 10\,000 + 5 \times 8\,000 + 6 \times 20\,000}{4\,000 + 8\,000 + 10\,000 + 8\,000 + 20\,000}$$

$$= 5.72$$

$$C_y = \frac{\sum D_{iy} V_i}{\sum V_i} = \frac{4 \times 4\,000 + 3 \times 8\,000 + 0 \times 10\,000 + 8 \times 8\,000 + 4 \times 20\,000}{4\,000 + 8\,000 + 10\,000 + 8\,000 + 20\,000}$$

$$= 3.68$$

新建仓库地址为：$C_x = 5.72$　$C_y = 3.68$

当然，如果将这种单一的流通中心的模型扩展为多个流通中心的模型，问题就变得复杂多了。由于这种方法不仅考虑了从流通中心到零售店的发送费用，还考虑了流通中心的管理费用和从工厂到流通中心的运输费用，即按总费用最小的原则来选择地点，因此它是适用的。这个方法的优点是不限于在特定备选地点进行选择，灵活性较大。

但是由于自由度大，实际上很难得到最优的地址，因为这个地址可能位于河流、湖泊或其他无法实现的地点，这是这种方法的一个缺点。

另外，从流通中心向零售店发送，被认为都是直线往复的运输，这也是不符合实际的。实际上，多数情况是一台发送车巡回于数个零售店之间，而且通常要考虑实际的道路距离，这就使这种方法的求解相当复杂。这是这种方法的另一个缺点。

3. 德尔菲法

德尔菲法又称专家调查法，它起源于 20 世纪 40 年代，最初由美国兰德公司使用，很快就在世界各地盛行起来。德尔菲法常用于预测工作，也可用于对设施选址进行定性分析，与其他专家法的区别在于：用"背对背"的判断代替"面对面"的会议，即采用函询的方式，

依靠调查机构反复征求每个专家的意见,经过客观分析和多次征询,使各种不同意见逐步趋向一致。

德菲尔法具体实施步骤如下。

(1) 组成专家小组,按照设施选址所需要的知识范围确定专家,人数一般不超过20人。

(2) 向所有专家提出设施选址的相关问题及要求,并附上各选址方案的所有背景材料,同时让专家提出所需材料清单。

(3) 各个专家根据他们所收到的材料,提出自己的意见。

(4) 根据专家们意见的汇总,进行对比,并将材料反馈给各专家,专家根据反馈材料修改自己的意见和判断。这一过程可能要进行3次,直到每一个专家不再改变自己的意见为止。

这种方法的优点有3个。

(1) 匿名性:避免出现迷信权威或因慑于权威而不敢发言的现象。

(2) 反馈性:进行多次反馈征询意见,有利于提高调查的全面性、可靠性和客观性。

(3) 对调查结果量化:可根据需要从不同角度对所得结果进行统计处理,提高了调查的科学性。

这种方法的缺点有3个。

(1) 缺乏客观标准:这种方法主要适用于缺乏历史资料或未来不确定因素较多的场合。

(2) 由于汇总后的反馈材料水准不高或不了解别的专家所提供的资料,有可能做出趋近中位数或算术平均数的结论。

(3) 反馈次数多,或反馈时间较长,有的专家可能因工作忙或其他原因而中途退出,影响调查的准确性。

为了克服上述局限性,可以采取下列一些措施。

(1) 向专家说明德尔菲法的原理,使他们有较清楚的了解。

(2) 尽可能详尽地提供与选址有关的背景材料。

(3) 请专家将自己的判断结果分为最高值、一般值、最低值等不同程度,分别估计其概率以保证整个判断的可靠性,减少反复的次数。

在第二轮反馈,只给出专家意见的全距值,而不反馈中位数或算术平均数,避免发生简单求同的现象。

综上所述,在仓库选址时要结合实际情况,灵活选取方法。物流选址是一项复杂的系统工程,是一项重要的战略决策,应当综合考虑其所在地的政治、经济、法律、社会、文化、交通、技术、环境、环保及人文素质等众多因素的影响,这其中包括技术性因素,除此之外还包括不少非技术性因素。

【拓展知识】

仓库选址是一项包括社会、经济和技术的综合性工作。不仅要考虑本企业生产经营的需要,还要考虑提供仓库地址所在地区和地点的生产、消费、经营对本企业的影响,同时也要考虑仓库对周围环境的影响。经多方案比较论证,选出投资少、建设快、运营费用低,具有最佳经济效益、环境效益和社会效益的库址。

任务2.3 仓库规划设计

【小词典】

仓库规划是指在一定区域或库区内,对仓库的平面布局、数量、规模、地理位置和仓库内设施等各要素进行科学的规划和整体设计。

2.3.1 仓库的布局与储存区域空间规划

1. 仓库的布局

仓库库区总体布局是指一个仓库的各个组成部分,如库房、货棚、辅助建筑物、铁路专运线、库内道路、附属固定设备等,在规定的范围内,进行平面和立体的全面合理的安排。

1)仓库库区结构

现代化仓库一般由生产作业区、辅助生产区和行政生活区构成,如图2.9所示。

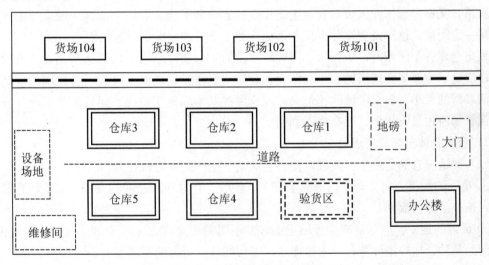

图2.9 仓库库区总布局示意图

(1)生产作业区。生产作业区是仓库的主体部分,是货物储运活动的场所,主要包括储货区、道路、铁路专用线、装卸平台等。

储货区是储存保管、收发整理商品的场所,是生产作业区的主体区域。储货区主要由保管区和非保管区两大部分组成。保管区是主要用于储存商品的区域,非保管区主要包括各种装卸设备通道、待检区、收发作业区、集结区等。

现代仓库道路的布局是根据商品流向的要求,结合地形、面积、各个库房建筑物、货场的位置来决定道路的走向和形式。汽车道主要用于起重搬运机械调动及防火安全,同时也要考虑保证仓库和行政区、生活区之间的畅通。仓库道路分为主干道、次干道、人行道和消防道等。主干道采用双车道,宽度应在6~7m;次干道为3~3.5m的单车道;消防道的宽度不少于6m,布局在库内的外周边。

库内铁路专用线应与国家铁路、码头、原料基地相连接，以便机车直接进入库内区进行货运。库内的铁路线最好是贯通式，一般应顺着库长方向铺设。库内专用线具有运输能力强、安全快速等特点，所以有条件的企业应尽量铺设，同时应考虑铺设地点，以便于物资装卸和集散，有利于库内短距离搬运。

在河网地区建仓库，应尽量利用水路运输的有利条件。应对河道的水文资料进行调查，以便确定码头的位置，建筑式样，以及吊装设备。码头位置应选在河床平稳、水流平直、水域堤岸较宽、水足够深的地方，以便于船舶安全靠离码头、进行装卸作业。站台高度应与铁路货车车厢地面或者汽车车厢地面高度相同，以便于叉车作业，站台的宽度和长度要根据作业方式和作业量大小而定。

（2）辅助作业区。辅助作业区是为仓储业务提供各项服务的设备维修车间、车库、工具设备库、油库、变电室等。辅助服务虽然不直接参与仓储作业，但是它是完成仓储作业不可缺少的条件，所以辅助作业区的布置应尽量减少占地面积，保证仓库安全。油库的位置应该远离维修车间、宿舍等容易出现明火的场所，周围需设置相应的消防设施。

（3）行政生活区。行政生活区是行政管理机构办公和职工生活的区域，具体包括办公楼、警卫室、化验室、文娱场所、宿舍和食堂等。为了便于业务接洽和管理，行政管理机构一般布置在仓库的主要出入口，并与生产作业区用隔离墙分开。这样既便于工作人员与作业区的联系，又避免非作业人员对仓库生产作业的影响和干扰。职工生活区一般应与生产作业区保持一定距离，这样既能充分保证仓库的作业安全又能确保生活区的安宁。

划定仓库各个区域时，应当使不同区域所占面积与仓库总面积保持适当比例。商品存储的规模决定了主要场所规模的大小。同时，仓库主要作业的规模又决定了各种辅助设施和行政生活场所的大小。各个区域的比例必须与仓库的基本职能相适应，保证商品接收、发运和储存保管场所占最大比例，提高仓库利用率。

2）仓库总体布局的要求

（1）要适应仓储企业生产流程，使得仓储企业生产正常进行。

① 单一的物流方向。仓库内商品的卸车、验收、存放地点之间的安排必须适应仓储生产流程，按一个方向流动。

② 最短的运距。应尽量减少迂回运输，专用线的布置应在库区中部，并根据作业方式、仓储商品品种、地理条件等合理安排库房、专用线与主干道的相对位置。

③ 最少的装卸环节。减少在库商品装卸搬运次数和环节，商品的卸车、验收、堆码作业最好一次完成。

④ 最大的利用空间。仓库总平面布置是立体设计，应有利于商品的合理储存和充分利用库容。

（2）有利于提高仓储经济效益。

① 要因地制宜，充分考虑地形、地质条件，满足商品运输和存放的要求，并能保证仓容充分利用。

② 平面布置应与竖向布置相适应。所谓竖向布置，是指建设场地平面布局中的每个因素，如库房、场、专运线、道路、排水、供电、站台等，在地面标高线上的相互位置。

③ 总平面布置应能充分、合理地利用机械化。我国目前普遍使用门式、桥式起重机一类的固定设备，合理配置这类设备的数量和位置，并注意与其他设备的配套，便于开展机械化作业。

(3) 有利于保证安全生产和文明生产。

① 库内各区之间、各建筑物间，应根据《建筑设计防火规范》的有关规定，留有一定的防火间距，并有防火、防盗等安全设施。

② 总平面布局应符合卫生和环境要求，既要满足库房的通风、日照等，又要考虑环境绿化、文明生产，有益于职工的身体健康。

2. 仓库的储存区域空间规划

储存货物的空间规划是普通仓库规划的核心，储存空间规划的合理与否直接关系到仓库的作业效率和储存能力。储存空间规划的主要内容包括：仓储区域面积规划、柱子间隔规划、库房高度规划、通道宽度规划。

1) 仓库储存区域面积规划

储存区域面积是指在仓库使用面积中实际用来堆放商品所占的面积，即库房使用面积减去必要的通道、跺距、墙距及收发、验收、备料等作业区后所剩余的面积。

库房的储存区域面积 S 可用下面公式计算：

$$S = \frac{Q}{q}$$

式中：S——库房（或货棚或货场）的储存区域面积，m^2；

Q——库房（或货棚或货场）的最高储存量，t；

q——单位面积商品储存量，$\frac{t}{m^2}$。

【你知道吗?】

仓库使用面积：指仓库内可以用来存放商品的面积之和，即库房、货棚、货场的使用面积之和。其中，库房的使用面积为库房建筑面积减去外墙、内柱、间隔墙等所占的面积。

仓库建筑面积：指仓库内所有建筑物所占平面面积之和。若有多层建筑，则还应加上多层面积的累计数。

2) 柱子间隔规划

库房内的立柱是出入库作业的障碍，会导致保管效率低下，因而立柱应尽可能减少。但当平房仓库梁的长度超过 25 米时，建立无柱仓库比较困难，则可设中间的梁间柱，使仓库成为有柱结构。考虑出入库作业效率，以汽车或托盘的尺寸为基准，通常以 7 米的间隔较适当。它适合两台大型货车的宽度(2.5×2m)或 3 台小型货车(1.7×3m)的作业间隔；采取托盘存货或作业的，因托盘种类规格不同，以适合放 6 个标准托盘为间隔。平房建筑的仓库拓宽立柱间隔比较容易，而钢骨架建筑的仓库可不设立柱。

3) 库房高度规划

在储存空间中，库房的有效高度也称为梁下高度，理论上是越高越好，但实际上它受货物所能堆码的高度、叉车的扬程、货架高度等因素的限制，库房太高有时反而会增加成本或降低建筑物的楼层数，因此要合理设计库房的有效高度。

储存空间梁下有效高度计算公式：梁下有效高度＝最大举升的货高＋梁下间隙尺寸

由于货物储存方式、堆垛搬运设备的种类不同，对库房的有效高度的要求不一样，再加之仓库要考虑消防、空调、采光等因素。所以在进行库房的有效高度设计时，应根据货物储存方式、堆垛搬运设备等因素，采取有区别的计算方式。

（1）采用地面层叠堆码时，梁下有效高度的计算。

【例2-3】货高 $HA=1.3\text{m}$，堆码层数 $N=3$，货叉的抬货高度 $FA=0.3\text{m}$，梁下间隙尺寸 $a=0.5\text{m}$，求最大举升货高与梁下有效高度。

最大举升货高　　$HL=N\times HA+FA=3\times 1.3+0.3=4.2(\text{m})$

梁下有效高度　　$He=N\times HA+FA+a=4.2+0.5=4.7(\text{m})$

（2）采用货架储存时，梁下有效高度的计算。

【例2-4】货架高度 $Hr=3.2\text{m}$，货物高度 $HA=1.3\text{m}$，货叉的抬货高度 $FA=0.3\text{m}$，梁下间隙尺寸 $a=0.5\text{m}$，求最大举升货高与梁下有效高度。

最大举升货高度为
$$HL=Hr+HA+FA=3.2+1.3+0.3=4.8(\text{m})$$

梁下有效高度为
$$He=Hr+HA+FA+a=4.8+0.5=5.3(\text{m})$$

4）仓库通道宽度设计

库内的通道是保证库内作业畅顺的基本条件，通道应延伸至每一个货位，使每一个货位都可以直接进行作业，通道需要路面平整和平直，减少转弯和交叉。仓库通道设计需要考虑托盘尺寸、货物单元尺寸、搬运车辆型号及其转弯半径的大小等参数，同时也与货物堆存方式、车辆通行方式有关。

（1）根据货物的周转量，货物的外形尺寸和库内通行的运输设备来确定车辆双向运行的最小宽度。

$$B=2b+C$$

式中：B——最小通道宽度，m；

　　　C——安全间隙，一般采用 0.9m；

　　　b——运输设备宽度（含搬运货物宽度），m。

用手推车搬运时，通道宽度一般为 2～2.5m；用小型叉车搬运时，一般为 2.4～3.0m；进入汽车的单行通道一般为 3.6～4.2m。

（2）根据货物尺寸和放进取出操作方便来确定采用人工存取的货架之间的过道宽度，一般为 0.9～1.0m；货堆之间的过道宽度，一般为 1m 左右。

2.3.2　仓库货区规划与货位管理

1. 货区规划

1）货区布置

（1）平面布置是指对货区内的货垛、通道、垛间距、收发货区等进行合理规划，并正确规划它们的相对位置，常见的形式可以概括为垂直式和倾斜式两种类型。

① 垂直式布局是指货垛或货架的排列与仓库的侧墙互相垂直或平行，具体包括横列式布局、纵列式布局和纵横式布局。

（a）横列式布局指货垛或货架的长度方向与仓库的库墙和通道相互垂直。这种布局的主要优点是：主通道长且宽，副通道短，整齐美观，便于存取查点验，既有利于实现机械化作业，又有利于通风和采光；但是横列式布置占用的运输通道面积较多，影响仓库面积使用率，如图2.10所示。

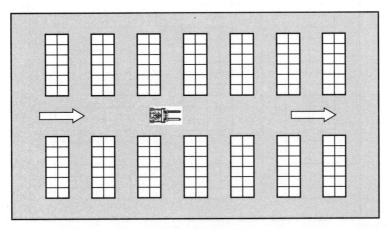

图2.10 横列式布局

(b) 纵列式布局是指货垛或货架的长度方向与仓库的库墙和通道相互平行。这种布局的优点主要是运输通道较短，占用面积较少，可以根据库存物品在库时间的不同和进出频繁程度安排货位。在库时间短、进出频繁的物品放置在主通道两侧；在库时间长、进出库不频繁的物品放置在里侧。其缺点是存取物资不方便，对通风采光不利，如图2.11所示。

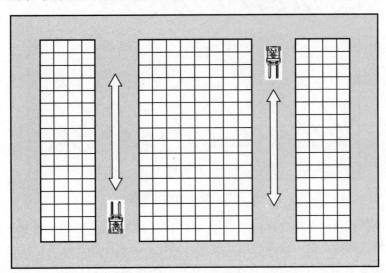

图2.11 纵列式布局

(c) 纵横式布局是指在同一保管区域内，横列式布局和纵列式布局兼而有之，可以综合利用两种布局的优点，如图2.12所示。

② 倾斜式布局是指货垛或货架与仓库侧墙或主要通道成60°、45°或30°夹角的布置格局，包括货垛倾斜式布局和通道倾斜式布局。

(a) 货垛倾斜式布局是横列式布局的变形，是指货垛的长度方向与运输通道和库墙成一锐角，它是为了便于叉车作业、缩小叉车的回转角度、提高作业效率而采用的一种布局方式，如图2.13所示。

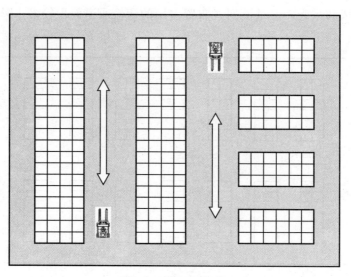

图 2.12 纵横式布局

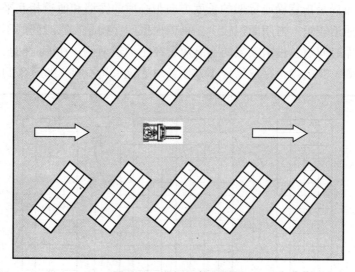

图 2.13 货垛倾斜式布局

(b) 通道倾斜式布局是指仓库的通道斜穿保管区与库墙成一锐角,而货垛垂直于库墙排列。这种布局形式的特点是:仓库内形式复杂,货位和进出库路径较多,如图 2.14 所示。

(2) 空间布置是指库存物品在仓库立体空间上的布局,其目的在于充分有效地利用仓库空间。主要形式有就地堆码、利用托盘与集装箱堆码、货架存放、架上平台、空中悬挂等。

① 就地堆码:借助于物品的外部轮廓或包装进行堆码。

② 利用托盘与集装箱堆码:将物品装入集装箱或码放在托盘上,然后对集装箱或托盘进行堆码。

③ 货架存放:将物品直接放入货架,或装入托盘后放入货架。

④ 架上平台:在货架上铺设一层承载板,构成二层平台,可直接堆放物品或摆放货架。

⑤ 空中悬挂:将某些物品悬挂在仓库的墙上或顶部。

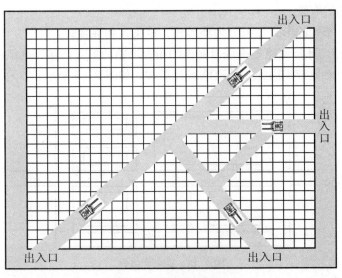

图 2.14 通道倾斜式布局

其中，使用货架存放物品有很多优点，具体表现在以下 4 方面。

① 充分利用仓库空间，提高库容利用率，扩大存储能力。

② 物品在货架中互不挤压，有利于保证物品本身和其包装完整无损。

③ 货架各层中的物品，可随时自由存取，便于做到先进先出。

④ 防潮、防尘，有些专用货架还可以起到防盗、防损、防破坏的作用。

2）库区道路设置

仓库道路是仓库进行生产经营活动的必要条件，是连接库内外的纽带。库区道路应靠近所有的库房、货棚和货场并构成环形网络，库区干道应与城市道路相衔接。仓库道路可分为库外道路和库区道路两种，下面重点介绍库区道路。

(1) 库区道路的分类。库区道路主要有主干道、次干道、支道、库房引道、人行道及消防通道等。

① 主干道。主干道为库区主要交通性道路，联系各功能区及主要生产作业场所，一般直接通过库区主要出入口与库区外城市交通性干道连接，是交通量最大、道路宽度最大的库区道路。主干道一般采用双车道路面宽度应在 67 米。

② 次干道。次干道也称干道，是连接库区各功能区域内部的生产、生活性道路，是主干路的有效补充一般为路面宽 33.5 米的单车道，主要用于仓库、货棚、货场之间的交通运输。

③ 支道。支道为库区辅助性道路路面宽度无具体要求以方便适用为目的。主要包括库房引道在内的与主次干道相连接的道路。

④ 库房引道。库房引道为库房、货棚等出入口与主次干道或支道相连接的道路。

⑤ 人行道。行人通行的专用道路。步行道路系统要与主要生产作业区和生活区有紧密联系，使行人方便到达各种设施，并充分考虑安全因素。

⑥ 消防通道。消防通道设计是库区道路布局安全设计的重要内容，应不至于仓库全部区域，一般结合库区主、次干道网成环形系统布置。为满足消防设备通过的需要，消防通道的宽度应不小于 4 米，沿消防通道应布置消防栓，消防栓靠近十字路口，其间隔不超过 100 米，距离墙壁不小于 5 米，可采用地上式和地下式两种形式。

(2) 库区道路的布置。

根据库内道路布置的形式，可分为环形式、尽头式和混合式。

① 环形式道路。环形道路是围绕着建筑物布置道路的形式，在库区组成纵横贯通的道路网，一般在库区中心地带采用的一种道路布置形式，如图 2.15 所示。

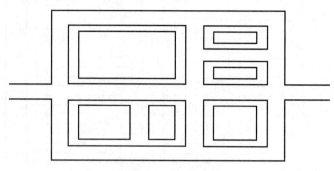

图 2.15 环形式道路

② 尽头式道路。尽头式道路是通到某地点就终止的道路，一般在库区边沿地区使用，如图 2.16 所示。

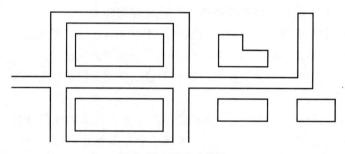

图 2.16 尽头式道路

③ 混合式道路。混合式道路同时采用环形式和尽头式两种道路布置形式，这是一种普遍采用的较灵活的道路布置形式，如图 2.17 所示。

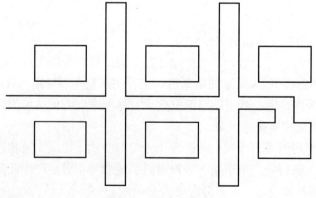

图 2.17 混合式道路

3) 铁路专用线布置

铁路专用线是库区总平面布置的重要组成部分，其布置是否合理直接影响到仓库的作业效率。布置仓库铁路线时应满足以下要求。

（1）满足仓库总体布置的要求。专用线的布置应与库区总体布置相协调，如专用线应进入露天货场，尽量靠近主要库房或进入库房，专用线的股数和有效长度应与仓库的规模相适应。

（2）符合仓库技术作业流程的需求。专用线的走向和具体位置，应与库区内的物料搬运线顺垂，避免库区内的不合理搬运，使物料的收发互不干扰。

（3）满足节约用地的需求。应合理选择库区内铁路线路的布置形式，宜采用尽头式布置，以减少线路长度和扇形面积。

（4）满足仓库安全的要求。铁路专用线不应穿过库前区，并避免与人流、货流较大的道路发生交叉，必须交叉时应采取安全措施。

2. 货位管理

现代仓储中，分拣、配送功能所发挥的作用越来越重要，为了配合配送时效及市场少量多样的需求，货物的周转将变得快速且复杂，在储存作业中会因周转频率及种类的增加而难以控制。管理货物最有效的方法就是通过对货物存放位置的管理来掌握货物的数量及周转情况，同时可以利用目视管理的方法更直观地掌控货物的变动，安排出入库计划。

1) 货位管理的基本原则

（1）明确指示储存位置。先将储存区域详细规划区分并标示编号，让每一项备储放的货品均有位置可以储放。储放位置必须是明确的而且经过储位编码的，不能是边界含糊不清的位置，例如走道、楼上、角落、或者某某货品旁等。很多仓库经常把走道当成储区来使用，虽然短时间内会得到一些方便，但会影响作业的进行，违背了储位管理的基本原则。

（2）有效定位货品。依据货品保管方式不同，为每种货品确定合适的储存单位、储存策略、分配规则，把货品有效地配置在先前所规划的储位上。例如：冷藏货品应该放在冷藏仓库，流通速度快的货品应放在靠近仓库出口处，香皂和食品不能放在一起等。

（3）及时登录异动。货品有效配置在储存位置上之后，接下来就要进行储位维护。也就是说货品不管是因拣货取出，或货品被淘汰，或受其他因素影响，使得货品的位置或者数量发生了变化，都必须及时记录变动情况，使物账和实际情况相吻合，这样才能进行有效管理。由于仓库储位上的货品经常处于变动状态，使得这项登录异动工作非常烦琐，工作人员在繁忙工作中容易形成惰性，因此这个原则是储位管理中最困难的部分，也是目前仓库储位管理作业成败的关键所在。

2) 货位分配的原则

对于入库商品，合理的货位不仅可以方便存取货物，而且有利于对库存商品的管理及养护，提高货位的利用率。不同类型的仓库、不同种类的商品采取的货位分配策略也是不同的。在分区分类策略下，货位分配主要遵循以下几种原则。

（1）以周转率为基础法则。将货品按周转率由大到小排序，再将此序分为若干段（通常分为3～5段），同属于一段中的货品列为同一级，依照定位或分类存储法的原则，指定存储区域给每一级货品，周转率越高应离出入口越近。

（2）产品相关性法则。应当使关联性比较大的商品的货位相邻。这样可以减短提取路程，减少工作人员工作量，简化清点工作。产品的相关性大小可以利用历史订单数据做分析。

（3）产品同一性原则。所谓同一性的原则，是指把同一种货物储放于同一保管位置的原则。这样作业人员对于货品保管位置能简单熟知，并且对同一种货物的存取花费最少搬运时间，这是提高物流中心作业生产力的基本原则之一。否则当同一种货物放置于仓库内多个位置时，物品在存放取出等作业时十分不便，在盘点以及作业人员对货架物品掌握时都可能造成困难。

（4）产品类似性原则。所谓类似性的原则，是指将类似品存放在相邻货位保管的原则，此原则与同一性原则原理相同。

（5）产品互补性原则。替代性高的货物也应存放于邻近位置，以便缺货时可迅速以另一种货物替代。

（6）产品相容性原则。相容性低的产品不可放置在一起，以免损害品质。

（7）先入先出的原则。所谓先入先出（FIFO，First In First Out），是指先保管的物品先出库，这一原则一般适用于寿命周期短的商品，例如：感光纸、软片、食品等。

作为库存管理的手段来考虑时，先入先出是必须的，但是在产品型号变更少、寿命周期长、不易损耗等情况下，则要考虑先入先出的管理费用及采用先入先出所得到的利益，将两者之间的优劣比较后再决定是否要采用先入先出的原则。

（8）叠高的原则。所谓叠高的原则，是指像堆积木般将物品叠高。以物流中心整体有效保管的观点来看，提高保管效率是必要的，而利用托盘等工具来将物品堆码成一定的高度后，仓库利用率要比平置方式高许多。但必须注意的是，如果在先入先出等库存管理限制条件很严时，一味的往上叠并非最佳的选择，应当考虑使用合适的货架或积层架等保管设备，以使叠高原则不至影响出货效率。

（9）面对通道的法则。所谓面对通道法则，是指物品面对通道来保管，让作业人员容易简单地识别可识别的标号、名称。为了使物品的储存、取出能够容易且有效率地进行，物品必须要面对通道来保管，这也是使物流中心内工作能流畅进行及活性化的基本原则。

（10）产品尺寸法则。在仓库布置时，必须同时考虑物品单位大小以及由于相同的一批物品所造成的整批形状，以便能供应适当的空间、满足某一特定要求。所以在存储物品时，必须要有不同大小位置的变化，用以容纳不同大小的物品。产品尺寸法则可以使物品存储数量和位置适当，使得周转迅速，搬运工作及时间都能减少。一旦未考虑存储物品单位大小，将可能造成存储空间太大而浪费空间或存储空间太小而无法存放；未考虑存储物品整批形状也可能造成整批形状太大无法同处存放。

（11）重量特性法则。所谓重量特性的原则，是指按照物品重量不同来决定储放物品于货位的高低位置。一般而言，重物应保管于地面上或货架的下层位置，而质量轻的物品则保管于货架的上层位置；以人工进行搬运作业时，人腰部以下的高度用于保管重物或大型物品，而腰部以上的高度则用来保管重量轻的物品或小型物品。

（12）产品特性法则。物品特性不仅涉及物品本身的危险及易腐蚀性，同时也可能影响其他的物品，因此在物流中心布局时应考虑。

3）货位编码

仓库的货位布置可根据仓库的条件、结构、需要，根据已确定的商品分类保管方案及仓容定额加以确定。货位的编号好比商品在仓库中的位置，必须符合"标志明显易找，编排循规有序"的原则。

（1）货位编码的作用。货位编码不仅能够指示入库或出库时货物的存放位置，还具备很多其他的作用。

① 确定货位资料的正确性。

② 提供与仓储管理信息系统中对应的位置，便于查询识别。

③ 提供进出货、拣货、补货等作业时存取货物的位置依据，便于仓储作业及查询，节省重复寻找货物的时间，提高工作效率。

④ 提高调库、移库的工作效率。

⑤ 可以利用信息系统进行处理分析。

⑥ 方便盘点。

⑦ 可让仓储及采购管理人员了解掌握储存空间，以控制货物存量。

⑧ 可避免货物乱放堆置导致过期而报废并能有效掌握库存而降低库存量。

（2）货位编码的方法。一般储位编码的方法有下列4种。

① 区段方式。把保管区域分割为几个区段，再对每个区段编码，如图2.18所示。

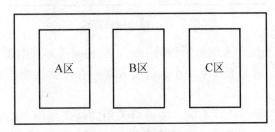

图 2.18　区段编码方式

这种编码方式是以区段为单位，每个号码所标注代表的储位区域将会很大，因此适用于容易单位化的货品以及大量或保管周期短的货品。在 ABC 分类中的 A、B 类货品也很适合此种编码方式。货品以物流量大小来决定其所占的区段大小；以进出货频率次数来决定其配置顺序。

② 品种方式。把一些相关性货品经过集合以后区分成好几个品种，再对每个品种进行编码，如图 2.19 所示。

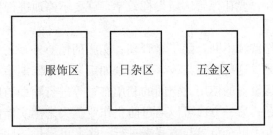

图 2.19　品种编码方式

这种编码方式适用于比较容易按商品类别保管及品牌差距大的货物，例如服饰、五金方面的货物。

③ 地址式。利用保管区域中现成的参考单位，例如建筑物第几栋、区段、排、行、层、格等，依照其相关顺序来进行编码，就像地址中的几区、几街、几号一样。

这种编码方式由于其所标注代表的区域通常以一个货位为限，且有相对顺序性可依循，使用起来容易明白且方便，所以为目前物流中心使用最多的编码方式。但由于其货位体积所限，适合一些体积小或品种多的货物储存使用，例如 ABC 分类中 C 类的货物，如图 2.20 所示。

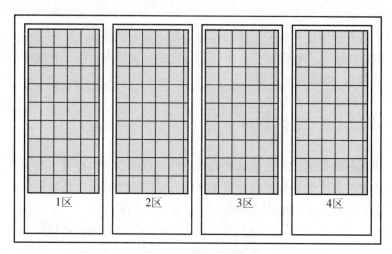

图 2.20 地址编码方式

④ 坐标式。利用空间概念来编排货位的方式，这种编排方式由于对每个货位定位分割细小，在管理上比较复杂，对于流通率很小、需要长时间存放的货物，也就是一些生命周期较长的货物比较适用。

一般而言，由于储存货品特性不同，所适合采用的货位编码方式也不同，而如何选择编码方式就得依据保管货物的储存量、流动率、保管空间布置及所使用的保管设备而做选择。不同的编码方法对于管理的难易也有影响，必须先行考虑上述因素及管理设备，才能合理地选择编码方法。

4）货位维护

货位维护就是针对物流中心的设备、物品、人员与车辆的动态资讯进行即时掌握监控，它可提升物流中心作业的管理品质，达到节省人力、降低成本及提升物流中心经营效率与竞争力的目的。货位维护工作是不能间断的，它必须是每日、每月、每年都要进行的，只要物流中心有保管区域的存在，要让保管区域发挥效率，就要不停地进行货位维护工作。

5）查核与改善

如何让货位维护工作持续不断，除了靠管理者实施的恒心外，还要借助一些查核与改善的方法来监督与鼓励。通过这些查核与改善方法，如定期、不定期稽核抽查等来适当地对货位管理的执行、储放搬运设备的使用、空间的利用布置等进行辅助与监督，一方面可达到监督作用，以提早发现问题；另一方面可以通过防止作业疏失来落实储位管理。而在改善方法上，可利用员工提案制度，以全员参与方式来进行，除了可提供一些改善措施外还可促进货位管理的效用与效率的改进，达到物流中心各作业迅速落实的目的。

【拓展知识】

仓库的建设是一项成本高、耗能多、用时长的工程，还会涉及库房结构设计、土木建筑、水电线路、避雷防震等多方面的问题。为了确保仓库在使用过程中更好地发挥其功能，规划时要遵循以下原则。

（1）适用性原则。我国仓储业在近年来得到了迅猛的发展，自动立体仓库、自动分拣系统、电子标签、无线射频技术、智能机器人等先进技术的应用更是对仓储业的发展起到了锦上添花的作用。但并不是每一个仓库都需要这些先进的技术和设备,在实际规划设计时,要结合具体的服务对象和作业要求来确定仓库的规模、作业能力及设施设备,避免盲目地追求先进的、高端的产品,导致投资成本过高。

(2) 经济性原则。物流管理的目标是在满足客户需求的前提下,实现总费用最低。仓储也是一样,既要考虑初期的投入成本,也要考虑后期的运营成本,在规划时做好仓库运作的经济可行性分析。

(3) 可行性原则。通过对仓库建设的主要内容和配套条件(如市场需求、资源供应、建设规模、运输路线、设备选型、环境影响、资金筹措、盈利能力等)从技术、经济、工程等方面进行调查研究和分析比较,并对项目建成以后可能取得的财务、经济效益及社会环境影响进行预测,从而提出该仓库是否值得投资和如何进行建设的咨询意见,为决策提供依据。可行性研究应具有预见性、公正性、可靠性、科学性的特点,即除了包括前面提到的经济可行性分析,还包括投资必要性、技术可行性、财务可行性、组织可行性和风险分析的内容。

(4) 整体性原则。随着仓储功能的多样化,仓库的区域及配套设施也越来越完善,如停车场、办公区、运输通道、员工食堂、生产车间等。在规划时,要从仓储系统化的角度出发,结合企业的发展战略,从全局角度出发,建设综合的、一体化的现代化仓库。

任务 2.4 配置仓库设备

配置仓库设备是仓库系统规划的重要内容,关系到仓库建设成本和运营费用,更关系到仓库的生产效率和效益。根据仓库设备的主要用途和特征,可以分为储存保管设备、装卸搬运设备、计量检验设备、分拣设备、养护照明设备、安全设备、其他用品和工具等。仓库设备的类型及用途见表 2-8。

表 2-8 仓库设备的类型及用途

设备类型	用 途
货架、叉车、堆垛机械、起重运输机械等	存货、取货
分拣机、托盘、搬运车、传输机械等	分拣、配货
检验仪器、工具、养护设施等	验货、养护
温度监视器、防火报警器、监视器、防盗报警设备等	防火、防盗
所需的作业机械、工具等	流通加工
计算机及辅助设备等	控制、管理
站台、轨道、道路、场地等	配套设施

2.4.1 认知储存保管设备

1. 货架

【小词典】

货架(goods shelf)是指用支架、隔板或托架组成的立体储存货物的设施。

货架的基本功能是既要能够有效保护货物,又要能够提高仓库空间的利用率,还要有利于实现仓库作业的机械化和自动化。

在仓库设备中，货架是专门用于存放成件物品的保管设备。货架在物流及仓库中占有非常重要的地位，随着现代工业的迅猛发展、物流量的大幅度增加，为实现仓库的现代化管理、改善仓库的功能，不仅要求货架数量多，而且要求货架具有多功能，并能实现机械化、自动化要求。下面分别介绍几种常见货架。

1) 层架

层架由立柱、横梁和层板构成，层间用于存放货物。按层架存放货物的重量等级划分有重型、中型及轻型3种货架类别。中、重型层架一般采用固定式层架，坚固、结实，承载能力强；储存大件或中、重型物资，配合叉车等使用；能充分利用仓容面积，提高仓储能力。轻型层架一般采用装配式，较灵活机动、结构简单、承载能力较差；适于人工存取轻型或小件货物；存放物资数量有限，是人工作业仓库的主要储存设备，如图 2.21 所示。

  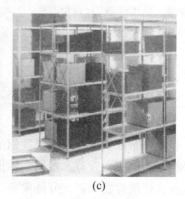

(a)　　　　　　　　　(b)　　　　　　　　　(c)

图 2.21　层架

2) 托盘货架

托盘货架是以托盘单元货物的方式来保管货物的货架，又称工业货架，是机械化、自动化货架仓库的主要组成部分，通用性较强，其结构是货架仓库宽度方向分成若干排，每两排之间布置供堆垛起重机、叉车或其他搬运机械运行的通道，每排货架沿仓库纵向分为若干列，在垂直方向又分为若干层，从而形成大量货格，用托盘存储货物。这种货架具有刚性好、自重轻、层高可自由调节、适合规模化生产、成本低、运输和安装便利并易于实现模块化设计等优点。托盘货架在国内的各种仓储货架中最为常见，广泛应用于制造业、第三方物流和配送中心等领域，如图 2.22 所示。

图 2.22　托盘货架

3）移动式货架

移动式货架的货架底部装有滚轮，开启控制装置，滚轮可以沿轨道滑动。移动式货架平时可以密集相连排列，存取货物时通过手动或电动控制装置驱动货架沿轨道滑动，形成通道，因为一组货架只要一个作业通道，大大减少了货架间的通道数，提高仓库面积的利用率。移动式货架适用于库存品种多、出入库频率较低的仓库或库存频率较高但可按巷道顺序出入库的仓库。主要有：人力推动式（Manual Mobile Rack）、摇把驱动式（Crank－type Mobile Rack）、电动式（Electric Mobile Rack），如图 2.23、图 2.24、图 2.25 所示。

图 2.23　人力推动式

图 2.24　摇把驱动式

图 2.25　电动式移动货架

4）驶入和驶入/驶出式货架

驶入和驶入/驶出式货架是可供叉车（或带货叉的无人搬运车）驶入、存取单元托盘货物的货架。因为叉车作业通道与货物保管场所合一，仓库面积利用率大大提高。但同一通道内的货物品种必须相同或同一通道内的货物必须一次完成出入库作业。这种货架的特点是使用通道少、空间利用率高，适合于数量大、同类型、先进后出的仓库。驶入和驶入/驶出式货架采用钢结构，立柱上有水平突出的构件，叉车将托盘货物送入，由货架两边的构件托住托盘。驶入式货架只有一端可供叉车进出，而驶入/驶出式货架可供叉车从中通过，非常便于叉车作业。货物放置在纵向支撑杆上，搬运设备可驶入货架中间存取货物，如图 2.26 所示。

5）重力式货架

重力式货架又称流动式货架，是一种利用货物的自身重量来实现存储深度方向上货物移动的存储系统。在货架每层的通道上，都安装有一定坡度的、带有轨道的导轨，入库的单元货物在重力的作用下，由入库端流向出库端。储存托盘货物的重力式货架一般为 2～4 层，每格货架内设置重力滚道两条，滚道由左右两组滚轮、导轨和缓冲装置组成。货物进库存放

(a) 驶入式货架

(b) 驶入/驶出式货架

图 2.26 驶入和驶入/驶出式货架

时,用叉车从货架后面将托盘送入货格,托盘依靠本身重力沿滚轮向前滑行,也有的重力式货架采用电磁阀控制托盘定位;取货时,叉车从货架前面将货物取出。此外,当通道较长时,在导轨上应设置制动滚道,以防止终端加速度太大。

货架排与排之间没有作业通道,大大提高了仓库面积利用率。适用于大批量货物短期存放和拣选,广泛应用于超市、医药、化工和电子行业,如图 2.27 所示。

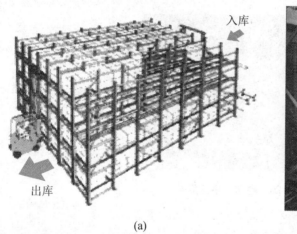

(a)　　　　　　　　　　　　　　(b)

图 2.27 重力式货架

（1）重力式货架的优点。由于托盘货物或箱装货物可以利用自身重力自动向低端滑行,当前方货物被提取后,后面的货物会自动跟进,所以重力式货架的优点包括以下几方面。

① 可以实现"先进先出"作业。

② 货架密集配置,减少通道的占用,使储存密度增大,从而有效节约仓库空间。

③ 货物进出库作业时,搬运工具运行距离最短。

④ 货架的货位空缺得到有效控制。

⑤ 货架密集排列,有利于仓库的现场管理,有效防止货物丢失。

⑥ 减少装卸搬运设备的投入。

（2）重力式货架的缺点。

① 投资成本高,一般重力式货架的成本约是普通托盘货架成本的 5~7 倍。

② 对托盘及货架的加工技术要求高，否则容易造成滑道阻塞。货架的日常维护保养要求也高。

6）悬臂式货架

悬臂式货架是在立柱上装设外悬杆臂构成的，物料被存放在固定于后立柱的悬臂梁上。悬臂常用金属材料制造，悬臂的尺寸根据所存放货物的外形确定。悬臂可以是单面或者双面的，同时悬臂也可以是固定的或者移动的。这种货架主要适用存放长杆件及其他无法使用托盘集装的物料，广泛应用于机械加工及建材超市行业，如图 2.28 所示。

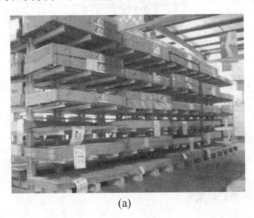 

(a)　　　　　　　　　　　　　　　　(b)

图 2.28　悬臂式货架

7）旋转式货架

旋转式货架设有电力驱动装置（驱动部分可设于货架上部，也可设于货架底座内），可以通过开关控制货架按一定方向旋转的特殊货架。存取货物时，把货物所在货格编号由控制盘按钮输入，该货格则以最近的距离自动旋转至拣货点停止。由于通过货架旋转改变货物的位置来代替拣选人员在仓库内的移动，能够大幅度降低拣选作业的劳动强度，而且货架旋转选择了最短路径，所以，采用旋转式货架可以大大提高拣货效率。根据旋转方式不同，旋转式货架可分为水平旋转式货架、垂直旋转式货架、多层水平旋转式货架 3 种，如图 2.29 所示。

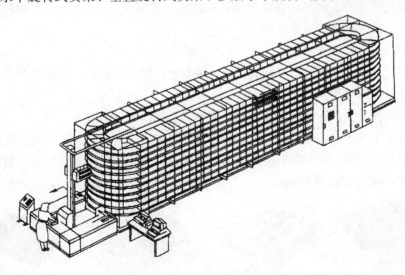

图 2.29　旋转式货架

8）阁楼式货架

阁楼式货架是将储存区域通过货架分成两层或多层，通常利用中型搁板式货架或重型搁板式货架作为主体支撑加上楼面板，如图 2.30 所示。阁楼式货架可以有效增加空间使用率，通常上层适合存放轻量货物，不适合重型搬运设备行走，上层货物的搬运需配装垂直输送设备，底层货架不但是保管物料的场所，而且是上层建筑承重梁的支撑，承重梁的跨距大大减小，建筑费用也大大降低。适用于现有旧仓库的技术改造，可以提高仓库的空间利用率。

图 2.30　阁楼式货架

2. 托盘

【小词典】

托盘(pallet)是用于集装、堆放、搬运和运输的放置作为单元负荷的货物和制品的水平平台装置。

托盘作为物流运作过程中重要的装卸、储存和运输设备，与叉车配套使用在现代物流中发挥着巨大的作用。托盘给现代物流业带来的效益主要体现在：可以实现物品包装的单元化、规范化和标准化，保护物品，方便物流和商流。作为与集装箱类似的一种集装设备，托盘现已广泛应用于生产、运输、仓储和流通等领域，它被认为是 20 世纪物流产业中两大关键性创新之一。常见托盘有以下几种。

1）平托盘

只要一提托盘，一般都是指平托盘，因为平托盘使用范围最广，利用数量最大，通用性最好。平托盘又可细分为 3 种类型。

(1) 根据台面分类：有单面型、单面使用型、双面使用型和翼型 4 种。

(2) 根据叉车叉入方式分类：有单向叉入型、双向叉入型、四向叉入型 3 种。

(3) 根据材料分类：有木制平托盘、钢制平托盘、塑料制平托盘、复合材料平托盘以及纸制托盘 5 种，如图 2.31 所示。

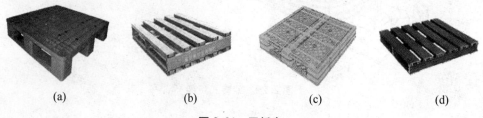

图 2.31　平托盘

2）柱式托盘

柱式托盘是在平托盘基础上发展起来的，其特点是在不压货物的情况下可进行码垛（一般为4层），多用于包装物料、棒料管材等的集装。柱式托盘分为固定式和可卸式两种，其基本结构是托盘的4个角有钢制立柱，柱子上端可用横梁连接，形成框架型。柱式托盘的主要作用：一是利用立柱支撑重量物，往高叠放；二是可防止托盘上放置的货物在运输和装卸过程中发生塌垛现象。柱式托盘还可以作为可移动的货架、货位；不用时，还可叠套存放，节约空间，如图2.32所示。

图2.32 柱式托盘

3）箱式托盘

箱式托盘是四面有侧板的托盘，有的箱体上有顶板，有的没有顶板。箱板有固定式、折叠式、可拆卸式3种。四周栏板有板式、栅式和网式，因此，四周栏板为栅栏式的箱式托盘也称笼式托盘或仓库笼。箱式托盘防护能力强，可防止塌垛和货损；可装载异型不能稳定堆码的货物，应用范围广，如图2.33所示。

图2.33 箱式托盘

4）轮式托盘

轮式托盘与柱式托盘和箱式托盘相比，多了下部的小型轮子，具有移动性好、使用方便等特点，用途广泛，适用性强。

5) 特种专用托盘

由于托盘作业效率高、安全稳定，尤其在一些要求快速作业的场合，利用托盘的重要性更加突出，所以各国纷纷研制了多种多样的专用托盘，这里仅举几个例子。

(1) 轮胎专用托盘。轮胎的特点是耐水、耐蚀，但怕挤、怕压，轮胎专用托盘较好地解决了这个矛盾。利用轮胎专用托盘可多层码放，不挤不压，大大地提高装卸和储存效率。

(2) 长尺寸物托盘。这是一种专门用来码放长尺寸物品的托盘，有的呈多层结构。物品堆码后，就形成了长尺寸货架。

(3) 油桶专用托盘：是专门存放、装运标准油桶的异型平托盘，双面均有波形沟槽或侧板，以稳定油桶，防止滚落，优点是可多层堆码，提高仓储和运输能力。

6) 滑板托盘(slip sheet)

滑板托盘是在一个或多个边上设有翼板的平板，用于搬运、存储或运输单元载荷形式的货物或产品的底板。滑板托盘有单翼滑板(一边设翼板的滑板)、对边双翼滑板(两条对边设翼板的滑板)、临边双翼滑板(两条相邻边设翼板的滑板)、三翼滑板(3个相邻边设翼板的滑板)、四翼滑板(4个边设翼板的滑板)。

2.4.2 认知装卸搬运设备

1. 叉车

【小词典】

叉车是指具有各种叉具，能够对货物进行升降和移动以及装卸作业的搬运车辆。它具有灵活、机动性强、转弯半径小、结构紧凑、成本低廉等优点。

1) 叉车的功能及应用

叉车是一种用来提取、搬运、堆码单元货物的车辆，它能完成出库、搬运、装卸、入栈4种复合作业，是常用的装卸设备，有万能装卸机械之称。叉车既可用于堆场垂直堆码作业，又可用于水平运输，应用十分广泛。其主要用于港口、码头、机场、车站、仓库和工厂等处进行成件货物的装卸和搬运，当配合多种附属机构装置时，叉车还能用于散装货物和不包装的其他货物的装卸和搬运。

2) 叉车的类型

(1) 根据动力种类可划分为电瓶和内燃机两大类(内燃机的燃料又分为汽油、柴油和天然气3种)，如图2.34中的电瓶式叉车。

图 2.34 电瓶式叉车

（2）按其基本构造分类，又可分为平衡重式叉车、前移式叉车、侧面式叉车、拣选式叉车、集装箱叉车等，如图 2.35、图 2.36、图 2.37 所示。

图 2.35　前移式叉车　　　　图 2.36　集装箱叉车　　　　图 2.37　侧面式叉车

2. 手推车

手推车（hand cart）是一种以人力为主，在路面上水平输送物料的搬运车。其特点是价廉、轻巧、易操作、回转半径小，适合于短距离搬运轻型物料。常见的手推车类型有：杠杆式手推车、手推台车、登高式手推台车、手动托盘搬运车、手动液压升降平台、手推液压堆高车等，如图 2.38、图 2.39、图 2.40、图 2.41、图 2.42、图 2.43 所示。

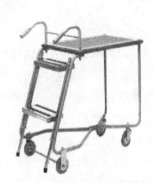

图 2.38　杠杆式手推车　　　　图 2.39　手推台车　　　　图 2.40　登高式手推台车

图 2.41　手动托盘搬运车　　　　图 2.42　手动液压升降平台　　　　图 2.43　手推液压堆高车

3. 堆垛机

堆垛机是专门用来堆码或提升货物的机械。普通仓库使用的堆垛机是一种构造简单、用于辅助人工堆垛、可移动的小型货物垂直提升设备。这种机械的特点是：构造轻巧，能在很窄的走道内操作，减轻堆垛工人的劳动强度，且堆码或提升高度较高，仓库的库容利用率较高，作业灵活，所以在中小型仓库内广泛使用。它有桥式堆垛机、巷道式堆垛机（图2.44）等类型。

图2.44 巷道式堆垛机

4. 起重机

起重机是在采用输送机之前曾被广泛使用的具有代表性的一种搬运机械，它是指将货物吊起，在一定范围内做水平运动的机械。起重机按照其所具有的构造、动作繁简程度以及工作性质和用途，可以归纳为简单起重机械、通用起重机械和特种起重机械3种。

（1）简单起重机械：一般只作升降运动或一个直线方向的运动，只需要具备一个运动机构，而且大多数是手动的，如绞车、葫芦和升降机等。

（2）通用起重机械：除需要一个使货物升降的起升机构外，还有使货物做水平方向的直线运动或旋转运动的机构。该类机械主要用电力驱动，这类起重机械主要包括通用桥式起重机、门式起重机、汽车起重机、固定旋转式起重机和行动旋转式起重机等，如图2.45、图2.46、图2.47、图2.48、图2.49所示。

图2.45 桥式起重机

图2.46 门式起重机

图 2.47 汽车起重机　　　图 2.48 悬臂起重机　　　图 2.49 回转支撑吊

（3）特种起重机械：是具有两个以上机构的多动作起重机械，专用于某些专业性的工作，构造比较复杂，如冶金专用起重机、建筑专用起重机和港口专用起重机等。

5. 自动导向车

【小词典】

自动导向车（AGV）是采用自动或人工方式装载货物，按设定的路线自动行驶或牵引着载货台车至指定地点，再用自动或人工方式装卸货物的工业车辆。

自动导向车只有按物料搬运作业自动化、柔性化和准时化的要求，与自动导向系统、自动装卸系统、通信系统、安全系统和管理系统等构成自动导向车系统（AGVS）相结合才能真正发挥作用。人工智能技术如理解与搜索、任务与路径规划、模糊与神经网络控制技术的发展，使 AGV 向着智能化和自主化方向发展，如图 2.50 所示。

 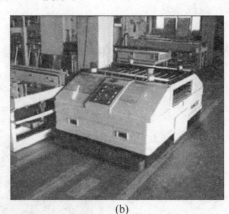

(a)　　　　　　　　　　　　　　(b)

图 2.50 自动导向车

2.4.3 认知输送分拣设备

1. 输送机

输送机是一种连续搬运货物的机械，其特点是在工作时连续不断地沿同一方向输送散料或者质量不大的单件货物，装卸过程无须停车，因此生产率比较高。其优点是生产率高、设备简单、操作简便。其缺点是一定类型的连续输送机只适合输送一定种类的货物，不适合搬运很热的物料或者形状不规则的单件货物；只能沿一定线路定向输送，因而在使用上具有一定局限性。

根据用途和所处理货物形状的不同，输送机可分为带式输送机、滚柱输送机、辊道输送机、链式输送机、悬挂输送机、单轨输送机、垂直输送机等。

1）带式输送机

带式输送机是一种利用连续运动的无端输送带输送物料的机械。它主要输送各种散状物料；在装配、检验、测试等生产线上输送单位质量不太大的成件物品。输送带有：织物芯胶带、织物芯 PVC 带、钢带、网带等，如图 2.51 所示。

图 2.51　带式输送机

2）滚柱输送机

滚柱输送机采用滚柱来取代辊道的输送机，其结构简单，一般用于无动力驱动，适用于成件包装货物或者整底面物料的短距离搬运，如图 2.52 所示。

图 2.52　滚柱输送机

3）辊道输送机

辊道输送机是利用辊子的转动来输送成件物品的输送机。它可沿水平或曲线路径进行输送，其结构简单，工作可靠，安装、使用、维护方便，线路布置灵活，对不规则的物品可放在托盘或者托板上进行输送，如图 2.53 所示。

4)链式输送机

链式输送机是利用链条牵引、承载,或由链条上安装的板条、金属网、辊道等承载物料的输送机。根据链条上安装的承载面的不同可分为链条式、链板式、链网式、板条式、链斗式、托盘式、台车式等。链式输送机也常与其他输送机、升降装置等组成各种功能的生产线,如图2.54所示。

图2.53 辊道输送机

图2.54 链式输送机

5)悬挂输送机

悬挂输送机属于链条(也可为钢索)牵引式的连续输送机。悬挂输送机是规模较大的工厂综合机械化输送设备,它广泛地应用于大量或者成批生产的工厂,作为车间之间和车间内部的机械化、自动化连续输送设备,在汽车、家电、服装、屠宰、邮政等方面得到了广泛应用。根据牵引件和承载件的连接方式不同,可分为通用悬挂输送机(提式悬挂输送机)、推式悬挂输送机、拖式悬挂输送机、积放式悬挂输送机等。根据承载件的支撑方式不同可分空中吊挂式、地面支撑式等,如图2.55所示。

图2.55 悬挂输送机

6)单轨输送机

在特定的空中轨道上运行的电动小车,可组成一个承载的、全自动的物料搬运系统。系统中的各个小车独立驱动;物料输送工具由轨道、平移道岔、转盘、升降机段等组成,形成立体输送网络；多种控制方式，可采用集中控制、分散控制或集散控制方式，小车按设定程序实行全自动作业；随机物料供应系统，工位要车可随机提出申请，通过小车随机编写要车工位特征地址码，直达要车工位，供应物料；分拣配送系统载物小车根据承载货物的不同种类携带的特征地址码，地面设立读址站，可实现自动分拣和配送作业等。单轨输送机广泛应用于汽车、邮电行业、工厂企业的装配线、检测线等，如图 2.56 所示。

图 2.56　单轨输送机

7）垂直输送机

垂直输送机能连续地垂直输送物料，使不同高度上的连续输送机保持不间断的物料输送。也可以说，垂直输送机是把不同楼层间的输送机系统连接成一个更大的连续的输送机系统的重要设备。垂直输送机又称连续垂直输送机或折板式垂直输送机，如图 2.57 所示。

图 2.57　垂直输送机

2. 自动分拣系统

1) 自动分拣系统组成

自动分拣系统种类繁多，但一般由收货输送机、喂料输送机、分拣指令设定装置、合流装置、分拣输送机、分拣卸货道口、计算机控制器等部分组成。

(1) 收货输送机。货物在收货输送机上经查验后，送入分拣系统。为了提高自动分拣机的分拣量，往往采用多条输送带组成的收货输送机系统，以供大批车辆同时卸货，输送机多为带式和辊式输送机。有些配送中心仓库使用可伸缩式输送机，能伸入卡车车厢内部搬运，大大减轻了人力搬运作业的强度。

(2) 合流输送机。大规模的分拣系统因分拣数量较大，往往由 2～3 条传送带输入被分拣货物，它们在分别经过各自的分拣信号设定装置后，必须经过合流装置。合流机构是由辊式输送机组成的，能让到达汇合处的货物依次通过，这是由计算机"合流程序控制器"控制的。

(3) 喂料输送机。货物在进入自动分拣机之前，要先经过喂料机构，其作用有两个：一是依靠光电管的作用，使前后两货物之间保持一定的间距、均衡地进入分拣传送带；二是使货物逐渐加速到分拣机主输送机的速度。其中第一阶段输送机是间歇运转的，它的作用是保证货物进入分拣机时的最小间距，分拣机的传送速度采用直流电动机无级调速，由速度传感器将输送机的实际带速反馈到控制器，进行随机调整，以保证货物在第 3 段传送机上的速度与分拣机完全一致，这是自动分拣机成败的关键。自动分拣机上移动的货物向哪个道口分拣，通常依据在待分拣的货物上贴有的到达目的地的标签决定，并在进入分拣机前，先由信号设定装置把分拣信息输入计算机中央控制器。在自动分拣系统中，将分拣信息转变为分拣指令的设定有以下几种方式。

① 人工键盘输入：劳动强度大，易出错。

② 声音控制输入：劳动强度小，易出现故障，效果不理想。

③ 条形码扫描输入：费用较高，输入速度快，差错极少。

④ 计算机程序控制：最先进，可以使配货过程完全自动化。

(4) 分拣传送装置及分拣机构。它是自动分拣机的主体，包括两个部分：货物传送装置和分拣机构。前者的作用是把被分拣货物送到设定的分拣道口；后者的作用是把被分拣货物推入分拣道口。上述传送装置均设有带速反馈器，以保持带速恒定。

(5) 分拣卸货道口。它是用来接纳由分拣机构分拣进来的被拣货物的装置，具体形式多种多样，主要取决于分拣方式和场地空间。一般采用斜滑道，其上部接口设置动力辊道，把被拣货物"拉入"斜滑道。

(6) 计算机控制器。它是向分拣机的各个执行机构传递分拣信息并控制整个分拣系统的指挥中心。自动分拣的实施主要靠它把分拣信号传送到相应的分拣道口，并指示启动分拣装置，把被分拣货物推入道口，分拣机控制方式通常采用脉冲信号跟踪法。进入分拣运输机的货物，经过跟踪定时检测器，计算出到达分拣道口的距离及相应的脉冲数。当被拣货物在输送机上移动时，安装在该输送机上的脉冲信号发生器产生脉冲信号并计数，当数到与控制器算出的脉冲数相同时，立即输出启动信号，使分拣机改变动作，货物被迫改变方向，滑入相应的分拣道口，如图 2.58 所示。

(a) （b）

图 2.58 自动分拣系统

2）自动分拣系统的特点

（1）能连续、大批量地分拣货物。自动分拣系统不受气候、时间、人的体力等限制，可以连续运行，因此自动分拣系统的分拣能力具有人力分拣系统无可比拟的优势。

（2）分拣误差率低。自动分拣系统的分拣误差率主要取决于所输入的分拣信息的准确性，而这又取决于分拣信息的输入机制。例如，采用条形码扫描输入，除非条形码印刷本身有差错，否则不会出错。目前，自动分拣系统主要采用条形码技术来识别货物。

（3）分拣作业基本实现无人化。建立自动分拣系统的目的之一就是为了减少人员的使用，减轻员工的劳动强度，提高工作效率，因此自动分拣系统能够最大限度地减少人员的使用，并基本做到无人化。

【拓展知识】

仓储辅助设备

1. 传感器

传感器是能感受规定的被测量并按照一定的规律将其转换成相应电信号的器件或装置。它在仓储中被用来进行温度、湿度等的测量与监控。

通常传感器由敏感元件和转换元件组成。其中，敏感元件是感受或响应被测量的部分；转换元件是将被测量转换成适于传输或测量的电信号的部分。

传感器的原理多种多样，种类繁多、用途各异，自动化物流产品和物流工程中，最常用的传感器有两种。

（1）机械量：质量、力、力矩；位移、尺寸、形态；加减速度、振动；噪声等。

（2）热工量：温度、深度、压力、流量等。

2. 安全消防设备

安全消防设备是指用于仓库防盗防火的各种安全消防器材、工具的总称。按照其用途可分为防盗报警传感器，火灾自动报警设备，灭火器，自动喷水灭火设备，消防车，消防梯，消防水泵，给、蓄、泵水设备等。

(1) 防盗报警传感器：人体感应传感器、光电式传感器、微波传感器、开关传感器。

(2) 火灾自动报警设备：烟感探测器、感温探测器、火焰探测器、可燃气体探测器。

(3) 灭火器：扑救初起火灾的重要消防器材，轻便灵活、实用。包括以下种类。

① 化学泡沫灭火器：用于固体物质和可燃液体；不适用于带电设备、水溶性液体、轻金属等。

② 干粉灭火器：用于石油及其产品、油漆及易燃气体、可燃气体、电器设备的灭火。

③ 二氧化碳灭火器：可用于易燃、可燃液体、可燃气体和低压电器设备、仪器仪表等的初起火灾扑灭，不可用于轻金属火灾的扑灭；扑救棉麻、纺织品火灾时，注意防止复燃。

④ 酸碱灭火器(碳酸氢钠的水溶液和硫酸)：适用于竹、木、纸张、棉花等普通可燃物初起火灾的扑救；不宜用于忌酸、忌水的化学以及油类等火灾的扑救，在扑救电器时，应先将电源切断后再使用。

3. 计量设备

计量设备是对物品的重量、长度、数量、容积等量值进行度量的器材、仪器的总称。

(1) 地重衡和轨道衡：地重衡是将磅秤的台面安装在车辆行驶的路面上，使通过的车辆能够迅速称重；轨道衡是有轨的地下磅秤，在有轨车辆通过时，称出车辆的总重量。分为机械式和电子式两类。

(2) 电子秤：一般由 3 部分组成，即传力系统(将重力传给传感元件)、信号转换系统(将力信号转换为电信号)和信号处理系统(将电信号转换为人们所能识别的信号)。

(3) 自动检重秤：对不连续成件载荷进行自动称重的衡器，能够按照预先设定的重量大小对被称物体的重量进行检验，当被称物品不在设定的重量范围内时，自动检重秤能够自动检测出来，并将物品剔除，同时发出报警信号。

(4) 非连续累加自动秤：对散料进行称量并自动累加总重量的一种集机、电、仪、计算机为一体的技术含量较高的计量设备。它既能够满足连续输送动态的要求，又能满足一斗斗称量的静态称量要求，主要由称量斗及称量传感系统、进放料系统、缓冲系统、控制及运算系统、框架系统、校秤系统组成。它的工作原理是将连续输送的动态物料的重量信号，经缓冲后由称量斗的传感器转变为电信号，再由控制部分将其运算处理后，得出准确的重量信号，并输出或储存在存储器中。

4. 其他辅助设备

除上述仓储辅助设备外，常用的辅助设备还有以下几种。

(1) 空气去湿机：将潮湿的空气冷却到露点温度以下，使水汽凝结成水滴被排出；被冷却干燥的空气再送入仓库内。

(2) 离心通风机：在离心力的作用下气体被压缩并沿着半径方向流动的通风机。

(3) 轴流通风机：气体在旋转叶片的流道中沿着轴线方向流动的通风机。

(4) 除锈机：利用机械力去冲击、摩擦、敲打金属以除去表面的锈层和污物的机械。

2.4.4 选择仓储设备

1. 选择仓储机械设备遵循的原则

1) 仓储机械设备的型号应与仓库的作业量、出入库作业频率相适应

仓储机械设备的型号和数量应与仓库的日吞吐量相适应，仓库的日吞吐量与仓储机械的额定起重量、水平运行速度、起升和下降速度以及设备的数量有关，应根据具体的情况进行选择；同时，仓储机械的型号应与仓库的出入库频率相适应。对于综合性仓库，其吞吐量不大，但是其收发作业频繁，作业量和作业时间很不均衡，这时，应该考虑选用起重载荷相对较小、工作繁忙程度较高的机械设备；对于专用性仓库，其吞吐量大，但是其收发作业次数少，作业量和作业时间均衡，这时，应该考虑选用起重载荷相对较大、工作繁忙程度较小的机械设备。

2）计量和搬运作业同时完成

有些仓库需要大量的计量作业，如果搬运作业和计量作业不同时进行，就会增加装卸搬运的次数，降低了生产效率。例如，在皮带输送机上安装计量感应装置，在输送的过程中，同时完成计量工作。

3）选用自动化程度高的机械设备

要提高仓库的作业效率，应从货物和作业机械两个方面着手。从货物的角度来考虑，要选择合适的货架和托盘。托盘的运用大大提高了出入库作业的效率，选择合适的货架同样使出入库作业的效率提高；从机械设备的角度来考虑，应提高机械设备的自动化程度，以提高仓储作业的效率。

4）注意仓储机械设备的经济性

选择装卸搬运设备时，应该根据仓库作业的特点，运用系统原理思想，在坚持技术先进、经济合理、操作方便的原则下，企业应根据自身的条件和特点，对设备进行经济性评估，选择合适的机械设备。

2. 各种设备的选择

1）装卸搬运设备选择

（1）时间因素。在选择装卸搬运设备时，货物装卸搬运的时间是必须考虑的一个要素。一般对于比较紧急的货物选择半自动化或全自动化设备。

（2）设备成本。不同的装卸搬运设备其价格相差很大，自动化程度越高的设备价格越高。对于装卸搬运设备的选择，要进行设备的成本和效益的计算，选择效益最优的设备。

（3）设备的特点。装卸搬运设备种类繁多，在选择时要充分考虑其自身特点与仓库设施的特点，选择的搬运设备要与仓库和其他设施设备配套。

（4）货物的特点。在装卸搬运设备选择时还要考虑搬运货物的特点，比如货物的尺寸、包装、重量、数量、价值及易损性等。如果货物的体积庞大或者重量比较大就应该选择机械化设备。

另外，机械设备在选择时还要考虑：工作场所的条件（长×宽×高，室内还是室外），工作级别（工作繁重程度，负荷情况）的要求，每小时的生产率要求等。

2）输送设备的选择

在输送设备选择时，通常要考虑以下要素。

（1）生产率。生产率是指输送机械在单位时间内输送货物的重量，单位为 t/h，它是反映输送机械工作性能的主要指标，其大小主要取决于输送机械承载构建上每米长度所载物料的质量和工作速度。

（2）输送速度。输送速度是指被运送货物或物料沿输送方向的运行速度。

（3）带宽。带宽是输送机的一个重要尺寸参数，其大小取决于输送机的生产率和速度。一般情况下，带宽与带速的关系见表 2-9。

表 2-9 输送机带宽与带速关系

带宽 B(mm)	500	650	800	1 000	1 200	1 400
带速 v(m/s)	1.25	1.25	2.0	2.5	3.15	4.0

(4) 输送长度。输送长度是指输送机装载点与卸载点之间的距离。

(5) 提升高度。提升高度是指货物或物料在垂直方向上输送的距离。

【拓展知识】

仓储设施设备的安全

在使用仓储设施设备时，应严格按照设备使用的技术要求进行操作。做好设施设备安全管理工作，应从以下几个方面入手。

(1) 把好设施设备选购关。在进行设备选购时，必须进行广泛的市场调研，在保证设备使用性能的前提下，选择安全性能良好的设备。

(2) 做好设施设备的技术使用培训工作。为保证设备的正常使用，必须对设备的使用者和管理者进行相关知识培训。

(3) 制定设施设备的安全检查保养制度并严格实施。由于仓库建筑物的耐火等级、结构、面积、容积、层数、防火间距等都是根据所储物资的火灾危险性和储存量的多少来确定的，储存量增大，会增加火灾负荷及危险性，给日常防火管理带来困难，而且一旦发生火灾，会增加火灾扑救、物资疏散的难度，扩大火灾损失。因此，要按《仓库管理规则》等有关法规要求，严格做到限量储存，堆放的货物与建筑物的灯、墙、柱、梁、顶之间，货物与货物之间应保持一定的安全距离。存放易燃易爆化学危险物品的仓库，必须做到性质相互抵触的物品和灭火方法不同的物品不得混储在一个仓库内，应当分类、分库储存，防止相互接触引起燃烧甚至爆炸。

以上三方面的安全管理内容是相互联系的，三方面的工作必须都要重视，才能最大限度地保障人身安全、商品安全和设备安全。影响仓储安全的因素是多方面的，各类仓储企业都要根据自身的特点，认真分析影响仓储安全的各种因素，制定一系列切实可行的仓储安全管理办法，采取相应的安全预防措施，及时排除各种不安全因素，杜绝事故隐患，确保仓储企业的安全运营，把损失降低到最低限度。

【学习测评】

一、名词解释

1. 仓库　2. 货架　3. 自动化立体仓库

二、单项选择

1. 下面哪种货架可以实现先进先出？（　　）
   A. 悬臂货架　　　B. 流动式货架　　　C. 托盘货架　　　D. 驶入式货架
2. 仓库的一个最基本的功能就是（　　）货物。
   A. 配送　　　　　B. 包装　　　　　　C. 储存　　　　　D. 加工
3. 适合于存放长型钢材的货架是（　　）。
   A. 托盘货架　　　B. 阁楼式货架　　　C. 悬臂式货架　　D. 移动式货架
4. 托盘属于（　　）。
   A. 计量设备　　　B. 组成搬运设备　　C. 搬运传输设备　D. 装卸堆垛设备

三、多项选择

1. 现代化仓库一般由哪些区构成？（　　）
   A. 生产作业区　　B. 辅助生产区　　　C. 行政生活区　　D. 储货区

2. 冷藏仓库是有良好的（　　）以保持较低温度的仓库，专门用来储存冷冻物品。
   A. 保温性能　　　B. 隔热性能　　　C. 不保温　　　D. 没变化
3. 按照仓库的保管条件不同，可将仓库分为（　　）。
   A. 普通仓库　　　B. 特种仓库　　　C. 冷藏仓库
   D. 恒温仓库　　　E. 周转仓库
4. 自动化立体仓库主要由下列哪些部分组成？（　　）
   A. GPRS　　　B. 货架系统　　　C. 输送系统
   D. 控制系统　　　E. 巷道机系统
5. 货区的平面布置包含类型有（　　）。
   A. 倾斜式布局　　　B. 横列式布局　　　C. 纵列式布局　　　D. 纵横式布局

四、简答题

1. 自动化立体仓库的优缺点是什么？
2. 货位管理的原则有哪些？
3. 仓储设备选择的原则有哪些？
4. 自动分拣系统的特点是什么？
5. 仓库选址应考虑哪些因素？
6. 仓库总体布局的要求是什么？
7. 你见过或了解哪些仓库设备，试列举几项（不少于5项），并简要说明各自的功能和特性。

五、计算题

1. 某钢材工厂准备选择仓库地址，经考查有 A、B、C 3 个可选地址，表 2-10 列出了选址的影响因素，并按其重要性分别规定了相应的权数，同时，对每个备选地址进行审查，给予打分，试用加权因素比较法为该工厂选出最优的仓库地址。

表 2-10　各备选地影响因素

影响因素	权数	A	B	C
劳动力	5	4	2	5
运输	6	3	3	2
环境	3	3	4	2
停车场所	4	5	4	4
服务	7	2	4	5
土地、气候	4	2	2	2
费用	7	4	2	3
扩展余地	2	2	2	5
通道便利	5	3	4	2

2. 某工厂每年需要从 P_1 地运来钢材，从 P_2 地运来铸铁，从 P_3 地运来焦炭，从 P_4 地运来各种造型材料。根据调查分析，今后较长时期内市场对该厂产品的需求将呈上升趋势，为此，该厂在原料产地附近新建一分厂，以降低成本。各地到拟议中的分厂城市中心的距离和每年的材料运量见表 2-11。假定以城市中心为原点，各种材料运输费率相同，试用重心法确定该分厂的合理位置。

表 2-11 距离、运量表

原材料供应地及其坐标	P_1		P_2		P_3		P_4	
	X_1	Y_1	X_2	Y_2	X_3	Y_3	X_4	Y_4
距城市中心的坐标距离	20	70	60	60	20	20	50	20
年运输量/t	2 000		1 200		1 000		2 500	

案例研讨

【案例一】地址的选择，不仅仅只是一个位置

1993 年，美国百货连锁店 TARGET 在为发展芝加哥地区的市场服务而建立一个 9.3 万平方米的分销中心的选址中，就遇到了这样的问题。TARGET 使用室内模型软件分析了由 55 个团体提供的成本和税务鼓励，其中包括了诸多因素，如市场的接近度、运输成本、劳动力成本及其可用性。最初的分析将选址限于 3 个可能的地点，最后，选择了威斯康星州 OCONOMOROC 的工业园。TARGET 完成了所有必要的法律程序为 OCONOMOROC 地址开工，并相信选地址程序已经完成了。然而，此时一个名为"银湖环境协会"的非营利性环境组织在威斯康星州收集了许多案例，要求进一步听证。该组织关心的问题集中于暴风雨的排水及其对地面水的影响和雇员交通而引起的空气污染影响，以及根据现行的法令是否会在任何方面伤害到环境。TARGET 项目的反对者相信这个项目是政治上权衡的结果。Stan Riffle 说，银湖环境协会的律师这样讲，"我们已潜心于研究各个层次的许多不同的庭审案例。底线是这将要进行多年。我们理解 TARGET 想很快转移。所以我认为，他们会意识到，转移到更适合于其工作和设施的地方是明智的"。

从威斯康星州的角度看，规划一个进攻性的提倡商业的态度而非反发展的姿态是重要的。威斯康星州的发展部公共信息官员 Tony Honzeny 说，"这个社区的人民在发展建设方案之前就知道这个计划。现在为了保护这个地址，必须符合 58 项独立的条件，这不是一件好像今天你加入进来，明天你就得到允许的事情。在这里，我们试图避免官僚主义，所以在这里如果你能在 90 天内得到一个处理后的许可，那是个好消息。"

从 TARGET 的角度看，公司已经决定在未来的情况下，必须有足够的时间来准备"许可"程序（在这件事情上）及任何潜在政治上的动乱。不久以前，社区还很愿意接受像"TARGET"这样的大项目，但是由于环境、社会和基础设施问题受到损害，当地律师团体就将问题直接指向选址程序。在这些条件下，公司最佳的战略似乎是直接面对环境程序，因为这将有可能得到合法权。因而这个战略意味着一个更长、更慢的过程,结果可能是提供一个最终所有涉及方更容易接受和满意的解决方案。

【请分析】

结合本案例分析,仓库选址需要考虑的非技术因素包括哪些内容?

【案例二】某公司新建原材料仓库和厂房的布局

某公司新建原材料仓库和厂房,其设计如图2.59所示。

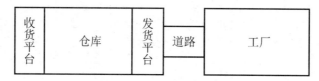

图2.59 仓库及厂房示意图

图中的收货平台和发货平台的大小均为100米×30米,仓库大小为100米×250米,道路长度为400米,工厂大小为100米×300米,从发货平台到工厂内最短距离为430米,最长距离为650米,工厂生产采用JIT生产方式,即仓库采用高频率小批量的送货方式。

【请分析】

(1) 该仓库设计采用了哪种布局形式?

(2) 你认为从收货到发货,最后给工厂送货这种布局是否合理?请说明理由,如果不合理,请画出合理的布局图,并标明货物的流动方向,同时请说明新布局中仓库设计采用了哪种布局形式。

备注:在进行新的布局设计时,空间足够,可以随意设计。

【案例三】海尔物流和立体库

海尔集团公司分析发现,在整个生产过程中最受制约的就是仓储,就是原材料和零部件的仓储和配送,所以海尔选择了这个突破口。

海尔集团在青岛海尔信息园里面建了一座机械化的立体库,在黄岛开发区建了一座全自动的立体库。在国内人们因为人工成本便宜,地皮又大而质疑立体库的效果。但海尔的事实是,黄岛立体库长120米、宽60米,仓储面积5 400平方米,立体库有9 168个标准托盘位,托盘是1.2×1米的;立体库的建筑高度是16米,放货的高度可到12.8米,每天进出的托盘达到200个,实际能力是1 600个。

第一个作用是5 400平方米取代了原来65 000平方米的外租库,而且由于使用了计算机系统,管理人员从原来的300多人降为48人。通过减少外租库的租金、外租库到车间的来回费用,节省工人工资,加起来一年节省1 200万元。

第二个作用是降低了物料的库存。因为海尔在计算机系统里都设定了限额,比如说只允许放7天的料,超过7天不让进,相对来说使整个库存量下降。

第三个作用是深化了企业物流系统的规划。因为立体库使用后是两翼推动,一是海尔要求所有的分供方按照标准化的模式送货,所有的都是标准化的托盘,标准的周转箱。以往都是纸箱，纸箱的坏处在于产品的零部件容易压坏，上线的时候还要倒箱，多次倒箱增加了人工拣选，保证不了产品的质量。现在采用统一的产品包装，从分供方的厂里到海尔的生产线整个过程不用倒箱。对车间也是一样，以往车间的效果也是脏、乱、差，使用标准箱之后，全部是叉车作业标准化。

立体库对双方都产生了有利的作用，对分供方和海尔内部的整个物流推进也是很重要的。立体库具有灵活性和扩展性，刚开始设计立体库想的只是放空调的东西，但是通过计算机系统管理以后，只占很少的库容，公司马上把冰箱、洗衣机、电脑全部放进去，一下减少了这些厂的外租库，整个效果非常明显。

虽然立体库有这么多好处。并不一定都要建立体库，在车间旁边也可以搭立体货架，这样就节约了车间里面宝贵的生产面积，使每一寸土地都得到充分的利用。

【请分析】

（1）什么是自动化立体仓库？
（2）自动化立体仓库由哪些部分构成？
（3）自动化立体仓库有哪些优点？

【案例四】自动化仓库的困惑

20世纪70年代，北京某汽车制造厂建造了一座高层货架仓库（即自动化仓库）作为中间仓库，存放装配汽车所需的各种零配件。此厂所需的零配件大多数是由其协作单位生产，然后运至自动化仓库的。该厂是我国第一批发展自动化仓库的企业之一。

该仓库结构分高库和整理室两部分，高库是采用固定式高层货架与巷道堆垛机结构，从整理室到高库之间设有辊式输送机。当入库的货物包装规格不符合托盘或标准货箱时，则还需要对货物的包装进行重新整理，这项工作就是在整理室进行。由于当时各种物品的包装没有标准化，因此，整理工作的工作量相当大。

货物的出入库是运用计算机控制与人工操作相结合的人机系统来控制的。这套设备在当时来讲是相当先进的。该库建在该厂的东南角，距离装配车间较远，因此，在仓库与装配车间之间需要进行二次运输，即将所需的零配件先出库，装车运输到装配车间，然后才能进行组装。

自动化仓库建成后，这个先进设施在企业的生产经营中所起的作用并不理想。因此其利用率也逐年下降，最后不得不拆除。

【请分析】

帮助该企业分析自动化仓库在该企业没有发挥其应有作用的原因。

【案例五】连云港外贸冷库

连云港外贸冷库于1973年由外经贸部投资兴建，是我国外贸系统的大型冷藏库之一，由12 000t的低温库（-18℃）和5 000t的保鲜库（0℃）组成，配备双回路电源，另有3 000m^{2}的普通仓库、100多吨运力的冷藏车队、年加工能力为1 500t的冷冻品加工厂。其经营范围为物资储存，商品储存、加工；食用油及制品、副食品、饲料、建筑材料、金属材料的销售、代购、代销、公路运输服务等。

冷库所处区位优越，在连云港港区内，门前公路东接港口，西接宁连、徐连、汾灌高速公路，距离连云港民航机场只有50km，库内有铁路专用线与亚欧大陆桥东桥头堡相连，毗邻公路、铁路客运站，交通十分便捷。

设备完善的主库和从日本引进的组装式冷库构成了一流的冷冻冷藏条件，保鲜库为国内外客户储存苹果、蒜头、洋葱等果品、蔬菜类保鲜食品。冷冻品加工厂设备完善，质保体系严格，采用恒温避光作业，拥有蔬菜、水产品两条加工生产线，可常年同时加工鲜、冻农副产品及水产品，其富庶仓库在存放商品方面条件优越。

【请分析】

（1）结合案例讨论在冷库的选址和设计中应考虑哪些因素？

（2）冷库管理在冷冻链中的地位和作用是什么？

任务驱动

【工作任务】某企业仓储设备调查

1. 任务内容

选择一家第三方物流公司或者生产企业，了解该公司的物流设施设备的应用情况。

2. 任务要求

（1）将学生分成若干组，各组选出一个负责人，组内分工合作完成任务，最后由负责人汇报陈述方案。

（2）制定详细的调查问卷。

（3）撰写调查报告，最后对整个报告进行陈述。

3. 任务评价

评价方式采取过程评价和结果评价两种方式，评价方法采取老师评价与小组内部成员互相评价相结合。过程和结果综合得分为该生的此任务得分（注意：确定好老师评分和小组评分占总得分的比重）。任务评价表见表2-12、表2-13。

1）过程评价

表2-12 任务过程评价表

被考评人			该评价总得分	
评分标准	分值	老师评价得分	小组评价得分	小组评价意见
合理分工				
能够快速进入角色				
实际调查情况				
是否全员参与				
团队协作				

2) 成果评价

表 2-13 任务成果评价表

被考评人			该评价总得分	
评分标准	分值	老师评价得分	小组评价得分	小组评价意见
调查问卷可行性				
数据收集齐全、准确				
计算方法使用得当				
调查报告内容详实，结构完整				

项目 3

仓储作业
CANGCHU ZUOYE

【项目内容】

本项目内容主要包括商品入库作业的主要业务流程及注意事项;在库管理的堆码、商品的养护和管理、库存商品的盘点作业;出库的业务流程及注意事项。

【项目目标】

1. 知识目标

了解货物接收、验收的方式方法;了解货位管理的基本步骤,堆码的基本原则和要求;熟悉商品盘点的主要内容;了解出库计划编制的原则、依据;熟悉库存控制的内容和目标;掌握货物入库环节的操作流程及相关知识;掌握物品堆码、苫垫作业方法;掌握在不同条件下采用正确的方法对储存物品的养护和保管。

2. 技能目标

能够熟练完成入库货物的接运、验收操作,处理特殊情况;能够熟练地应用仓库管理软件进行入库数据登记;能够运用堆码、苫垫方法进行作业;会进行在库物品的盘点;能够正确使用仓储设备对仓储物品进行保管;能够正确采用光、电和药剂等对仓储物品进行养护;正确使用消防、防盗设施设备等工具;能够规划好出库作业流程及内容,正确处理出库中遇到的问题。

3. 素质目标

具备团队合作的职业素养,与相关作业人员相互协作;具备踏实、负责的工作态度;培养学生具有一般的管理素质,比如入库现场的指挥和调度、出库的组织和作业能力等。

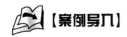【案例导入】

<h2 style="text-align:center">茶叶和啤酒的仓储作业措施</h2>

1. 库存茶叶的保管保养措施

茶叶具有较强的吸附性、易氧化性，并可能因吸收异味和潮湿而变质导致价值降低。

首先，茶叶必须储存在干燥、阴凉、通风良好，无日光照射，具备防潮、避光、隔热、防尘、防污染等防护措施的库房内，并要求进行密封。

其次，茶叶应专库储存，不得与其他物品混存，尤其严禁与药品、化妆品等有异味、有毒、有粉尘和含水量大的物品混存。库房周围也要求无异味。

再次，一般库房温度应保持在15℃以下，相对湿度不超过65%。

【归纳评析】

茶叶很容易吸湿及吸收异味，因此应特别注意包装及储存是否妥当。保证低温、干燥、缺氧、避光与无异味的环境是茶叶储存的关键。

2. 库存啤酒的质量控制措施

啤酒是低酒精含量的谷物酿造酒，除含有少量的酒精外，更多的是碳水化合物、蛋白质、氨基酸等营养物质，极易促成微生物的生长繁殖。因此，啤酒的稳定性较差，啤酒的保管和储存有特定的要求。

首先，啤酒入库验收时外包装要求完好无损、封口严密、商标清晰；啤酒的色泽清亮，不能有沉淀物；内瓶壁无附着物；抽样检查具有正常的酒花香气，无酸、霉等异味。

其次，啤酒在保管方面要做到以下几点。

(1) 啤酒要避免阳光直射，更不宜暴晒，因为啤酒对阳光中的紫外线极其敏感。紫外线透过瓶壁，能加速啤酒的氧化，破坏啤酒的稳定性，产生浑浊、沉淀等现象。为了避免阳光中紫外线的直射，啤酒要选用紫外线透过率较低的棕色啤酒瓶或铝质易拉罐来包装。

(2) 啤酒不宜在高温下储存，也不能在过低的温度下存放。储存温度过高或过低都会直接破坏啤酒的色、香、味、泡沫等酒品风格。不同种类的啤酒其储存的温度要求也不一样。桶装鲜啤酒储存温度应严格控制在10℃以下，当储存温度为-1.5℃时，啤酒开始冻结，严重破坏了啤酒的酒品风格。瓶装或罐装啤酒的储存温度应控制在5~25℃，15℃为最佳。库房相对湿度要求在80%以下。

(3) 桶中或瓶中的啤酒不会因储存时间愈久而愈加醇香，必须在保质期里饮用。开瓶后的啤酒不宜长时间存放，应以一次饮用完为好。桶装鲜啤酒在适宜温度下的储存期为5~7天，瓶装或罐装的熟啤酒在适宜温度下的保质期为6~12个月。

(4) 储存啤酒的酒库应清洁卫生、干燥通风、阴凉避光，不宜堆放其他杂物。啤酒必须按先进先出的原则储存，堆放要合理，码放整齐，瓶装酒堆码高度为5~7层，不同出厂日期的啤酒不能混合堆码，严禁倒置。要按啤酒的种类、品牌、出厂日期分类储存，建立入库、领用、报损等账目。

再次，严禁阳光曝晒，冬季还应采取相应的防冻措施。

【归纳评析】

啤酒的保管和白酒、黄酒不一样。白酒、黄酒在严密封口的情况下，酒的各种成分发生缓慢的变化，产生一种具有香味的新化合物，可以减少生酒味，增加香气。所以储存的时间越长越好，久贮可使酒质醇厚，香气浓郁。啤酒则是一种低酒精度的营养饮料，在生产过程中，由于与空气中的氧接触，常常引起变味，状态浑浊，所以不能久贮，要在生产后的一定期间内饮用。啤酒的保管要注意防止温度忽高忽低的变化。适宜生啤酒保存的温度通常为0℃，适宜熟啤酒保存的温度为10~25℃。如果在北方，寒冷季节宜保管在暖库中。

任务 3.1　初识仓储作业

【小词典】

仓储作业是指从商品入库到商品发送出库的整个仓储作业的全过程，主要包括入库、在库及出库操作等业务。

3.1.1　仓储作业的目标

仓储作业按照预定的目标，将仓库作业人员与仓库储存手段有效地结合起来，完成仓储作业过程中各环节的职责，为商品流通提供良好的储存劳务。仓储作业的目标可以概括为快进、快出、多储存、保管好、费用低。

（1）快进。商品运抵港口码头、车站或仓库铁路专用线时，要以最快的速度完成接货、验收和入库作业活动。

（2）快出。快出包含商品在仓库停留的时间尽可能缩短，也包含出库作业环节的快速性。

（3）多储存。在合理规划的基础上，最大限度地利用有效的储存面积和储存空间，提高单位面积的储存量和空间利用率。

（4）保管好。按照物资的性质和仓储条件的要求，合理安排仓储场所，采取科学的保管方法，使其在保管期间质量完好、数量准确。

（5）费用省。在物资输入和输出，即物资吞吐过程中的各作业环节，都要努力节省人力、物力和财力，以最低的仓储成本获取最好的经济效果。

3.1.2　仓储作业的原则

在仓储作业的过程中，应该在综合考虑各方面因素的同时，注意以下原则。

1. 仓储作业过程的连续性

连续性是指储存物资在仓储作业过程的流动，在时间上是紧密衔接、连续的。储存物资在库期间经常处在不停的运动之中，从物资到库后的卸车、验收、库内搬运、堆码，到出库时的备料、复核、装车等，都是一环扣一环，互相衔接的。因此，在组织仓储作业过程中，要求储存物资在各个环节或工序间的流动在时间上尽可能衔接起来，不发生或少发生各种不必要的停顿或等待时间。作业过程的连续性可以缩短物资在各个环节的停留时间，加快物资周转和提高劳动生产率。例如，商品出入库的堆放位置和堆码形式的确定，不仅要符合商品入库的堆放位置和堆码形式的规定，而且要考虑到商品出库的装卸作业和搬运路线。因此，在组织作业时应强调系统观点，从整个系统的作业效率来决定商品的堆放位置和堆码形式。

2. 仓储作业的节奏性

节奏性是指仓储作业过程的各个阶段、各个工序之间在人力及物力的配备和实践的安排上必须保持适当的运作节奏关系。例如，验收场地和保管场地之间、运输力量和搬运力量之间、验收人员和保管人员之间、验收时间和收发时间之间等要有一个适当的比例。保证作业过程节奏性，可以充分利用人力和设备，避免和减少货物在各个作业阶段和工序的停滞和等待，从而保证作业过程的连续性。

作业过程的节奏性，在很大程度上取决于仓储面积布置的正确性，特别是各作业之间各种设备能力的比例。同时，在货物储存过程中，作业技术的改进，工人技术熟练程度的提高和储存货物品种、规格、数量的变化，会使作业过程的各环节间的比例发生不协调。因此，在组织作业过程中，应充分考虑仓储作业具有不均衡性的特点，充分利用人员和设备，从而保证仓储作业过程的正常进行。

3. 仓储作业的流程环节

仓储作业流程可归纳为订单处理、采购、入库、盘点、拣货、出库和送货作业7个主要环节，如图3.1所示。

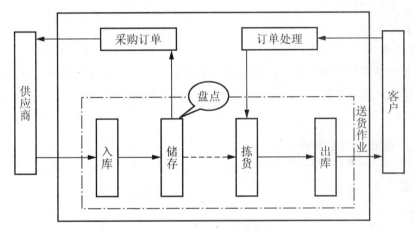

图3.1 仓储作业流程

1）订单处理作业

仓库的业务归根结底来源于客户的订单，它始于客户的询价、业务部门的报价，然后接收客户订单，业务部门了解库存状况、装卸能力、流通加工能力、包装能力和配送能力等，以满足客户需求。对于具有销售功能的仓库，核对客户的信用状况、未付款信息也是重要的内容之一。对于服务于连锁企业的物流中心，其业务部门也叫做客户服务部。每日处理订单和与客户经常沟通是客户服务的主要功能。

2）采购作业

采购作业环节一是将仓库的存货控制在一个可接受的水平，二是寻求订货批量、时间和价格的合理关系。采购信息来源于客户订单、历史销售数据和仓库存货量，所以仓库的采购活动不是独立的商品买卖活动。采购作业包括统计商品需求数量、查询供货厂商交易条件，然后根据所需数量及供货商提供的经济订购批量提出采购单。服务于连锁企业的物流中心，此项工作由存货控制部来完成。

3）入库作业

仓库发出采购订单或订单后，库房管理员即可根据采购单上预定入库日期进行作业安排，在商品入库当日，进行入库商品资料核查、商品检验，当质量或数量与订单不符时，应进行准确的记录，及时向采购部门反馈信息。库房管理员按库房规定的方式安排卸货、托盘码放和货品入位。对于同一张订单分次到货或不能同时到达的商品要进行认真的记录，并将部分收货记录资料保存到规定的到货期限。

4）盘点作业

仓储盘点是仓库定期对仓库在库货品的实际数量与账面数量进行核查。通过盘点，掌握仓库真实的货品数量，为财务核算、存货控制提供依据。

5）拣货作业

根据客户订单的品种及数量进行商品的拣选，拣选可以按路线拣选也可以按单一订单拣选。拣选工作包括拣取作业、补充作业的货品移动安排和人员调度。

6）出库作业

出库作业是完成商品拣选及流通加工作业之后，送货之前的准备工作。出库作业包括准备送货文件、为客户打印出货单据、准备发票、制定出货调度计划、决定货品在车上的摆放方式、打印装车单等工作。

7）送货作业

送货作业包括送货路线规划、车辆调度、司机安排、与客户及时联系、商品在途的信息跟踪、意外情况处理及文件处理等工作。

任务3.2 入库作业

【小词典】

商品入库是仓储业务的第一阶段，是商品进入仓库储存时所进行的商品接收、卸货、搬运、清点数量、检查质量和办理入库手续等一系列活动的总称。

3.2.1 入库作业的原则

1. 集中作业

在入库作业时，尽可能将卸货、分类、标志等作业环节集中在一个场所完成。这样既可减少空间占用，也可节约货物搬运所消耗的人力和物力。

2. 保持顺畅

依据各作业环节的相关性安排活动，避免倒装、倒流，特别是货台直接转运作业发生时，更应注意作业的顺畅性。

3. 合理安排

平衡安排装卸货站台的使用，货物在站台至储存区的流动尽量保持直线流动。优先安排入库高峰作业时间，合理调配人力资源，以保证入库作业的顺利进行。

3.2.2 入库作业的基本业务程序

商品入库作业的基本业务流程如图3.2所示。

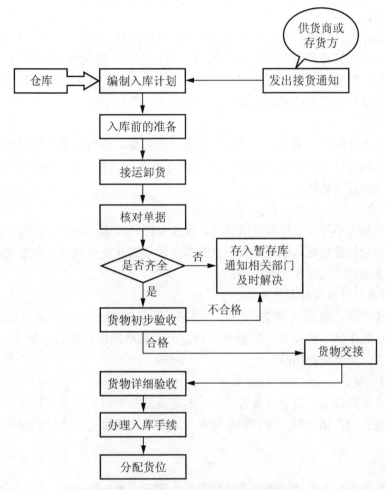

图 3.2　商品入库作业的基本业务流程

1. 编制入库计划

商品入库计划是根据仓储保管合同和商品供货合同来编制商品入库数量和入库时间进度的计划。通常，入库计划包括以下内容。

（1）了解货物入库的时间、数量、包装形式、规格。

（2）计划货物所需占用的仓容大小。

（3）预测车辆到达的时间及送货车型。

（4）为了方便装卸搬运，计划车辆的停放位置。

（5）计划货物的临时存放地点。

（6）确定入库作业的相关部门。

可以看出，计划人员负责将信息进行分解，把相应信息下发到各个部门，再由各部门做好入库的具体准备内容。

2. 入库前的准备

做好入库前的准备工作是保证商品准确迅速入库的重要环节，也是防止出现差错、缩短入库时间的有效措施。入库前的准备工作，主要包括以下几项内容。

1）信息准确

在接到入库作业计划后，仓库人员要及时获得货物信息，包括发货时间、发货地点、运输方式、在途天数、预计到货时间、到货地点、联系电话、货物名称、规格、数量、包装、形状、单件体积、理化性质、保管要求、自提还是送货上门、是否需要结算货款等内容，确保准确无误，便于后续工作的顺利开展。

2）安排仓容

根据货物的入库时间、数量、性质、保管要求等信息，结合货物的堆码要求，计算货位面积，确定所需的存储空间和仓库条件，并对该仓库进行清查，整理剩余货物，腾出仓容，清扫消毒，准备好存货场所。

3）组织人力

根据作业量的大小及专业化程度的高低，预先安排好接运、卸货、检验、搬运货物等相关作业人员，如遇特殊货物，还须对人员进行作业前培训及安全教育，保证货物到达后，人员及时到位，安全高效地完成工作任务。

4）机械设备及计量检验器具准备

在货物到库之前，根据其种类、包装、规格、数量等情况，确定装卸搬运及检验的方法，并准备相应的车辆、检验器材度量衡、秤、尺、移动照明、撬棍、锤子、堆码的工具，以及危险品需要的必要防护用品。

5）苫垫用品准备

根据入库商品的性质、数量及保管场所，确定商品的堆码和苫垫的形式，通过精确的计算预先备足所需要的苫垫物料，做到商品堆放与商品苫垫同时完成，以确保商品安全并避免重复劳动。

6）单证准备

仓库管理员需根据入库计划将作业时所需的入库记录单、验收单、货卡等各种单据、凭证、报表事先准备好，并预填妥善以备使用。

3. 接运卸货

商品接运人员要熟悉各交通运输部门及有关供货单位的制度和要求，根据不同的接运方式，处理接运中的各种问题。常见接运卸货方式有到货和提货两种。

1）到货

（1）铁路专用线到货接运。这是指仓库备有铁路专用线，大批整车或零担到货接运的形式。一般铁路专线都与公路干线联合。在这种联合运输形式下，铁路承担主干线长距离的货物运输，汽车承担直线部分的直接面向收货方的短距离的运输。

接到专用线到货通知后应立即确定卸货货位，力求缩短场内搬运距离；组织好卸车所需要的机械、人员以及有关资料，做好卸车准备。

车皮到达后，引导对位，进行检查。看车皮封闭情况是否良好（即卡车、车窗、铅封、苫布等有无异状）；根据运单和有关资料核对到货品名、规格、标志和清点件数；检查包装是否有损坏或有无散包；检查是否有进水、受潮或其他损坏现象。在检查中发现异常情况时，应请铁路部门派员复查，做出普通或商务记录，记录内容应与实际情况相符，以便交涉。

卸车时要注意为货物验收和入库保管提供便利条件，分清车号、品名、规格，不混不乱；保证包装完好，不碰坏，不压伤，更不得自行打开包装；应根据货物的性质合理堆放，以免混淆。卸车后在货物上应标明车号和卸车日期。

应编制卸车记录，记明卸车货位规格、数量，连同有关证件和资料，尽快向保管员交代清楚，办好内部交接手续。

（2）供货单位送货到库。这种接货方式通常在托运单位与仓库在同一城市或附近地区，不需要长途运输时采用。到供货单位提货时要按下列要求办理。

① 供货单位送货到库时，保管员直接与送货人在收货现场办理接货手续，凭送货单或订货合同、订货协议等当面点验所送货物的品名、规格、型号、件数和数量以及有关单证、资料，并查看货物的外观质量，无法当面完成全部验收项目的，要在送货单回执联内注明具体内容待验。

② 发现问题要分清责任。在验收、检查过程中如发现短缺、损坏等问题时，要会同送货人员查实，由送货人员出具书面证明、签章确认，留作处理问题时的依据。

2）提货

（1）到车站、码头提货。这是由外地托运单位委托铁路、水运、民航等运输部门或邮局代运或邮递货物到达本埠车站、码头、民航站、邮局后，仓库依据货物通知单派车提运货物的作业活动。此外，在接受货主的委托，代理完成提货、末端送货的活动的情况下也会发生到车站、码头提货的作业活动。这种到货提运形式大多是零担托运、到货批量较小的货物。

【你知道吗？】

提货人员对所提取的商品应了解其品名、型号、特性和一般保管知识以及装卸搬运注意事项等，在提货前应做好接运货物的准备工作，例如准备装卸运输工具，腾出存放商品的场地等。提货人员在到货前，应主动了解到货时间和交货情况，根据到货多少组织装卸人员、机具和车辆，按时前往提货。

提货时应根据运单以及有关资料详细核对品名、规格、数量，并要注意商品外观，查看包装、封印是否完好，有无沾污、受潮、水渍、油渍等异状。若有疑点或不符，应当场要求运输部门检查。对短缺损坏情况，凡属铁路方面责任的，应做出商务记录，属于其他方面责任需要铁路部门证明的应做出普通记录，由铁路运输员签字。注意记录内容与实际情况要相符。

货物到库后，提货员应与保管员密切配合，尽量做到提货、运输、验收、入库、堆码一条龙作业，从而缩短入库验收时间并快速办理内部交接手续。

（2）到供货单位提货。供货单位包括生产厂和流通企业。这是仓库受托运方的委托，直接到供货单位提货的一种形式。其作业内容和程序主要是当货站接到托运通知单后，做好一切提货准备，并将提货与物资的初步验收工作结合在一起进行。最好在供货人员在场的情况下，当场进行验收。因此，接运人员要按照验收注意事项提货，必要时可由验收人员参与提货。

4. 核对单据

货物到库后，首先要核对入库凭证，然后要核查供货单位提供的发票、产品说明书、质量合格证书、装箱单、磅码单、发货明细等，最后还要核查承运部门提供的运单。如果在入库时货物已经发生货损货差现象，还须索取货运记录或普通记录。在核对证件时，要注意检查它们的真实性、合法性、有效性以及是否与实物相符。如核对无误，再进行下一道工序。

【你知道吗？】

货运记录是指由承运部门负责装、运、施封、卸载，发生问题由承运部门负责赔偿的货物运输事故记录。它是分析责任和请求赔偿的一种基本文件。

普通记录是指已由托运方自装施封，承运部门承运，途中车船施封完好，到港站卸货时发现异状，需收货人向发货人办理交涉而承运部门出具的货状记录。它是一般的证明文件，不作为赔偿依据。

5. 货物初步验收

单据审核完毕后，货物交接前需要对其进行初步验收，主要是进行数量检验和包装检验。这时的数量检验属于大数验收，只清点货物大包装的数量是否与单证相符，一般采用逐件清点或是堆码点数的方法。在清点数量时，还须检查货物的外包装是否出现破损、浸湿、油污、渗漏、变形等异常情况。如发现异常情况，须做出相应记录再打开货物的外包装进行详细检查，检查货物是否发生破损。在验收无误的情况下，再与仓库业务人员办理货物的交接手续。

6. 货物交接

入库商品经过初验后，就可以与送货人员办理交接手续。收货人员以送货单为依据，接收数量相符、质量合格的货物，同时接收送货人送交的货物资料、运输的货运记录、普通记录等，以及随货同行的相应证明文件。最后由双方在送货单、交接清单上签署和批注，并留存相应凭证，收货人员在送货单上盖章签字表示商品收讫。如发现有异常情况，必须在送货单上详细注明并由送货人员签字，或由送货人员出具差错、异常情况记录等书面材料，作为事后处理的依据。

7. 货物详细验收

办理完货物交接手续后，需要对货物进行详细的验收才能办理入库手续。通过初步验收确定的只是大件货物的数量和包装状况，要想确认货物的具体数量、质量是否合乎标准还须进一步验收。在入库作业流程中，货物验收不仅是严格控制入库商品质量的关键，还是决定入库作业效率的重要环节。验收工作要求及时、准确，在规定的验收期限内完成，并且采用科学的验收方法、合理的验收工具，认真仔细地完成验收。如果在验收时发现数量短少、质量缺陷等异常问题，要及时填写验收报告，划分清楚责任归属，妥善处理。

1）货物验收的内容和标准

货物验收的内容包括数量检验、质量检验和包装检验。

数量检验：根据供货单位规定的计量方法进行数量检验，或过磅、或检尺换算，以准确地测定出全部数量。数量检验除规格整齐划一、包装完整者可抽验10%～20%者外，其他应采取全验的方法，以确保入库物资数量的准确。

质量检验：仓库一般只做物资的外观形状和外观质量的检验。进口物资或国内产品需要进行物理、化学、机械性能等内在质量检验时,应请专业检验部门进行化验和测定,并做出记录。

包装检验:是在初步验收时进行的,主要查看包装有无浸湿、油污、破损、变形等异常情况。其次是查看包装是否符合相关标准要求,包括选用的材料、规格、制作工艺、标志、填充方式等。另外对于包装物的干湿度也要检验,以免由于过干或过潮对货物造成影响。包装物安全含水量见表3-1。当需要开箱拆包检验时,应由两人以上在场同时操作,以明确责任。

表3-1 包装物安全含水量

包装材料	含水量(%)	说　　明
木箱(外包装)	18～20	内装易霉、易锈货物
	18～23	内装一般货物
纸箱	12～14	五层瓦楞纸的外包装及纸板衬垫
	10～12	三层瓦楞纸的包装及纸板衬垫
胶合板箱	15～16	
布包	9～10	

为了确保入库货物的质量,在验收前需要对验收的标准予以确认,通常根据以下几项标准进行检验。

(1) 依据采购合同或订购单所规定的条件进行验收。

(2) 以比价或议价时的合格样品作为验收的标准。

(3) 依据采购合同中的规格或图纸作为验收标准。

(4) 根据各种产品的国家质量标准作为验收标准。

2) 货物验收的方式

由于货物的种类、性质、价值等因素各不相同,在入库验收时可以结合需求选用全检或抽检的方式。

(1) 全检。全检即全部检验,主要是针对于数量验收,或是对于批量小、种类杂、型号多、价值高的货物所采用的验收方法。全检是一项耗费人力、物力、财力、时间的作业,在组织时要注意做好充分的准备以及各环节的比例性和均衡性。

(2) 抽检。抽检即抽样检验,是借助于统计学的原理,从总体中抽选出一定量的样本作为检验的对象,并以样本的检验结果作为评价总体质量水平的依据。抽检结果会受到选取样本的直接影响,在确定抽样方法和抽样数量时,首先要结合货物的性质、特点、价值、生产条件、包装情况、运输工具、气候条件等综合因素的具体情况,利用统计学假设检验的方法确定在不同期望水平下缩影抽取样本的数量和方法。在检验结果时,还要避免出现"弃真"和"取伪"的现象。弃真是指本来货物的质量达到了验收标准,但由于随机选取样本的质量偏低,没有达到标准,就拒绝接收全部货物;取伪是指本来货物总体的质量是不合格的,但由于随机抽取的样本质量合格就认为货物全部合格,同意接收。表3-2和表3-3给出了部分货物的入库抽检比例供参考。

表3-2 货物数量验收的抽检比例

验收对象	抽检比例
(1) 散装货物	检斤率为100%,不清点件数
(2) 有包装的货物	毛检斤率为100%,回皮率为5%~10%,清点件数为100%
(3) 定尺钢材	检尺率为10%~20%
(4) 非定尺钢材	检尺率为100%
(5) 贵重金属材料	检斤率为100%
(6) 有标量或标准定量的化工产品	按标量计算,核定总重量
(7) 同一包装、大批量、规格整齐的货物,或包装符合国家标准且有合格证的货物	抽检率为10%~20%

表3-3 货物质量验收的抽检比例

验收对象	抽检比例
(1) 带包装的金属材料	抽检5%~10%
(2) 无包装的金属材料	全部目测查验
(3) 10台以内的机电设备	验收率为100%
(4) 100台以内的机电设备	验收不少于10%
(5) 运输、起重设备	验收率为100%
(6) 仪器仪表外观缺陷	查验率为100%
(7) 易于发霉、变质、受潮、变色、污染、虫蛀、机械性损伤的货物	抽验率为5%~10%
(8) 外包装有质量缺陷的货物	检验率为100%
(9) 进口货物	检验率为100%

【你知道吗?】

货物检验主要方法有以下几种。

(1) 感官检验:指商品检验人员根据经验,借助人体各种感觉器官的不同功能和一定的器具,检验和鉴定商品。根据感官的类别,可把感官检验分为视觉检验、听觉检验、味觉检验、嗅觉检验和触觉检验。

(2) 理化检验:指使用各种仪器、试剂和理化分析方法检验商品,包括机械性能检验、化学性能检验和度量衡检验。与感官检验相比,理化检验能够更加客观、准确、全面地验证商品的性能、性质、成分和含量等诸多内容。

(3) 生物学检验:指使用组织学分析法、生物实验法、显微镜观察法等手段检验商品的成分、结构等技术指标,大量运用于食品、药品、化妆品和冷冻品等商品的检验与鉴定。

3) 入库验收过程中常见问题的处理

在商品入库验收过程中,常见的问题及处理方法如下。

(1) 数量不符。如果经验收后发现商品的实际数量与凭证上所列的数量不一致,应当由收货人在凭证上做好详细记录,按实际数量签收,并及时通知送货人和发货方。

（2）质量问题。在接货时若发现运输过程中造成的质量问题，应会同承运方或送货人清查点验并确认责任，作为索赔的依据。如确认责任不在承运方，也应做出记录，由承运者签字，以便作为向供货方联系处理的依据。在拆包做进一步验收时发现的质量问题，应将有问题的商品单独堆放，并在入库单上分别签收，同时通知供货方，以划清责任。

（3）包装问题。在清点大件时发现包装有水渍、沾污、损坏、变形等情况时，应进一步检查内部数量和质量，并由送货人开具包装异状记录或在送货单上注明，同时，通知保管人员单独堆放，以便处理。

（4）单货不符或单证不全问题。送货方由于某种原因造成的送货单据与实物不符、单证不全或分批到货等情况，仓库应及时查明原因，采取相应的对策。这类问题又可以分为以下几种情况。

① 商品串库。商品本来应该送往甲仓库而误送到乙仓库，当初步检查发现串库现象时，应立即拒收；如在验收细数中发现串库商品，应及时通知送货人员办理退货手续，同时更正单据。

② 有货无提。这种情况是指货物先到达而有关凭证还未到达。对此应暂时安排场所存放，及时联系，待单证到齐后再验收入库。

③ 有单无货。存货单位先将单证提前送到仓库，但经过一段时间后，货物仍未到达，应及时查明原因，将单证退回注销。

④ 货未到齐。往往由于运输的原因，同一批商品不能同时到达，对此，应分单签收。

8. 办理入库手续

详细验收无误后，就可以办理入库手续，包括进行登账、立卡、建档。

1) 登账

仓库中的实物保管明细账用来登记货物入库、出库、结存的详细情况，要严格按照货物的出入库凭证及时登记，填写清楚、准确。记错时要画红线进行更正，并妥善保管，按货物的重量和编号顺序排列，注明货物的货位号和档案号，便于查对。仓库管理人员要经常进行核对，保证账、卡、货相符。

【你知道吗？】

登账应遵循以下规则。
（1）登账必须以正式合法的凭证为依据，如商品入库单、出库单和领料单等。
（2）一律使用蓝、黑色墨水笔登账。
（3）登记应连续、完整，依照日期顺序不能隔行、跳页，账页应依次编号，年末结存后转入新账，旧账页入档妥善保管。
（4）登账时，其数字书写应占空格的 2/3 空间，便于改错。

2) 立卡

货物入库码垛后，应将货物名称、规格、数量或出入状态等内容填在货卡上。

【小词典】

货卡又称料签、料卡、保管卡。它是一种实物标签，上面标明商品的名称、规格、数量或出入状态等内容，一般挂在上架商品的下方或放在堆垛商品的正面。

货卡按其作用不同可分为货物状态卡、货物保管卡。货物保管卡包括标识卡和储存卡等，货物保管卡见表 3-4。

表 3-4 货物保管卡

NO.

到货通知单	来源		年 月 日				名称	
	到货日期		名称				验收情况	
	合同号		型号					
	车号		规格					
	运单号		件数	单位	数量	单价	交货情况	
	运输号							

年		凭证号	摘要	收入			付出			结存			备料情况			
月	日			件数	数量	金额	件数	数量	金额	件数	数量	金额	厂名	件数	数量	结存

【拓展知识】

(1) 货物状态卡：是用于表明货物所处业务状态或阶段的标识，根据 ISO 9000 国际质量体系认证的要求，在仓库中应根据货物的状态，按可追溯性要求，分别设置待检、待处理、不合格和合格等状态标识。

(2) 货物标识卡：是用于表明货物的名称、规格、供应商和批次等的标识，根据 ISO 9000 国际质量体系认证的要求，在仓库中应根据货物的不同供应商和不同入库批次，按可追溯性要求，分别设置标识卡。

(3) 储存卡：是用于表明货物的入库、出库与库存动态的标识。

3）建档

建档是将物资入库业务作业全过程的有关资料证件进行整理、核对，建立资料档案，不仅有助于总结和积累企业管理经验，为物资的保管、出库业务活动创造良好的条件，也为将来发生争议时提供凭据。

(1) 档案内容：应包括供货单位提供货物出厂时的各种凭证、技术资料；货物到达仓库前的各种凭证、运输资料；货物入库验收时的各种凭证、资料、验收记录、磅码单；货物保管期间的各种业务技术资料、出库凭证等。

(2) 建档工作的要求。

① 应一物一档。建立货物档案应该是一物(一票)一档。

② 应统一编号。货物档案应进行统一编号，并在档案上注明货位号。同时，在"实物保管明细账"上注明档案号，以便查阅。

③ 应妥善保管。货物档案应存放在专用的柜子里，由专人负责保管。

9. 分配货位

根据仓库内货位的分配原则和货物的属性特征，为其安排合理的存放位置。合理的分配和使用货位可以减少货物搬运的成本，降低货物在存储过程及搬运过程中的损耗，从而降低物流业务本身的成本，提高收益。这也是仓储企业工作的重点。货位分配包含有两层意义，一是为入库的货物分配最佳货位，因为在仓库内可能同时存在多个空闲的货位，即入库货位分配；二是要选择待出库货物的货位，因为同种货物可能同时存放在多个货位里。

货位分配考虑的原则有很多，主要包括以下几方面。

1) 货架受力均匀，上轻下重

重的物品存在下面的货位，较轻的物品存放在高处的货位，使货架受力稳定。若是以人工进行搬运作业时，从人类工效学的角度考虑，人之腰部以下的高度用于保管重物或大型物品，而腰部以上的高度则用来保管重量轻的物品或小型物品。在搬动过程中，此原则有利于保证货架的安全性及人工搬运作业的安全性，避免对货架的损坏和对操作人员的伤害。分散存放，物料分散存放在仓库的不同位置，避免因集中存放造成货格受力不均匀。

2) 方便吞吐发运

货位的选择应符合方便吞吐的原则，要方便商品的进出库，尽可能缩短收发货作业时间。除此之外，还应该兼顾以下几个方面。

(1) 收发货方式。采取送货制的商品，由于分唛理货、按车排货、发货的作业需要，其储存货位应靠近理货、装车的场地；采取提货制的商品，其储存货位应靠近仓库出口，便于外来提货的车辆进出。

(2) 操作方法和装卸设备。各种商品具有不同的包装形态、包装质地和体积质量，因而需要采用不同的操作方法和设备。所以，货位的选择必须考虑货区的装卸设备条件与仓储商品的操作方法适应。

(3) 货物吞吐快慢。仓储商品的流转快慢不一，有着不同的活动规律。对于快进快出的商品，要选择有利于车辆进出库的货位；滞销久储的商品，货位不宜靠近库门；整进零出的商品，要考虑零星提货的条件；零进整出的商品，要考虑到集中发运的能力。

3) 尽量节约仓容

货位的选择，还要符合节约的原则，以最小的仓容储存最大限量的商品。在货位负荷量和高度基本固定情况下，应从储存商品不同的体积、质量出发，使货位与商品的质量、体积紧密结合起来。对于轻泡商品，应安排在负荷量小和空间高的货位。对于实重商品，应安排在负荷量大而且空间低的货位。

【拓展知识】

入 库 单 证

入库作业的很多环节都需要填写相应的单据和凭证，下面给出各环节中的一些基本的单证格式作为参考。

1. 货物接运

到货交接单见表 3-5。

2. 货物验收

货物验收单见表 3-6。

入库检验表见表 3-7。

入库验收报告单见表 3-8。

3. 入库手续

物品入库日报表见表 3-9。

表3-5 到货交接单

编号:　　　　　　　　　　　　　　　　　　　　　　　　　　　日期:　年　月　日

收货人	发站	发货人	货物名称	标志标记	单位	件数	重量	货物存放处	车号	运单号	提料单号
备注											

提货人:　　　　　　　　　经办人:　　　　　　　　　接收人:

表3-6 货物验收单

订单编号:　　　　　　　　　验收单编号:　　　　　　　　　填写日期:

货物编号	品名	订单数量	规格符合		单位	实收数量	单价	总金额
			是	否				

是否分批交货	□是 □否	检查	抽样___%不良 全数___个不良	验收结果	1. 2.		验收主管	验收员
总经理		财务部			仓储部			
		主管	核算员		主管		收货员	

表3-7 入库检验表

　　　　　　　　　　　　　　　　　　　　　　　　　　　　　　　　　　　　　编号:

货物名称			型号/规格		
供　　方			进货日期		
进货数量			验证数量		
验证方式					
验证项目	标准要求		验证结果		是否合格
检验结论	□合格		□不合格		
复检记录	1. 2.				
检验主管		检验员		日期	
不合格品处置方法	□拒收　　□让步接收　　□全检				
	批准			日期	
备注	对于顾客的货品,其不合格品处置由顾客批准				

表3-8 入库验收报告单

编号：　　　　　　　　　　　　　　　　　　　　　　　　填写日期：　年　月　日

入库名称		数量	
验收部门		验收人员	
验收记录		验收结果	□合　格 □不合格
入库记录	入库单位		入库部门	
	主管经办		验收主管		验收专员	

表3-9 物品入库日报表

编号：　　　　　　　　　　　　　　　　　　　　　　　　入库日期：　年　月　日

物品检验人			物品入库记录人				
物品名称	生产厂家	规格	入库数量	单价	总金额	仓库位置	

入库通知单见表3-10。

表3-10 入库通知单

　　　　　　　　　　　　　　　　　　　　　　　　　　　通知日期：　年　月　日

日期	到货日期		供货单位		收货人	
	入库日期		合同单号		储位	
	验收日期		运单号		入库单号	
物料入库详细信息						

物料编号	物料名称	计量单位	数量					质量	价格		说明
			交货	多交	短交	退货	实收		购入	基本	

任务3.3　在库作业

【小词典】

商品在库管理是根据商品性质及商品在储存期间的质量变化规律，积极采取各种有效措施和科学保管方法，创造一个适宜于商品储存的条件，维护商品在储存期间的安全，保护商品质量和使用价值，最大限度降低商品损耗的一系列活动。

3.3.1 商品在库管理的基本要求

商品在库管理的基本要求归纳起来是 16 字方针：合理储存、科学养护、账物相符、安全保管。

1. 合理储存

合理储存是指按照商品的性能及其对保管条件的要求，科学地安排商品的储存地点和货位，最有效、最大化地利用仓库的空间。要做到合理储存，需要根据商品的性能、体积、质量、包装等，对商品进行储位管理，并正确使用堆码技术和苫垫技术等。

2. 科学养护

科学养护的目的是维护商品的价值，保护商品的使用价值，避免和减少商品在库损失。为了做好商品养护工作，要贯彻"以防为主、防治结合"的方针，建立健全相应的商品养护制度，根据商品的性能要求，通过密封、通风、吸潮等方法，合理控制和调节好仓库的温湿度，做好商品的金属防锈、除锈、防霉、防治害虫等工作，创造适宜的储存条件。

3. 账物相符

做好商品的保管与储存工作，要设置齐全的商品实物账、货卡，及时、正确地记录商品的进出库的状态，确保商品的数量准确，做到"物卡相符，账卡相符"；同时还要对库存的商品进行检查和盘点，掌握库存商品的质量和数量状况。已实施商品条码管理和仓储管理信息化的仓库，必须确保商品的电子数据账册与实物相符。

4. 安全保管

做好商品的保管与储存工作，要严格遵守仓库安全管理制度，正确、安全地进行商品的装卸、搬运、堆垛和苫垫作业，对各类危险品要妥善地专门保管，认真做好防火、防盗、防差错事故、防雨漏和雷击等自然灾害的工作，确保人员、商品、库房、设备的安全。

3.3.2 仓库现场的 5S 管理

5S 活动起源于日本，5S 活动的对象是现场的环境。5S 是指整理(Seiri)、整顿(Seiton)、清扫(Seiso)、清洁(Seiketsu)、素养(Shitsuke)。

在仓储管理中推行 5S 管理，可对仓库作业的现场进行有效改观和改善，不仅有助于调节人员情绪、保障商品的品质和安全、减少浪费、提高效率，而且有助于提升企业的形象。5S 活动的核心和精髓是素养，如果员工队伍的素养不能够得到相应的提高，5S 活动是难以开展和持续下去的。

1. 整理

整理是将工作现场内的物品进行分类，并把不要的物品坚决清理掉。一般把工作现场的物品分为经常用的、不经常用的、不再使用的三大类。整理就是要把经常用的放在容易取到的地方，把不经常用的储存在专有的固定位置，把不再使用的清除。对仓库作业现场进行整理可腾出更大的空间，也可防止物品被混用、错用。

2. 整顿

整顿是把有用的物品按规定分类摆好，并做好相应的标识，不要乱堆乱放，防止诸如"该找的东西找不到"等无序的状况发生。

【你知道吗?】

整顿的几点提示如下。
(1) 设备的摆放改变会引起流程变化，对此要认真考虑。
(2) 设置工作台、工件箱时，不仅要考虑固定式的，还要考虑有脚轮的移动式的。
(3) 安置工作台、货架等，可以考虑用从房顶垂直起落的方式来减少占用空间。
(4) 对质量大、体积大的物品应该放置在下层，质量小的物品放在上层。
(5) 使用频率高的物品放在易于取放的场所。
(6) 货架橱柜透明化。
(7) 现场的货架和橱柜要尽量避免使用门，因为门会阻挡员工的视线，延长寻找时间，从而影响工作效率。

3. 清扫

清扫的意思很容易理解，就是把工作现场所有的地方以及工作时使用的工具、仪器、设备、材料等打扫干净，使工作现场干净、宽敞、明亮。清扫的意义不仅仅在于现场环境的改善，而且清扫可以达到维护生产安全、减少差错事故的目的。

4. 清洁

"清洁"主要是指维持和巩固整理、整顿和清扫的效果，保持生产现场任何时候都处于整齐、干净的状态。

5. 素养

"素养"的活动是指培养员工达到工作整洁有序、自觉执行工厂的规定和规则，养成良好的习惯。通过自律提高每一个人的"行为美"水平，可为搞好5S活动提供保证。素养的目的在于培养职工自觉正确执行工厂各项规定的良好习惯，自愿实施整理、整顿、清扫、清洁这4S活动，高标准、严要求维护现场环境的整洁和美观。"素养"是保证前4个S得以持续、自觉、有序地开展下去的重要保障。要做到有"素养"，必须做好以下几方面工作。
(1) 经常积极参与整理、整顿、清扫活动。
(2) 认真贯彻整理、整顿、清扫、清洁状态的标准。
(3) 养成遵守作业指导书、手册和规则的习惯。

在培养"素养"时不妨灵活运用一些工具，如标语；醒目的标识；值班图表；进度管理；照片；录像；新闻；手册和表格等。

"5S"活动开展起来比较容易，可以搞得轰轰烈烈，在短时间内取得明显的效果，但要坚持下去，持之以恒，不断优化就不容易了。不少企业发生过一紧、二松、三垮台、四重来的现象。因此，开展"5S"活动时，贵在坚持，为将这项活动坚持下去，企业首先应将"5S"活动纳入岗位责任制，使每一部门、每一人员都有明确的岗位责任和工作标准；其次，要严格、认真地搞好检查、评比和考核工作，将考核结果同各部门和每一人员的经济利益挂钩；第三，要坚持 PDCA（Plan—计划、Do—执行、Check—检查、Action—处理）循环，不断提高现场的"5S"水平，即要通过检查，不断发现问题，不断解决问题。因此，在检查考核后，还必须针对问题，提出改进的措施和计划，使"5S"活动坚持不断地开展下去。

在"5S"的基础上，又发展到了"6S"、"7S"、"8S"，但其基础及精髓都是整理、整顿、清扫、清洁、素养。

【你知道吗?】

8S 就是整理（seiri）、整顿（seiton）、清扫（seiso）、清洁（seiketsu）、素养（shitsuke）、安全（safety）、节约（save）、学习（study）8 个项目，因其古罗马发音均以"S"开头，简称为 8S。其中：

安全：指管理上制定正确作业流程，配置适当的工作人员监督指示功能；对不合安全规定的因素及时举报消除；加强作业人员安全意识教育；签订安全责任书。主要为了预知危险，防患于未然。

节约：指减少企业的人力、成本、空间、时间、库存、物料消耗等因素。为了养成降低成本习惯，加强作业人员减少浪费意识的教育。

学习：指深入学习各项专业技术知识，从实践和书本中获取知识，同时不断地向同事及上级主管学习，学习他人长处从而达到完善自我、提升自己综合素质的目的。为了使企业得到持续改善，培养学习性组织。

3.3.3 物料编号

【小词典】

所谓物料编号，就是将物料按其分类内容，加以有次序的编排，用简明的文字、符号或数字，以代替货品的"名称"、"类别"及其他有关资料的一种方式。仓库在进货后，商品本身大部分都已有商品号码及条码，但有时为了方便管理及存货控制，配合企业的仓储作业信息系统，而将商品编号，以方便货位管理系统的应用，并能掌握货物的动向。

1. 物料编号的作用

1）增加货物资料的准确性

货物的领用、发放、请购、跟催、盘点、储存、保管、账目等一切物料管理事务性的工作均由编号可以查核，货物管理较容易，准确率高，货物名称混乱的情况就不至于发生了。

2）提高物料控制的效率

由物料编号代替文字的记录，各种物料控制事务简单省事，效率提高。

3）有利于进行计算机管理

有了良好的物料编号，再配合计算机的使用，对物料进行记录、统计、核算等能大大提高工作效率。这样才能有更多的时间在物料数量和现场整理方面下功夫，进行更好的管理。

4）有利于防止各种物料舞弊事件的发生

物料编号后，物料收支两条线管理，对物料进出容易跟踪，物料记录也非常正确，物料储存保管有序，可以减少或防止物料舞弊事件的发生。物料统一编号，并采用计算机管理后，对物料管理流程就必须做出严格的控制，规定原始单据的填制、审核、计算机资料的记录、审核和修改，应分别由不同人员按规定的程序进行管理。这样经过严格的程序控制后，可以减少舞弊事件的发生。

5）减少物料库存、降低成本

物料编号有利于物料存量的控制，有利于呆滞废料的防止，并提高物料活动的工作效率，节省人力、减少资金的积压，降低成本。

6）有利于压缩物料的品种、规格

在对物料进行编号时，可以对某些性能相近或相同的物料进行必要的统一、合并和简化，合理压缩物料的品种、规格，用尽可能少的品种、规格在保证产品质量的前提下满足生产各种不同产品的需要，以达到节约物料、避免浪费、提高经济效益的目的。

2. 物料编号的原则

合理的货品编号，必须符合下列基本原则。

1）简单性原则

物料编号有的目的在于将物料种类化繁为简，便于管理，在分类和扩展的原则下越简单越好。因此物料编号使用各种文字、符号、字母、数字时应尽量简明，利于记忆、查询、阅读、抄写等各种工作，并能减少错误的机会。

2）分类性原则

对于种类繁多的物料必须按一定的标准分成不同的类别，使同一类物料在某一方面具有相同或相近的性质，这样便于管理和查询。同时，对于复杂的物料，进行大分类后还要进行细分类。

3）充足性原则

对现有物料编号时，还必须对未来可能出现的物料进行考虑，有必要在现分类的基础上留有足够的空位，便于未来穿插增加新物料，否则将来遇上特殊物料时无号可编，使计算机化的物料管理系统陷于瘫痪。

4）完整性原则

在物料编号时，所有的物料都应有对应的物料编号，新物料的产生也应赋予新的料号，不能遗漏。

5）对应性原则

一个物料编号只能代表一项物料，不能一个物料编号代表数个物料，或数个物料编号代表一个物料，即物料编号应具备唯一性，一一对应。

6）一致性原则

物料编号要统一，分类要具有规律性。所采用的方法、尺寸、性质要一直使用下去，中途不要更改，避免造成混乱。

7）有序性原则

物料编号应有顺序，以便可以从物料编号查询某项物料的资料，物料编号有组织性和顺序性，可为物料管理增加不少的顺利和方便。

8）伸缩性原则

物料编号要考虑到未来新产品新材料发展扩充的情况，要预留一定的余地，新材料的产生也应有对应的唯一的料号，否则新物料就无料号可用了。

9）适应机器性原则

电脑的应用对于物料管理起了非常重要的作用，现代的公司大部分使用了计算机网络化的物料管理系统，如 MRPⅡ/ERP 等。因此物料编号应适应计算机的需要，在计算机上查询方便、输入方便、检索方便等。

10）易记性原则

在字符选用上，物料编号最好采用一些常用的、方便记忆的、富有某一特定意义的数字或数字组合或符号，这样便于记录。选择有规律的方法，有暗示和联想的作用，使人不必强制性记忆。

3. 物料编号的方法

货品编号大致可分为下列 7 种方法。

1）按数字顺序编号法

将物料进行分类，按一定的规律先后排列，然后从 1 号起依顺序编排流水号，常用于账号或发票编号，属于延展式的方法，应有编号索引，否则无法直接了解编号意义。例如：以 1 代表原料类；以 2 代表五金类；以 3 代表电子类；以 4 代表包装材料类……

2）数字分段法

数字分段法是前一方法的改变，即把数字分段，每一段代表一类货品的共同特性，见表 3-11。

表 3-11 数字分段法

类别	塑胶类	五金类	电子类	包材类	化工类	其他类
分配号码	01~15	16~30	31~45	46~60	61~75	76~90

3）分组编号法

这种编号法把货品的特性分成 4 个数字组，见表 3-12。

表 3-12 分组编号法 1

	类型	形状	材质/成分	大小
编号	××	××	××/××	××

至于每一个数字的位数为多少视实际需要而定，使用较为普遍，见表 3-13。

表 3-13 分组编号法 2

	货品的类型	形状	材质/成分	大小	意义
编号	06				饮料
		4			易拉罐
			061		乌龙茶
				092	350cc

4）按实际意义的编号法

在编号时，用部分或全部编号代表货品的质量、尺寸、距离、产能或其他特性。根据编号能了解货品的内容，见表 3-14。

表 3-14 按实际意义编号法

编　号	意　义
TT670 15 B1	TT　表示管状(Tube Type)
	670 15　表示 670×15mm，是尺寸大小
	B　表示产品是黑色(Black)
	1　表示第一生产线

5) 后数位编号法

用编号最后的数字，对同类货品做进一步的细分，见表 3-15。

表 3-15 后数位编号法

编　号	货　品
520	饮料
530	食品
531	休闲食品
531.1	箱装休闲食品
531.11	洋芋片
531.12	鱿鱼丝

6) 暗示编号法

用数字与文字的组合来编号，编号本身暗示货品的内容，这种方法的优点是容易记忆，见表 3-16。

编号：BY010 RB01B

表 3-16 暗示编号法

材料名称	大小	颜色与型式	制造商
BY	010	RB	01

BY——脚踏车(Bicycle)；010——10″；R——红色(Red)；B——小孩型(Boy's)；01——制造商名称。

7) 混合编号法

联合使用英文字母与阿拉伯数字来做货品编号，而多以英文字母代表货品的类别和名称，其后再用十进位或其他方式编阿拉伯数字号码。

总结货品编号大致有下列两种形式：一种是延展式，即对货品分级的级数不加限制，视实际需要而任意延长，但排列上难求整齐是美中不足的地方；另一种是非延展式，货品分类级数及所用数字均有一定的限制，不能任意伸展，虽能维持整齐划一的形式，但缺乏弹性，难以适应实际增减需要。

为识别货品而使用的编号标识可置于容器、产品或储位上，且用明显的颜色、字体、大小，让作业员很容易地获得资讯。

3.3.4 商品堆码与苫垫

1. 商品堆码技术

【小词典】

堆码是指将物品整齐堆成货垛的作业。根据物品的包装、形状、性质、质量等特点，结合地面负荷、仓库层高、储存时间、货物承重等因素，将物品堆码成不同形状的货垛。合理的堆码，不仅便于库存物品的管理，还能确保其安全性，不发生变质、变形等异常情况。

1) 商品堆码的要求

（1）对商品的要求。在堆码操作之前，必须彻底查清商品的数量、质量，确保包装完好，标志清楚，若外包装上有沾污、尘土的，要清除干净，不影响商品质量。对于受潮、锈蚀以及已经发生某些质量变化或质量不合格的部分，应加工恢复或者剔出另行处理，与合格品不相混杂。同时，为便于机械化操作，金属材料等应打捆，机电产品和仪器仪表等可集中装箱的应装入包装箱中。

（2）对场地的要求。货垛可以根据需要放置在库内，也可以放置于货棚或露天场地。但不同堆垛场地应达到的储存要求各有区别。

库内堆垛的，货垛应该在墙基线和柱基线以外，垛底需要垫高。

货棚内堆垛的，货棚需要防止雨雪渗透，货棚内的两侧或者四周必须有排水沟或管道，货棚内的地坪应该高于货棚外的地面，最好铺垫沙石并夯实。堆垛时要垫垛，一般应该垫高30～40cm。

露天堆垛的，堆垛场地应该坚实、平坦、干燥、无积水以及杂草，场地必须高于四周地面，垛底还应该垫高40cm，四周必须排水畅通。

（3）堆码作业的要求。

① 合理。垛形必须适合商品的性能特点，不同品种、型号、规格、牌号、等级、批次、产地、单价的商品，均应该分开堆垛，以便合理保管。货垛形式要适应货物的性质，有利于货物的保管，能充分利用仓容和空间；货垛间距应符合作业要求以及防火安全要求，并要合理地确定堆垛之间的距离和走道宽度，便于装卸、搬运和检查，主要通道约为2.5～4m；大不压小，重不压轻，缓不压急，确保货物质量和货物的"先进先出"。

【拓展知识】

货垛的规范要求

合理的规范要求主要是货垛的"五距"要求，即垛距、墙距、柱距、顶距和灯距。叠堆货垛不能依墙、靠柱、碰顶、贴灯；不能紧挨旁边的货垛，必须留有一定的间距。

（1）垛距。垛距是货垛与货垛之间的必要距离。适当的垛距能方便存取作业，起通风、散热的作用，方便消防工作。库房垛距一般为0.5～1m，货场垛距一般不少于1.5m。垛距如图3.3所示。

（2）墙距。适当的墙距可以防止库房墙壁和货场围墙上的潮气对物品的影响，也便于开窗通风、消防工作、建筑安全、收发作业。墙距分为库房墙距和货场墙距，其中，库房墙距分为内墙距和外墙距。库房内墙距为0.1～0.2m，外墙距为0.3～0.5m；货场只有外墙距，一般为0.8～3m。

图 3.3 垛距样图

(3) 柱距。适当的柱距可以防止库房柱子的潮气影响物品,保护仓库建筑物的安全。柱距一般为 0.1~0.3m。

(4) 顶距。顶距是货垛堆放的最大高度与库房、货棚屋顶间的距离。顶距一般做如下规定,平房库: 0.2~0.5m;人字形库房:以屋架下弦底为货垛的可堆高度;多层库房:底层与中层为 0.2~0.5m,顶屋层须大于等于 0.5m。

(5) 灯距。灯距是货垛与照明灯之间的必要距离。适当的灯距可以确保储存物品的安全,防止照明发出的热量引起靠近的物品燃烧而发生火灾。灯距严格规定不少于 5m。

② 牢固。货物堆放稳定结实,货垛牢固,不偏不斜,必要时采用衬垫物将其固定。做到不压坏底层货物或外包装;不超过库场地坪承载能力;货垛较高时,上部适当向内收小,与屋顶、梁柱、墙壁保持一定距离;易滚动的货物,使用木楔或三角木固定,必要时使用绳索、绳网对货垛进行绑扎固定,确保堆垛牢固安全。

③ 定量。每行每层的数量力求成整数,便于货物的清点。一般采用固定的长度和宽度,且为整数,如 50 袋成行,每层货量相同或成固定比例递减,能做到过目知数。每垛的数字标记清楚,货垛牌或料卡填写完整,摆放在明显位置。过秤商品不成整数时,每层应该明显分隔,标明质量,便于清点发货。

④ 整齐。货垛堆放整齐,垛形、垛高、垛距标准化和统一化,货垛上每件货物都排放整齐、垛边横竖成列,垛不压线;货物外包装的标记和标志一律朝垛外。

⑤ 节约。尽可能堆高,避免少量货物占用一个货位,以节约仓容,提高仓库利用率;妥善组织安排,做到一次作业到位,避免重复搬动,节约劳动消耗;合理使用苫垫材料,避免浪费。

⑥ 方便。选用的垛形、尺度、堆垛方法,应便于堆垛作业、搬运装卸作业,提高作业效率;垛形方便理数、查验货物,便于通风、苫盖等保管作业。

2) 堆码前的准备工作

商品堆码前,必须先做好堆码的准备工作,然后才能进行堆码,准备工作主要有以下方面。

(1) 按进货的数量、体积、质量和形状,计算货垛的占地面积、垛高以及计划好垛形。对于箱装、规格整齐划一的商品,占地面积可参考下面公式计算:

占地面积=(总件数/可堆层数)×每件商品底面积

可堆层数＝地坪单位面积最高负荷量/单位面积重量
单位面积重量＝每件商品毛重/该件商品的底面积

在计算占地面积，确定垛高时，必须注意上层商品的重量不超过底层商品或其容器可负担的压力。整个货垛的压力不超过地坪的容许载荷量。

（2）做好机械、人力、材料准备。垛底应该打扫干净，放上必备的垫墩、垫木等垫垛材料，如果需要密封货垛，还需要准备密封货垛的材料等。

3）商品堆码方式

堆码方式如图 3.4 所示。

(a) 重叠式堆码　　(b) 交错式堆码　　(c) 俯仰相间式堆码

(d) 压缝式堆码　　(e) 衬垫式堆码　　(f) 栽桩式堆码

(g) 直立式堆码　　(h) "五五化"堆码

i 托盘堆码　　j 架式堆码

图 3.4　堆码方式

（1）重叠式堆码：逐件逐层向上重叠码高而成货垛，此垛形是机械化作业的主要垛形之一，适于中厚钢板、集装箱等商品，堆码板材时，可缝十略行交错，以便记数。

（2）纵横交错式堆码：将长短一致，宽度排列能够与长度相等的商品，一层横放，一层竖放，纵横交错堆码，形成方型垛。长短一致的锭材、管材、棒材、狭长的箱装材料均可用这种垛形。有些材料，如铸铁管、钢锭等，一头大、一头小的，要大、小头错开。锭材底面大顶面小，可仰俯相间。化工、水泥等，如包装统一，可采用"二顶三"，"一顶四"等方法，在同一平面内纵横交叉，然后再层层纵横交错堆垛，以求牢固。这种垛形也是机械堆垛的主要垛形之一，如图3.5所示。

图3.5　纵横交错式堆码

（3）俯仰相间式堆码。对于钢轨、槽钢、角钢等商品，可以一层仰放、一层俯放，仰俯相间而相扣，使堆垛稳固。也可以俯放几层，再仰放几层，或者仰俯相间组成小组再码成垛。但是，角钢和槽钢仰俯相间码垛，如果是在露天存放，应该一头稍高，一头稍低，以利于排水。

（4）压缝式堆码。将垛底底层排列成正方形，长方形或环行，然后起脊压缝上码。由正方形或长方形形成的垛，其纵横断面成层脊形，适于阀门、缸、建筑卫生陶瓷等用品，如图3.6所示。

图3.6　压缝式堆码

（5）宝塔式堆码。宝塔式堆垛与压缝式堆垛类似，但压缝式堆垛是在两件物体之间压缝上码，宝塔式堆垛则在4件物体之中心上码逐层缩小，例如电线电缆。

（6）通风式堆码。需要防潮湿通风保管的商品，堆垛时每件商品和另一件商品之间都留有一定的空隙以利于通风，如图3.7所示。

（7）栽柱式堆码：在货垛的两旁栽上两至三根木柱或者是钢棒，然后将材料平铺在柱中，每层或间隔几层在两侧相对应的柱子上用铁丝拉紧，以防倒塌。这种堆垛方式多用于金属材料中的长条形材料,例如圆钢、中空钢的堆码,适宜于机械堆码,采用较为普遍。

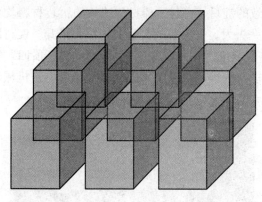 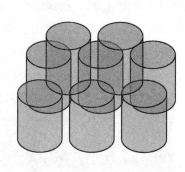

图 3.7 通风式堆码

(8) 衬垫式堆码:在每层或每间隔几层商品之间夹进衬垫物,利用衬垫物使货垛的横断面平整,商品互相牵制,以加强货垛的稳固性,衬垫物需要视商品的形状而定。这种堆垛方式适用于四方整齐的裸装商品,例如电动机。

(9) "五五化"堆码。"五五化"堆码就是以五为基本计算单位,堆码成各种总数为五的倍数的货垛,即大的商品堆码成五五成方,小的商品堆码成五五成包;长的商品堆码成五五长行,短的商品堆码成五五成堆,带眼的商品堆码成五五成串。这种堆垛方式过目成数,清点方便,数量准确,不易于出现差错,收发快,效率高,适用于按件计量的商品。

(10) 架式堆码。架式堆码是利用货架存放商品,主要用于存放零星或怕压的商品。这些商品如果使用货架储存就可以提高储存空间的利用率。在库房中货架一行一行地排列,中间留有通道以便取放商品。为了进一步提高库房的面积利用率,还可以采用可移动式货架。移动式货架能够沿着两条导轨做水平方向的移动,这样就可以减少货架间的通道数量。

(11) 托盘堆码。托盘堆码是近几十年来得到迅速发展的一种堆码方法。它的特点是商品直接在托盘上存放。商品从装卸、搬运入库,直到出库运输,始终不离开托盘,这就可以大大提高机械作业的效率,减少搬运次数。托盘使堆垛的运用范围很广,包装整齐又不怕压的商品可以使用平托盘;散装或零星商品可以使用箱式托盘;怕压或形状不规则的商品,为了增加堆码高度,可以使用立柱托盘。堆码时4根立柱不但承受了上部重量,而且大大增加了稳定性。

随着仓库作业机械化水平的提高,托盘式堆垛将应用得更加广泛。托盘不仅在仓库堆码中被广泛使用,而且逐渐在运输中积极推广使用,这对减少装卸搬运次数、减轻劳动强度、加快商品流通中转具有显著作用。

4) 对特殊物资的堆码要求

(1) 要求通风的物品堆码。可在每件或每层货物的前后左右留出一定的空隙,码成通风垛,以散发物资的温度和水分,如潮湿的木板等。

(2) 怕压的物资要用货架摆放。为了使物品不致受损,堆码时应根据物品承受力的大小,适当的控制堆码的方式和堆码的高度。对于形体不大或不太特殊的物品,为保证不被压坏,并充分利用库容量,可利用货架摆放。

(3) 油漆及桶装化工产品,货垛要小,要成行码放,便于检查,行间要留有空隙。

（4）危险品（指易燃、易爆炸品等），储放场所要干燥、阴凉、通风，库内电器、照明等设备要采用防爆装置，并设有安全消防设施，要设架眼存放，如果量大须码垛时也要堆小、垛低，有易碎玻璃包装物不准码垛。

（5）毒害品（氰化钾、氰化钠等），应单独存放一个库内，严密保存，切忌与酸类同放库内，储放场所也必须干燥、阴凉、通风。量大码垛时要堆小垛低。

（6）腐蚀品（各类酸碱），应单独存放，适宜存放在干燥通风阴凉场所，避免露天存放，能不码垛尽量平放，储量要根据需要适量购进。

2. 商品苫垫技术

"苫"是指在货垛上加上遮盖物，"垫"指在商品垛底加衬垫物。许多商品在堆垛时都需要苫垫，即把货垛垫高。露天货物还需进行苫盖，只有这样才能使商品避免受潮、淋雨、暴晒等，保证储存养护商品的质量。商品苫垫是防止各种自然条件对库存商品质量产生不良影响的一项安全措施。

1）苫盖

在露天货场存放的商品，除了下垫外，一般还应苫盖，以防止商品直接受雨、露、雪、风、沙及阳光的侵蚀。苫盖的基本要求是苫盖严密，商品不外露，苫盖材料不拖地，刮风不开，下雨不漏，垛要起脊，肩有斜度。一般屋脊形的堆垛容易苫盖，对有排水性能，不怕雨、雪、风及日光侵蚀的商品或使用时必须进行再加工的原材料，如生铁等，露天存放也可以不苫盖。

（1）苫盖材料。一般用铁皮、席子、油毡纸、塑料布、苫布等进行苫盖。仓库应尽量利用旧包装铁皮改制成苫盖材料，苫布价值较高，适于临时使用。一般的仓库多使用席子和油毡纸作苫盖材料。苫盖时间较长的垛，可用两层席子，中间夹一层油毡纸，按照适当规格预制成苫瓦，使用时方便，拆垛后还可以再次利用。

（2）苫盖方法。苫盖方法一般有以下几种。

① 就垛苫盖法：将苫盖物直接覆盖在货垛上的苫盖法，一般适合屋脊形货垛或大件包装商品的苫盖，一般选用帆布、油布、塑料布等材料。该方法操作简便，但不通风，要注意地面干燥。

② 鱼鳞式苫盖法：即将苫盖材料从货垛的底部开始，自下而上成鱼鳞式逐层交叠围盖，适用于面积较小的席、瓦等材料苫盖。该方法具有较好的通风性，但操作比较繁琐复杂，从外形看呈鱼鳞状。

③ 隔离苫盖法：即将苫盖物与货垛之间加上隔离物，使它们之间留有一定空隙。隔离物可选用竹竿、木条、钢筋、隔离板等。该方法利于排水、通风。这种方法主要适用于怕热、怕潮商品。

④ 活动料棚苫盖法：利用废弃钢材或木材制成棚架，在棚架上面及四周铺围玻璃钢瓦或铁皮等物并在棚柱底部装上轮子。整个货棚可沿固定轨道移动，其外形与固定货棚相似，但无基础工程。由于活动料棚是近年在我国发展起来的一种新型苫盖方法，因此，无论在棚架设计上，还是在使用上，都存在一些问题，如防湿、除雾性差等，有待在实践中不断改进和完善。

2）垫垛

垫垛是商品在堆垛前，按垛形的大小和负重，先行垫放垛物。垫垛的目的是避免地面潮气自垛底侵入商品，并使垛底通风。垫垛材料一般采用专门制作的水泥墩或石墩、枕木、木板及防潮纸。由于垫垛是一项重复而又繁重的劳动，所以现在正在逐步推行固定式的垛基，如用水泥预制件代替枕木，可以不移动地重复使用，节省劳动力，提高作业效率。

(1) 垫垛的基础要求。

① 地面一定要平整夯实，防止承载负荷后下沉、倾斜倒塌造成商品变形或损坏。

② 下垫必须保证雨水不浸入、不潮湿，通风良好。

③ 要疏通排水沟道，防止积水浸泡。

(2) 垫垛的基本方法。

① 在露天货场垫垛。首先把地面平整夯实，再摆放水泥墩、石墩或建固定式垛基。墩(基)与墩(基)之间留有一定距离，促使空气流通，必要时墩上可铺一层防潮纸，而后再放置商品。垫垛的高度，露天货场可保持在40cm左右。

② 在库房和货棚内垫垛。水泥地面一般只需垫水泥条、枕木或仓板，高度20cm即可；防潮地面、楼层干燥地坪可以不垫垛，铺一层防潮纸即可；有些箱装、成包、成件商品，箱上或包上已有垫木的，也可不再垫垛；化工材料、棉麻、动植物制品及其他易受潮变质的商品，应尽可能加高垫层，使垛底保持良好通风；对于商品本身具有排水性，又没有严格要求通风的商品(如沥青)和使用时必须重新加工的原料(如生铁)，也可以不进行垫垛。

③ 底层库房(货棚)垫底。要视库房地面干湿程度确定垫垛高度。一般商品底层垫一层枕木或一层托盘，离地面约15~20cm高。怕潮商品垛底应加垫芦席、油毛毡或塑料薄膜等隔潮材料。垫底时，要注意垫底材料的排列方向，枕木的空隙要对准走道或门窗，以利通风散潮。

3.3.5 在库商品的养护与保管

【你知道吗?】

商品在储存期间，由于商品本身的成分、结构和理化性质的特点，以及受到日光、温度、湿度、空气、微生物等客观外界条件的影响，会发生各种各样的质量变化。

对仓管员来说，商品养护和保管是一项综合性、科学性的应用技术工作。商品入库后，仓库需要对不同性质的商品，在不同储存条件下采取不同的技术养护措施，以防止其质量变质劣化。

1. 影响库存商品质量变化的内、外因素

商品在储存过程中发生质量变化，是由一定的因素引起的。为了保养好商品的质量，就要掌握商品质量变化的规律，明确和掌握商品变化的内因和外因。内因决定了商品变化的可能性和程度，外因是促成这些变化的条件。

1) 影响商品质量变化的内因

商品在储存期间发生各种变化，起决定作用的是商品本身的内在因素，如化学成分、结构形态、物理化学性质、机械及工艺性质等。

(1) 化学成分。不同的化学成分及其不同的含量，既影响商品的基本性质，又影响商品抵抗外界自然因素侵蚀的能力。如普通低碳素钢中加入少量的铜和磷的成分，就能有效地提高其抗腐蚀性能。

(2) 结构形态。构成商品的原材料，其材料结构分为微观结构与宏观结构。微观结构又分为晶体结构和非晶体结构。商品的形态主要分为固态、液态和气态。不同的结构形态会产生不同形式和不同程度的变化。

(3) 理化性质。商品的物理化学性质是由其化学成分和组织结构所决定的。物理性质主要是指挥发性、吸湿性、水溶性、导热性等；化学性质主要是指化学稳定性、燃烧性、爆炸性、腐蚀性等。这些都是商品发生变化的决定性因素。

(4) 机械及工艺性质。商品的机械性质是指强度、硬度、韧性、脆性、弹性等；商品的工艺性质，是指其加工程度（毛坯、半毛坯、成品）和加工精度等。不同的加工程度和加工精度的产品，在同等条件下，其变化的程度是不一样的。

(5) 包装状况。包装虽然不是产品本身的构成部分，但它却是商品流通过程中产品的载体。大部分商品都有包装，其主要功能是保护商品。包装形式、包装材料、包装技法等，对商品的变化都会产生一定的影响。

2) 影响商品质量变化的外因

影响库存商品变化的外界因素很多，从大的方面可分为自然因素和社会因素两大类。这里主要介绍自然因素。

(1) 温度。适当的温度是商品发生物理变化、化学变化和生物变化的必要条件。温度过高、过低或急剧变化，都会对某些商品产生不良影响，促使其发生各种变化。如易燃品、自燃品，温度过高容易引起燃烧；含有水分的物质，在低温下容易结冻失效；精密仪器仪表在温度急剧变化的情况下会影响其准确性。

(2) 湿度。大气湿度对库存商品的变化影响最大。大部分商品怕潮湿，但也有少数商品怕干燥。过分潮湿或干燥，会促使商品发生变化。如金属受潮后锈蚀，水泥受潮后结块硬化；木材、竹材及其制品，在过于干燥的环境中，易开裂变形。

(3) 日光。日光实际上是太阳辐射的电磁波，按其波长，可分为紫外线、可见光和红外线。紫外线能量最强，对商品的影响最大，它可促使高分子材料老化、油脂酸败、着色物质褪色等。可见光与红外线能量较弱，它被物质吸收后变为热能，加速商品发生物理化学变化。

(4) 大气。大气是由干洁空气、水汽、固体杂质组成的。空气中的氧、二氧化碳、二氧化硫等，对商品都会产生不良影响，大气中的水汽会使湿度增大；大气中的固体杂质、特别是其中的烟尘危害也很大。

(5) 生物及微生物。影响商品变化的生物，主要是指仓库害虫、白蚁、老鼠、鸟类等，其中以虫蚀鼠咬危害最大；微生物主要是霉菌、木腐菌、酵母菌、细菌等，如霉菌会使很多有机物质发霉，木腐菌使木材、木制品腐朽。

2. 商品的养护和保管措施

【你知道吗？】

对在库储存的商品管理要建立健全定期和不定期、定点和不定点、重点和一般相结合的检查制度。

必须严格控制库内温湿度和做好卫生清洁管理。"以防为主、防治结合"是保管保养的核心，要特别重视物品损害的预防，及时发现和消除事故隐患，防止损害事故的发生。特别要预防发生爆炸、火灾、水浸、污染等恶性事故和造成大规模损害的事故。在发生、发现损害现象时，要及时采取有效措施，防止损害扩大，减少损失。

仓库保管保养的措施主要有：经常对物品进行检查测试，及时发现异常情况；合理地对物品通风；控制阳光照射；防止雨雪水浸湿物品，及时排水除湿；除虫灭鼠，消除虫鼠害；妥善进行湿度控制、温度控制；防止货垛倒塌；防霉除霉，剔除变质物品；对特殊物品采取针对性的保管措施等。

1）仓库的温湿度管理措施

影响仓储商品质量变化的环境因素有很多，其中最重要的是仓储的温湿度。商品对温度和湿度都有一定的适应范围，如果超过此范围就会对商品产生不良影响，甚至会发生质的变化。过高、过低的温度和过于潮湿的空气，对商品的储存保养都是不利的。因此，商品养护的首要问题就是采用科学的方法控制与调节温湿度，使之适合于商品的储存，以保证商品完好无损。仓库里所指的温度，库房外叫气温，库房内的叫库温，储存物品的温度叫垛温。气温对库温有直接影响，对垛温有间接影响。温度的表示方法主要有两种：一是摄氏温度，以"℃"表示；二是华氏温度，以"F"表示。

空气湿度是指空气中水蒸气含量多少的程度，常以绝对湿度、相对湿度和饱和湿度来表示。

绝对湿度是单位体积空气中实际所含水蒸气的重量。绝对湿度按密度计算，即每立方米的空气中，所含的水蒸气量。

饱和温度是在一定气压、气温的条件下，单位体积空气中所能含有的最大水蒸气重量。空气中的水蒸气超过饱和温度时，剩余的水蒸气凝成水珠附在冷的物体上，这种现象称为"水淞"，它对物品的储存是很不利的。

相对湿度是空气中实际含有水蒸气量与同温度下饱和水蒸气量的百分比。相对湿度表示空气的干湿程度，但它不能表示空气中究竟含有多少水分。相对湿度的大小在很大程度上决定水分蒸发的快慢，因此物品的吸湿受潮时间的长短、金属生锈的快慢等是由相对湿度决定的。仓库是否应该通风时，应以绝对湿度作为依据。不同种类商品对于温湿度的要求也是不同的，见表3-17。

表3-17 部分商品的安全温度和湿度表

商品名称	安全温度/℃	安全相对湿度(%)
麻织品	25	55～65
丝织品	20	55～65
毛织品	20	55～65
皮革制品	5～15	60～75
橡胶制品	25以下	80以下
金属制品	35以下	75以下

续表

商品名称	安全温度/℃	安全相对湿度(%)
竹木制品	30 以下	60～75
塑料制品	-5～25	80 以下
玻璃制品	80 以下	80 以下
人造革	-10～20	75 以下
纸制品	35 以下	75 以下

绝对湿度、饱和湿度和相对湿度的关系，可用下式表示，即

相对湿度＝绝对湿度/饱和温度

当含有水蒸气的热空气进入库房，遇到冷的物体（如金属、地面等），会使冷物体周围的空气湿度降到露点，则空气中的水蒸气就会凝结在物体的表面上。引起金属生锈的相对湿度的范围，称为金属生锈的临界湿度。铁的临界湿度为 65%～70%，钢的临界湿度为 70%～80%。因此，不管采取什么防潮措施，都应使库房内的相对湿度降低到金属的临界湿度以下。

(1) 仓库温、湿度变化情况。温度和湿度是在经常变化的，是有周期性和规律性的。一日之中，气温在日出之后逐渐升高，午后又逐渐降低。绝对湿度的规律是：陆地上每日清晨温度最低时，绝对湿度最小；此后，当温度上升时，绝对湿度也逐渐增大，至上午 10:00 达最高；此后，因热交换作用，使空气上下混合，绝对湿度反而降低，至下午 3:00 达第二个最低点，此后再逐渐升高；至晚上 9:00 达第二次高潮，此后又减小。这种变化在夏天最为明显。一年之中，从冬到春到夏，气温逐渐升高，绝对湿度一般也逐渐增大。从夏到秋到冬，气温逐渐降低，绝对湿度也逐渐减小。相对湿度的日变化主要取决于气温。当气温升高时，水汽远离饱和态，相对湿度减小。最低的相对湿度出现在温度最高的时候，即下午 2:00～3:00；而最高的相对湿度出现在温度最低的时候，即日出之前。

仓库内温度、湿度的变化基本与库外相似，但仍受不同具体环境的影响。库内四角，空气不流通，湿度通常偏高。库内向阳一面，因气温高，相对湿度偏低；背阴一面则相反。

【你知道吗?】

库内上、下部位的湿度也有明显的差别，尤其在夏季气温较高的时候更为明显。上部因空气的温度较高，相对湿度较小；下部因靠近地面气温较低，相对湿度则较高。实验表明，库内上部相对湿度平均为 65%～80%，接近地面和垛底的相对湿度平均达 85%～100%。靠近门窗的物资易受潮。水泥地面和沥青地面，在温、湿度变化或通风不当时，常会在上面结露，产生水膜，增加库内底层的湿度。垛位顶部、四周与货垛内部，因通风情况不同，也会产生湿度上的很大差异。

(2) 温湿度控制的方法。温湿度是商品质量变化的重要因素。控制与调节温湿度，必须熟悉商品的性能，了解商品质量的变化规律及商品储存的最适宜温湿度；掌握本地区的气候变化规律及气象、气候知识；采取相应措施控制温湿度的变化，对不适宜商品储存的温湿度要及时调节，保持适宜商品安全储存的环境。控制温湿度最常用的方法有密封、通风、吸湿等。

① 密封。密封是利用一些不透气、能隔热隔潮的材料，把商品严密地封闭起来，以隔绝空气，降低或减少空气温湿度变化对商品的影响。此方法常与通风、吸潮结合运用。

【你知道吗?】

密封的方法

（1）整库存密封：适用于数量大、整出整进或进出不频繁的仓库。
（2）按垛密封：适用于露天存放的易生锈物资。
（3）货架密封：适用于出入频繁、怕潮、易锈和易霉的小件物资。
（4）按件密封：适用于皮革制品、金属制品、乐器和仪表制品等物资。

密封保管应注意的事项

（1）密封前要检查货物质量、温度和含水量是否正常，如发现生霉、生虫、发热等现象就不能进行密封；发现货物含水量超过安全范围或包装材料过潮，也不宜密封。
（2）密封的时间要根据货物的性能和气候情况来决定。怕潮、怕熔化、怕霉的货物，应选在相对湿度较低的时节进行密封。
（3）密封材料，常用的有塑料薄膜、防潮纸、油毡纸、芦席等。密封材料必须干燥清洁，无异味。
（4）密封常用的方法有整库密封、小时密封、按垛密封以及按货架、按件密封等。

② 通风。通风就是利用库内外空气温度不同而形成的气压差使库内外空气对流，达到调节库内温湿度的目的。通风既能起到降温、降潮或升温的作用，又可排出库内的污浊空气，使库内空气适宜于储存商品的要求。

【你知道吗?】

通风有自然通风和机械通风两种。
（1）自然通风：开启库房门窗和通风口，让库房内外空气自然交换。
（2）机械通风：利用通风机械，如排气扇等产生的退压力或吸引力，使库内外空气形成压力差，从而强迫库内外空气发生流动和置换。

（3）吸湿。吸湿是利用物理或化学的方法，将库内潮湿的空气中的部分水蒸气除去，以降低空气湿度。在梅雨季节或阴雨天，当库内湿度过高，不适宜商品保管，而库外湿度也过大，不适宜进行通风、散潮时，可以在密封库内用吸潮的办法降低库内湿度。仓库中通常使用的吸潮剂有氯化钙、硅胶等。仓库普遍使用的是机械吸潮方法。吸湿机把库内的湿空气通过抽风机吸入吸湿机冷却器内，使它凝结为水而排出。吸湿机一般适宜于储存棉布、棉针织品、贵重百货、医药、仪器、电工器材和烟糖类的仓库吸湿。

2）防腐防霉措施
（1）影响霉腐微生物生存的外界条件。
① 水分和空气湿度。当空气相对湿度达到75％以上时，多数商品的含水量才可能引起霉腐微生物的生长繁殖。因而通常把75％这个相对湿度叫做商品霉腐临界湿度。在储存环境的空气相对湿度低于75％时，多数商品不易发生霉腐。水果、蔬菜等本身含水较多的食品，相对湿度要求比一般商品高，储存适宜湿度为85％～90％，但温度不宜过高。
② 温度。根据微生物对温度的适应能力，可将其分为低温性微生物、中温性微生物和高

温性微生物。每一类型的微生物对温度的要求又分为最低生长温度、最适生长温度和最高生长温度,超过这个范围其生长会滞缓或停止,具体要求见表3-18。在霉腐微生物中,大多数是中温性微生物,最适宜生长温度为25℃～37℃,在10℃以下不易生长,在45℃以上停止生长。

表3-18 种类型微生物温度表　　　　　　　　　　　　　　单位:℃

类　　型	最 低 限	最适温度	最高温度
低温性微生物	0	5～10	20～30
中温性微生物	5	25～37	45～50
高温性微生物	30	50～60	70～80

③ 光线。多数霉腐微生物在日光直射下,经过1～4小时即能大部分死亡。所以,商品大都是在阴暗的地方容易霉腐。

④ 溶液浓度。多数微生物不能在浓度很高的溶液中生长。因为浓度很高的溶液能使菌细胞脱水,造成质壁分离,使其失去活动能力甚至死亡,但也有少数微生物对浓度高的溶液有抵抗能力。

⑤ 空气成分。多数霉腐微生物特别是霉菌,需要在有氧条件下才能正常生长,在无氧条件下不形成孢子。二氧化碳浓度的增加不利于微生物生长,如果改变商品储存环境的空气成分,如使二氧化碳逐渐增加,使氧逐渐减少,那么微生物的生命活动能力就要受到限制,甚至导致死亡。常见易霉腐商品见表3-19。

表3-19 常见易霉腐商品表

分　　类	商　　品
食品	糖果、饼干、糕点、饮料、罐头、肉类、鱼类和鲜蛋类
日用品	化妆品
药品	以淀粉为载体的片剂、粉剂、丸剂,以糖液为主的各种糖浆,以蜂蜜为主的蜜丸,以动物胶为主的膏药,以葡萄糖等溶液为主的针剂等
皮革及其制品	皮鞋、皮包、皮箱和皮衣等
纺织品	棉、毛、麻、丝等天然纤维及其制品
工艺品	竹制品、木制品、草制品、麻制品、绢花、面塑、绒绣等

(2) 预防商品腐霉的措施。

① 加强入库验收。易霉商品入库,应先检查其包装是否潮湿,含水量是否超过安全范围。

② 控制自然条件。加强仓库温湿度管理,根据商品的不同性能,正确地运用密封、吸潮及通风相结合的方法,管理好库内温湿度,特别是在梅雨季节,要将相对湿度控制在不适宜于霉菌生长的范围内。

③ 选择合理的储存场所。易霉商品应尽量安排在空气流通、光线较强、比较干燥的库房,并应避免与含水量大的商品一起储存。

④ 合理堆码，下垫隔潮。商品堆垛不应靠墙靠柱。

⑤ 商品进行密封。

⑥ 做好日常的清洁卫生。仓库里的积尘能够吸潮，容易使菌类寄生繁殖。

⑦ 化学药剂防霉。对已经发生霉腐但可以挽救的商品，应立即采取措施，以免霉腐继续发展，造成严重损失，根据商品性质可选用晾晒、加热消毒、烘烤、熏蒸等方法。

(3) 预防商品霉腐的方法。

① 温控法。常用的提高温度防霉腐方法是利用日光曝晒。在某些地方，夏季日光直晒温度可达 50℃ 以上，大多数霉菌均可被杀灭。日光中含有的大量紫外线能直接杀灭霉菌。可在库房内安装紫外线灯定期照射，进行环境消毒防霉，如纸烟库、中药材库、农副产品库等。

② 湿控法。水是微生物生存的必要条件，空气的干湿程度直接影响微生物体内水分含量。通过控制空气的湿度，可直接影响微生物体内水分含量，使其不断失去体内水分，从而达到抑制其生长的目的。对一些易发生霉腐的物资可以通过通风、摊晾、日晒或烘烤等使水分蒸发，从而达到防霉防腐的目的。

③ 化学方法。化学方法即把抑制微生物生长的化学药物放在货物或包装内进行防腐的方法。常用的防腐剂性能和使用方法见表 3-20。

表 3-20 仓库常用防腐剂性能和使用方法

名 称	性 能	使用方法	适用范围
水杨酰苯胺	毒性较低，具有较高的稳定性	将浓度为 0.2%～0.6% 的溶液喷洒或涂刷在商品上	用于针纺织品、鞋帽、皮革、纸张等商品
多菌灵	化学性质较稳定，毒性很低，对商品无毒副作用	以 0.025% 浓度的乳液浸泡水果，或以 0.1%～0.3% 浓度的乳液涂刷在其他商品上	用于针纺织品、纱线、皮革制品、鞋帽以及水果、蔬菜等
多聚甲醛	在空气中能慢慢释放出甲醛气体，从而杀死霉腐微生物	直接放置在仓库中，每立方米空间用量在 1 724g，放置人员应戴口罩和护目镜	用于单胶工作服、雨衣、布鞋以及皮革和毛皮制品等
托布津	对人畜毒性很小，无积累性毒副作用	以浓度为 0.05% 的水溶液浸泡水果、蔬菜等	用于水果、蔬菜等商品
二氧乙烯水杨酰胺	白色粉末，无臭、无味、无刺激性，不易溶于水	浓度为 0.3%～0.4% 的胶悬液	对皮革防霉有显著效果
百菌清	白色结晶体，无臭、无味，微溶于水，能溶于丙酮等有机溶液	浓度为 0.2%～0.3% 的溶液	常用于皮革制品防霉

④ 除氧剂除氧法。通过把易霉腐物资放在严格密封的包装内，再放入化学除氧剂，使包装内氧浓度到达 0.1% 以下，就可以达到防止发生霉腐的目的。化学除氧剂种类很多，以铁粉为主成分的效果最好，适用于各种食品、中药材、电子元件、光学零件、精密仪表等的防霉腐。

⑤ 低温冷藏防霉腐。低温冷藏是利用液态氨、天然冰或人造冰及冰盐混合物等制冷剂降低温度，或通过将商品放置在专门的冷藏库的方式，保持储存中所需要的低温。利用低温来

降低霉腐微生物体内酶的活性，从而抑制其繁殖生长。鲜肉、鲜鱼、鲜蛋、水果和蔬菜，多采用低温冷藏的方法进行长期保管。但不同仓储物资对低温的要求不同。如鲜蛋最好在-1℃的条件下保存，果蔬的温度要求在0～10℃之间，鱼、肉等在-28～-16℃时可以较长期储存。

⑥ 气相防霉腐法。气相防霉腐是通过控制环境中空气各成分的含量并结合适度的低温，使储存物品处于半休眠状态，以达到保鲜防腐的目的。该方法适用于粮食、农副土特产品、中药材、副食品、果品、蔬菜以及竹木制品、皮革制品、棉、毛、丝、麻织品等。

⑦ 物理方法。

（a）紫外线。日光中含有大量的紫外线，有杀灭霉菌的作用。对一些不怕日晒的粮食、农副产品、中药材、棉麻制品等进行暴晒，既能杀灭其表面的霉菌，又可以通过日光照射将其所含的过多水分蒸发掉以抑制霉菌生长。

（b）微波。利用微波引起货物分子的震动和旋转，使分子间摩擦而产生热，使霉腐微生物体内温度上升而被杀灭。该方法适用于粮食、食品、皮革制品、竹木制品、棉织品等的储存防霉。

（c）辐射。利用放射性同位素释放的各种射线来照射易腐商品。这种方法适用于医疗器材、日用品、食品、皮革制品、纸烟、烟叶和中药材的防霉，效果十分显著。

⑧ 加强仓储环境管理。加强储存环境管理，控制霉微生物生长繁殖的条件及减少霉微生物对商品的破坏，是防治商品霉腐的关键工作。

(4) 霉腐商品的救治。如果霉腐商品发现的早，采取适当的方法是可以进行挽救的。霉腐商品的救治应该经过去湿、灭菌及刷霉3个过程。

商品发霉一般都是从受潮开始，控制商品中的水分，可以有效防止商品进一步霉变。常见的去湿方法有暴晒、摊晾及烘烤3种。

去除商品上的霉腐还可以从灭菌入手，杀灭了商品上的致霉微生物，就能够防止商品的进一步霉腐。常用灭菌的方法主要有药剂熏蒸灭菌、紫外线灭菌及加热灭菌3种方法。

适宜的温度也是微生物生长的必要条件，因此可以通过加热的方法抑制微生物的生长繁殖，使其死亡。加热灭菌法分为干热灭菌法及湿热灭菌法两种。干热灭菌法适用于怕潮而不怕高温的商品，如干果、干菜等。湿热灭菌法适用于那些不怕高温高湿，而不宜干热的商品。此外，对于不怕水浸的商品如竹制品，也可以置于沸水中灭菌。经过湿热灭菌的商品，必须经过晾晒干燥后，才能包装堆垛。

凡发生霉变的物品，经过上述方法处理后，商品自身水分已降低，霉菌也被杀死，可以用毛刷将商品上的霉迹刷除，从而使商品恢复原有的本色。

3) 防虫害措施

仓库害虫的种类很多，世界上已定名的有500多种。在我国发现有近200种，在仓储部门已发现危害商品的就有60多种，严重危害商品的达38多种。主要仓库害虫有黑皮蠹、竹厂蠹、烟草甲、锯谷盗、袋衣蛾。常见易虫蛀的货物及其被危害方式，见表3-21。

仓库内害虫大多来源于农作物，由于长期生活在仓库中，其生活习性逐渐改变，能适应仓库的环境而继续繁殖，其具有以下4方面的特性。

(1) 适应性强。仓库害虫一般能耐热、耐寒、耐干、耐饥，并具有一定的抗药性。适宜仓库害虫生长繁殖的温度范围一般为18～35℃，仓库害虫在5～8月间生长繁殖最为旺盛，一般能耐 38~45℃ 的高温。在 10℃ 以下，大多数仓库害虫停止发育，0℃ 左右处于休眠状态，但不易冻死。而且大部分仓库害虫能耐长期的饥饿，如黑皮蠹能耐饥 5 年，花斑皮蠹的休眠幼虫能耐饥 8 年，体长 7~8mm 的幼虫，可缩小到 2.5mm，一旦复食很快就会长大。

表 3-21　易虫蛀商品及其被危害方式

商品类型	主要虫害	危害方式
毛、丝织品与毛皮制品	皮蠹、袋衣蛾、织网衣蛾、毛毡衣蛾以及毛衣鱼等	咬断纤维或将织品蛀成细小的孔洞
竹藤制品	竹长蠹、角胸长蠹、褐粉蠹和烟草甲	将商品蛀成细小的孔洞
纸张及纸制品	毛衣鱼、白蚁	将纸张及纸制品蛀成小孔、碎片
卷烟、烟叶	烟草甲、烟草粉螟	啃食烟叶、烟丝把卷纸蛀出小孔
干果	锯谷蠹、花斑皮蠹、米象、咖啡豆象等	将商品蛀出孔洞，并在商品上产卵

（2）食性广杂。仓库害虫的口器发达，便于咬食质地坚硬的食物，大多数仓库害虫具有多食或杂食性。

（3）繁殖力强。由于仓库环境气候变化小，天敌少，食物丰富，活动范围有限，雌雄相遇机会多等原因，仓库害虫繁殖力极强。

（4）活动隐蔽。大多数仓库害虫体型很小，体色较深，隐藏于阴暗角落或在商品中蛀成"隧道"危害商品，难以发现，寒冬季节又常在板墙缝隙中潜伏过冬。

常见害虫感染途径见表 3-22。

表 3-22　常见害虫感染途径及预防方法

感染途径	途径说明	预防方法
货物内潜伏	货物在入库前已有害虫潜伏其中，如农产品一般均含有害虫或虫卵，在加工的过程中，如果没有进行彻底的杀虫处理，成品中就会出现害虫	做好货物入库前的检疫工作，确保入库货物不携带害虫及虫卵
包装内隐藏	仓库包装物内有害虫，入库货物放入包装后，害虫即可以危害货物	对可重复利用的包装物进行定期消毒，杀死其中隐藏的害虫
运输工具感染	运输工具如果装运过带有害虫的货物，害虫就可能潜伏在运输工具中，进而感染其他商品	注意运输工具的消毒，运输时严格区分已感染货物与未感染货物
仓库内隐藏	害虫还可能潜藏在仓库建筑的缝隙以及仓库内的各种备用器具中，或者在仓库周围生长，并最终进入仓库	做好库房内外环境的清洁工作，对库房内用具进行定期消毒，防止害虫滋生
邻垛之间相互感染	当某一货垛感染了害虫后，害虫有可能爬到邻近的货垛	对已经感染了害虫的货垛及时隔离，并对其相邻货垛进行严密监控

杜绝仓库害虫来源：要杜绝仓库害虫的来源和传播，必须做好货物原材料的杀虫、防虫处理，入库货物的虫害检查和处理和仓库的环境卫生及备品用具的卫生消毒等细致的工作。

开展虫害防治工作时，除了可以选用药物防治外，还可以采用高、低温杀虫，缺氧防治，辐射防治以及各种合成激素杀虫等。

4）防锈措施

金属制品受温度、湿度、氧、有害气体、商品包装、灰尘等因素的影响，经常会发生锈蚀现象。由于受不同环境的影响，金属锈蚀可分为大气锈蚀、海水锈蚀、土壤锈蚀、接触锈蚀等。

(1) 金属制品的防锈措施。

① 控制环境法。金属制品最经济、有效的防锈方法就是严格按照金属材料及其制品的保管要求来进行储存，杜绝促使其锈蚀的一切因素。

首先要选择保管场地。应根据金属商品的性质确定具体存放方式，确保存放金属商品的库房、货棚及货场，远离产生有害气体和粉尘的厂房建筑，而且金属商品要与酸、碱、盐等分开存放。

其次，在商品入库时，要进行严格检查，并对金属商品表面进行清理，清除水迹、油污、泥灰等脏物。对于已有锈迹的，要立即除锈。

再次，要采用合理的堆码及苫垫方法，减少金属锈蚀的几率。

最后，控制仓库的湿度。相对湿度在60%以下，就可以防止金属制品表面凝结水分、生成电解液层而遭受电化学腐蚀。但由于相对湿度60%以下较难达到，一般库房可以将其控制在65%~70%以下。

② 隔离金属商品。与控制存储环境这种方法相比，将金属商品与环境隔离开，是一种短期的、高成本的方法。它适用于数量少、保管要求较高的金属商品的防锈。一般采用涂油防锈法（在金属表面涂刷一层油脂，使金属表面与空气和水隔绝）和气相防锈法（利用挥发性缓蚀剂，在常温下挥发出的缓蚀气体，阻隔腐蚀介质的腐蚀作用）。

(2) 除锈的方法。

① 手工除锈：是指用简单的除锈工具，通过手工擦、刷、磨等操作，将金属商品上的锈斑、锈痕除去的一种方法。常见的手工除锈方法见表3-23。

表3-23 常见手工除锈方法

除锈工具	操作方法	除锈范围
钢丝刷	先用钢丝刷或铜丝刷打锈，再用废布将商品擦拭干净	各种铜管、水暖器材、铁板等
砂布	用砂布直接擦拭，再蘸取去污粉、煤油擦拭，最后再用干抹布擦拭一次	各种小五金工具、配件及一般精密仪器，如钢珠、轴承、天平等
木屑	把清洁干燥的木屑撒在板材上，然后用旧布盖住进行擦拭，最后将木屑扫净，并用干抹布再擦拭一次	钢板上的轻、中度锈蚀

② 机械除锈：是通过专用机械设备进行除锈的一种方法，它具有效率高、人力省、开支小等特点。用机械除锈，一般有抛光法、钢丝轮除锈法和喷射法3种。抛光法是用软质的棉布、帆布等制成抛光轮，利用电机带动，在高速旋转下将锈除去。钢丝轮除锈法是用金属制成的轮刷，在电动机的带动下，高速旋转去锈。喷射法是将砂粒等强力喷射到金属表面，借其冲击与摩擦的作用将锈去除。

③ 化学除锈：是利用能够溶解锈蚀物的化学品，除去金属制品表面上锈迹的方法。它具有操作方便、设备简单、效率高、效果好等优点，特别适用于形状复杂的商品。

5) 仓库安全管理措施

仓库安全管理主要包括治安保卫管理、消防安全管理、防台风及雨湿管理、作业安全管理4个方面的内容。

(1) 治安保卫管理。仓库的治安保卫工作主要有防盗、防火、防抢、防破坏、防骗以及员工人身安全保护、保密等工作。治安保卫工作不仅有专职保安员承担的工作(如门卫管理、治安巡查、安全值班等),还有大量的治安工作可由在岗的员工负责(办公室防火防盗、财务防骗、商务保密、仓库员防火、锁门关窗等)。仓库主要的治安保卫工作及要求如下。

① 守卫大门和要害部门。仓库需要通过围墙或其他物理设施与外界隔离,设置一至两个大门。仓库大门是仓库与外界的连接点,象征着仓库的地域范围,也是仓储承担货物保管责任的分界线。大门守卫是维持仓库治安的第一道防线。大门守卫负责开关大门,限制无关人员、接待入库办事人员并及时审核身份与登记,禁止入库人员携带火源、易燃易爆物品,检查入库车辆的防火条件,指挥车辆安全行驶、停放,登记入库车辆,检查出库车辆,核对出库货物与放行条内容是否相符,收留放行条,查问和登记出库人员随身携带的物品,特殊情况下有权查扣物品、封闭大门。对于危险品仓、贵重品仓、特殊品仓等要害部位,需要安排专职守卫看守,限制无关人员接近,防止危害、破坏和失窃。

② 治安检查。治安责任人应按规章准则经常检查治安保卫工作。治安检查实行定期检查与不定期检查相结合的制度。班组每日检查、部门每周检查、仓库每月检查,及时发现治安保卫漏洞、不安全隐患,通过有效手段消除各种隐患。

③ 治安应急。治安应急是指仓库发生治安事件时,采取紧急措施,防止和减少事件造成损失的制度。治安应急需要通过制订应急方案,明确确定应急人员的职责,规定发生事件时的信息(信号)发布和传递方法。这些应急方案要在平时经常进行演习。

④ 巡逻检查。由专职保安员不定时、不定线、经常地巡视整个仓库的安全保卫工作。巡逻检查一般由两名保安员共同进行,携带保安器械和强力手电筒。保安员应查问可疑人员,检查各部门的防卫工作、关闭无人逗留的办公室、关好仓库门窗、关闭电源,禁止挪用消防器材,检查仓库内有无异常现象、停留在仓库内过夜的车辆是否符合规定等。巡逻检查中发现不符合治安保卫制度要求的情况,应采取相应的措施处理或者告知主管部门处理。

⑤ 防盗设施、设备的使用。仓库的防盗设施大至围墙、大门、防盗门,小到门锁、窗,仓库应该根据法规规定和治安保管的需要设置和安装这些设施。仓库使用的防盗设备除了专职保安员的警械外,主要有视频监控设备、自动警报设备、报警设备,仓库应按照规定合理利用配置的设备,专人负责操作和管理,确保其有效运作。

(2) 消防安全管理。仓库消防管理的方针是"预防为主、防消结合"。重视火灾的预防工作,以消除火灾隐患为管理的最终目标。仓库消防管理工作包括仓库建设时的消防规划、消防管理组织、岗位消防责任、消防工作计划、消防设备配置和管理、消防监督和检查、消防日常管理、消防应急与演习等。

仓库的消防管理是仓库安全管理的重要组成部分,实行专职和兼职管理相结合的制度,使消防管理覆盖仓库每一个角落。消防工作采用严格的责任制,采取"谁主管谁负责,谁在岗谁负责"的制度。明确规定每个岗位每个员工的消防责任,并采取有效的措施督促执行。

仓库需制定严格和科学的消防规章制度,制定火源、电源、易燃易爆物品的安全管理和值班巡逻制度,严格执行上述规章制度并制定合适的奖惩制度,激励员工做好消防工作。

【你知道吗?】

仓库火灾的种类

(1) 普通火灾。普通可燃固体所发生的火灾,如木料、化纤、棉花、煤炭等。普通火灾虽然说燃烧扩散较慢,但会深入燃烧物内部,灭火后重燃的可能性极高。普通火灾应使用水进行灭火。

(2) 电气火灾。电器、供电系统漏电所引起的火灾,以及具有供电的仓库发生火灾,其特征是在火场中还有供电存在,有可能使员工触电;另外,由于供电系统的传导,还会在电路的其他地方产生电火源。因此在发生火灾时,要迅速地切断供电,采用其他安全方式照明。

(3) 油类火灾。各种油类、油脂发生燃烧引起的火灾。油类属于易燃品且具有流动性,烧着的油,会迅速扩大着火范围。油类轻于水,会漂浮在水面,随水流动,因此不能用水灭火,只能采用干粉、泡沫等灭火手段。矿物提取油应存放在专用油库中,不得存在普通油库中,但普通仓库中可存放食用油类。

(4) 爆炸性火灾。容易引发爆炸的货物,或者火场内有爆炸性物品,如可发生化学爆炸的爆炸危险品、物理爆炸的密闭容器等都可造成爆炸性火灾。爆炸不仅会加剧火势,扩大燃烧范围,更危险的是直接造成人身安全的危害。发生这类火灾首要的工作是保证人身安全,迅速撤离人员。

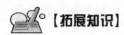【拓展知识】

仓库防火方法

(1) 严格把关、严禁将火种带入仓库。库区内严禁吸烟、严禁用火炉取暖。存货仓库内严禁明火作业。库房内禁止使用和设置移动照明设备。

(2) 严格管理库区明火。库房外使用明火作业,必须在专人监督下按规章进行,明火作业后彻底消除明火残迹。库区内的取暖、烧水炉应设置在安全地点,并由专门人员进行看管。库区及周围 50m 范围内,严禁燃放烟花爆竹。

(3) 作业机械防火。进入库区的内燃机械必须安装防火罩,电动车要装设防火星溅出装置,蒸汽机车要把送网器和灰箱关闭。车辆装卸货物后,不能停放在库房、库区与货场内,更不得在库内修理车辆。作业设备会产生火花的部位要设置防护罩。

(4) 入库作业防火。装卸搬运作业时,作业人员不得违章采用滚动、滑动、翻滚、撬动的方式作业,尽量避免使用能够产生火花的器具;避免跌落、撞击货物;对容易产生静电的作业,要采取消除静电措施。货物入库前,由专人负责检查,确定无火种和隐患后(如无升温发热、焦味、燃烧痕迹等)才能准许入库。对已升温的货物,要采取降温措施后才能入库。

(5) 电气设备防火。库区内的供电系统和电器应经常检查,发现损害、老化、不能完全绝缘时,及时更换。每个库房应该在库房外设置独立的开关箱,保管人员离库时,必须拉开电闸断电。不能使用高温灯具替代低温照明,防爆灯具不得改用普通灯具。

(6) 安全选择货位。货物要合理地分类、分垛储存。对于会发生化学反应的货物应彼此远离,消防方法不同的货物不得同仓储存。根据货物的消防特性选择合适的货位,如通用位置、低温位置、光照位置、干燥位置、方便检查位置、少作业位置等。

(7) 保留足够安全间距。货垛大小合适,间距符合要求。堆场堆垛应当分类、分组、分堆和分垛,按照防火规范的防火距离的要求保留间距。库房内按类分垛,每垛占地面积不宜大于 100m²。垛与垛之间距离不少于 1m,垛与墙间距不少于 0.5m,垛与梁、柱的间距不小于 0.3m,货垛与水暖管道、散热器间距不小于 0.3m,库内主要通道的宽度不小于 2m。

在照明灯具下方不允许码放货物,其垂线下方与库存货品间距不得小于 0.5m,电气设备周围间距保留

1.5m，架空线路下方严禁堆放货物。不得占用消防通道、疏散楼梯，不可将消防器材围挡。

（8）及时处理易燃杂物。对于仓库作业中使用过的油污手套、油污棉纱、油污垫料等沾油纤维、残料、可燃包装等，应当存放在仓库以外的安全地点（封闭铁桶、铁箱内）并定期处理。仓库作业完毕，应当对通道、货垛边、作业线路进行彻底的清理清扫，对库区、库房进行检查，确认安全后，方可离开。

（9）严管危险品仓库。危险品仓库对消防工作有更高的要求，严禁一切火源入库，拖拉机、汽车不准入库，在仓库内要使用防爆作业设备，使用防爆电气设备。

（10）货物防火保管。仓库管理人员应经常检查仓库内的防火情况，按防火规程实施防火作业。经常检查易自燃货物的温度，保证库内良好的通风，对存放在库内已经较长时间的货物应掀开部分遮盖物进行通风与除湿。气温高时对易燃液体、易燃气体洒水降温。苫盖好货物，阻止阳光的直射或反射。经常查看电气设备工作状态，及时发现不良情况。仓库保管中发现不安全情况应及时报告，迅速采取有效措施，消除隐患。

(3) 防台风及雨湿管理。

① 防台风工作管理。在华南、华东沿海地区的仓库，都会受到台风的危害。处在这些地区的仓库要高度重视防台风工作，将台风造成的损失降到最低。仓库应设置专门的防台风办公室或专门人员，负责研究仓库的防台风工作，制定防范工作计划，接收天气预报和台风警报；在当地气象部门的指导之下，组织防台风检查，管理相关文件；承担台汛期间的联络组织工作。

仓库主要负责人应亲自领导或参加防台风工作，组成防台风指挥部。在台汛期到来之前，防台风指挥部要组织检查全库的防台风准备工作，及时消除各种可能扩大损害的隐患，督促各部门准备各种防台风工具、制定抗台风措施，组织购买抗台风物料并落实保管责任。在台汛期间，建立物资供应、通信联络、紧急抢救、排水、机修、堵漏、消防等临时专业小组，明确小组成员所承担的责任。

② 防雨湿管理。在我国的南方地区、长江流域，有充沛的雨水，洪水也主要发生在长江水系，防雨水危害是仓库的一项长年的安全工作。华北和东北地区雨水较少，发生水灾的次数也较少，但也不能放松警惕，如果采取措施不当一样会造成很大的危害。仓储防雨湿工作主要有以下几个方面。

(a) 建设足够的防雨建筑。仓库规划建设时，就要根据仓库经营的定位、预计储存货物的防雨需要，建设足够的货棚、室内仓库等防雨建筑，保证怕水湿货物都能在室内仓储。

(b) 仓库应具有良好的排水能力。仓库建筑、货场场地都要能及时排水，不会积水。整个库区有良好的、足够能力的排水沟渠网络，能保证具有一定数量的正常排水需要，并且加强日常管理，随时保证排水沟渠不淤积、不堵塞；暗渠的入水口的周围不能码放货物和杂物。

(c) 做好货垛衬垫。室内地势较低的仓库，雨季时仓库入口的货位都必须衬垫防水设备。防水湿垫垛要有足够的高度，场地垫垛30～50cm，仓库垫垛10～30cm，尽可能建设高出地面30～50cm的平台货位。

(d) 及时苫盖货物。若仓储的货物需要防湿，在入库作业开始时就要在现场准备好苫盖物料。作业过程中，因下雨和天气不稳定时的停工、休息、作业人员离开时，都要用苫盖材料盖好；天气不好时，已堆好的货垛端头也要及时苫盖；货垛堆好后，堆垛作业人员离开前，必须苫盖妥当。无论天气怎样，怕水湿货物都不能露天过夜。

(4) 作业安全管理。仓库的作业包括运输工具装卸货物、出入库搬运、堆垛上架、拆垛取货等操作过程。仓库作业是仓库生产的重要内容之一,随着其功能的不断延伸,仓库作业的项目会更多、作业量更大。

作业安全涉及货物的安全、作业人员人身安全、作业设备和仓库设施的安全。这些安全事项都是仓库的责任范围,如果出现问题仓库应承担全部责任。因而,仓储作业安全管理是经济效益管理的重要组成部分。仓库对安全管理应予以特别的重视,尤其是重视前期的预防管理,尽量避免发生作业事故。正确认识生产效率与安全作业的关系,将生产效率的提高建立在安全作业的基础上。作业安全管理从作业设备和场所、作业人员两方面进行管理,一方面消除安全隐患,减小不安全的系统风险;另一方面提高人员对安全的防范意识和责任心。

① 人力作业安全要求。

(a) 人力操作只适用于劳动强度低的作业环节。男工人搬举货物每件不超过 80kg,距离不大于 60m;女工不超过 25kg,集体搬运时每个人负荷不超过 40kg。

(b) 尽可能采用人力机械作业。人力机械承重也有一定的限制范围,如人力绞车、拖车、滑车、手推车等承重不超过 500kg。

(c) 适当安排工间休息。每作业 2 小时至少有 10 分钟休息时间,每 4 小时有 1 小时休息时间,并且依照人身生理需要适当进行调整。

(d) 只在安全的环境中进行作业。作业前应使作业员工清楚明白作业要求,让员工了解作业环境,指明危险因素和危险位置。必须有专人在现场指挥和安全指导,严格按照安全规范进行作业指挥。人员应避开不稳定货垛的正面,不在散落、塌陷的位置,不在运行设备的下方等不安全位置作业;在作业设备调位时暂停作业;如果发生安全隐患应及时停止作业,消除安全隐患后方可恢复作业。

(e) 作业人员按要求穿戴相应的安全防护用具,使用合适的作业工具进行作业。采用安全的作业方法,不采用自然滚动和滑动、挖角、推倒垛、挖井、超高等有危险的作业。人员在滚动货物的侧面作业时,要注意与机械的配合,在机械移动作业时员工必须提前站到高处。

② 机械安全作业。

(a) 用合适的设备与机械进行工作。尽可能采用专用设备作业,或者使用专用工具。使用通用设备,必须满足作业需要,并且采取一定的防护措施,如货物绑扎、限位等。

(b) 所使用的设备具有良好的工况。设备不得带"病"作业,特别是设备的承重机件。应在设备的许用负荷范围内进行作业,不能持续性地超负荷作业。从事危险品作业时,需减低 25% 的负荷。

(c) 移动吊车只有在稳定停放后才能作业。叉车不得直接叉运压力容器和未包装货物。移动设备在载货时需控制行驶速度,不得高速行驶。货物不能超出车辆两侧 0.2m,不可以两车同载一个物品。

(d) 载货移动设备上不得载人运行。除了连续运转设备(自动输送线)外,其他设备需停止稳定后方可作业,不能一边运行一边作业。

(e) 设备作业应在专门的技术人员的指挥下进行。指挥人员应采用规定的指挥信号,按作业规范进行作业指挥。

(f) 汽车装卸时,注意车距。汽车与堆物距离不小于 2m,与滚动物品距离不得小于 3m。多辆汽车同时进行装卸时,直线停放的前后车距不得小于 2m,并排停放的两车侧板距离不得小于 1.5m。汽车装载应固定妥当、绑扎牢固。

3.3.6 盘点作业技术

货品因不断的进出库，长期累积下的库存信息容易与实际数量产生不符的现象，或者有些产品因存放过久或存放不恰当，致使品质受影响，难以满足客户的需求。为了有效地掌握商品在库数量，需要对在库商品的数量进行清点，即盘点工作。商品盘点是保证储存货物达到账、货、卡完全相符的重要措施之一。仓库的盘点能够确保商品在库数量的真实性及各种商品的完整性。

【你知道吗？】

在实际工作中商品账实不符的原因主要有以下几个方面。

（1）在商品收发过程中，由于手续不齐或计算、登记上发生错误或漏记，或收发凭证遗失造成的账实不符。

（2）由于计量、检验方面的问题造成的数量或质量上的差错，例如整进零发所发生的磅差。

（3）由于供方装箱装桶时，每箱每桶数量有多有少，而在验收时无法进行每箱每桶核对造成的短缺或盈余。

（4）由于用作新产品开发或样品而又未正常履行商品出入库手续造成数量短缺。

（5）由于贪污、盗窃、徇私舞弊等造成的商品损失。

（6）因气候影响发生腐蚀、硬化、结块、变色、锈烂、生霉、变形及受虫鼠的啃食等，致使商品发生数量减少或无法再使用。

（7）由于自然灾害造成的非常损失和非常事故发生的毁损。

（8）由于保管不善或工作人员失职造成商品的损坏、霉烂、变质或短缺等。

（9）物料在储运过程中发生自然变化或损耗。

由于上述问题的普遍存在。致使储存的商品账实不符，品质、机能受到影响，难以满足生产、流通和客户的要求。

1. 盘点的程序

一般情况下，盘点工作可按下列程序进行。

1）盘点前的准备工作

盘点前的准备工作是否充分，关系到盘点作业能否顺利进行。准备工作主要包括以下几项。

（1）确定盘点的程序和具体方法。

（2）配合会计人员做好盘点准备。

（3）设计、印制盘点用的各种表格。

（4）准备盘点使用的基本器具。

2）确定盘点时间

一般性货品就账物相符的目标而言盘点次数越多越好，但因每次实施盘点必须投入大量的人力、物力、财力，很难经常操作。事实上，导致盘点误差的关键原因在于出入库的过程，可能是因出入库作业传票的出入，检查点数的错误，或是出入库搬运造成的损失，因此一旦出入库作业次数多时，误差也会随之增加。所以，以一般生产厂而言，因其货品流动速度不快，半年至一年实施一次盘点即可。但在物流中心货品流动速度较快的情况下，既要防止过久盘点对公司造成的损失,又要考虑可用资源的限制,因而最好能根据物流中心各货品的性质制定不同的盘点时间,例如,在对商品进行 ABC 分类的物流中心,一般情况如下。

(1) A 类主要货品:每天或每周盘点一次。
(2) B 类货品:每二、三周盘点一次。
(3) C 类较不重要货品:每月盘点一次即可。

未实施商品 ABC 分类管理的物流中心,至少也应对较容易损耗、毁坏及高单价的货品增加其盘点次数。另外需要注意的是,当实施盘点作业时,应尽可能缩短作业时间,以 2~3 日内完成较好。至于选择的日期一般会选择在以下两种情况下。

(1) 财务决算前夕——便于决算损益以及表达财务状况。
(2) 淡季进行——因淡季储货量少、盘点容易,人力比较宽余,且调动人力较为便利。

3) 确定盘点方法

不同的储存场所对盘点的要求不尽相同,盘点方法也会有所差异,为尽可能快速、准确地完成盘点作业,必须根据实际需要确定盘点的方法。

4) 培训盘点人员

盘点的结果如何取决于作业人员的认真程度和程序的合理性。为保证盘点作业顺利进行,必须对参与盘点的所有人员进行集中培训。培训的主要内容是盘点的方法及盘点作业的基本流程和要求。通过培训使盘点工作人员对盘点的基本要领、表格及单据的填写十分清楚。

5) 盘点作业

盘点工作开始时,首先要对储存场所及库存商品进行一次清理。清理工作主要包括以下方面。

(1) 对尚未办理入库手续的商品,应予以表明,不在盘点之列。
(2) 对已办理出库手续的商品,要提前通知有关部门,运到相应的配送区域。
(3) 账卡、单据、资料均应整理后统一结清。
(4) 整理商品堆垛、货架等,使其整齐有序,以便于清点计数。
(5) 检查计量器具,使其误差符合规定要求。
(6) 确定在途运输商品是否属于盘点范围。

盘点人员按照盘点单到指定库位清点商品,并且将数量填入盘点单中实盘数量处。使用盘点机进行盘点,可以采用以下两种方式:一是输入商品编码及数量;二是逐个扫描商品条码。

6) 初盘、复盘

(1) 初盘。在正式盘点之前,仓管人员应先进行盘点并填写盘点表,以便于正式盘点工作的顺利进行。

(2) 复盘。对商品的复盘一般采用实地盘点法。盘点时应注意以下几点。

① 仓库保管人员必须在场,协助盘点人员盘点。
② 按盘点计划有步骤地进行,防止重复盘点或漏盘。
③ 盘点过程中一般采用点数、过秤、量尺、技术推算等方法来确定盘点数量。

其工作步骤为如下。

① 将全体工作人员分组。

② 由小组中一人先清点所负责区域的商品,将清点结果填入各商品的盘存单。
③ 由第二人复点,填入盘存单的下半部。
④ 由第三人核对,检查前两人的记录是否相同且正确。
⑤ 将盘存单交给会计部门,合计商品库存总量。
⑥ 等所有盘点结束后,再与计算机或账册商品进行对照。

相关人员职责见表3-24。

表3-24 相关人员职责

相关人员	职责
填表人	① 填表者拿到盘存单后,应注意是否有重叠。 ② 填表者和盘点者分别在盘存单上签名。 ③ 填表者盘点时,必须先核对货架编号。 ④ 填表者应复诵盘点者所念的各项名称及数量。 ⑤ 对于某些内容已预先填写的盘存单,填表者应在货号、品名、单位、金额等核对无误后,再将盘点者所获得的数量填入盘存表。 ⑥ 盘存表只可填写到指定的行数,空余行数以留作更正用。 ⑦ 填表者对于写错需更正的行次,必须用直尺划去,并在审核栏写"更正第 行"。 ⑧ 填表者填写的数字必须正确清楚,绝对不可涂改。
盘点者	① 盘点者盘点前和填表者分别在盘存单上签名。 ② 盘点者对一个货架开始盘点前,先读出货架编号、盘存表号码、张数,让填表者核对。 ③ 盘点者盘点时原则上由左而右,由上而下,不得跳跃盘点。 ④ 盘点者盘点的顺序(针对同一商品)为:商品货号、商品名称、价格、数量。 ⑤ 盘点者在盘点中应特别注意各角落,避免遗漏商品。 ⑥ 盘点者在盘点商品时,数量必须正确,不可马虎。
核对者	① 应注意盘点者的盘点数量、金额是否正确。 ② 应核对填表者的填写是否正确。 ③ 核对者应监督错误的更正是否符合规定。 ④ 核对者应于每一货架盘点完后,在货架编号卡右上角打"√"。 ⑤ 核对者在盘点仓库商品时,应对每一种商品进行盘点,核对无误后即在存货计算卡上打"√"。 ⑥ 核对者应于商品盘存表全部填写完毕并核对无误后,在审核栏内核对处打"√",右边留做更正、签名及抽查员打"√"用。 ⑦ 核对者审核打"√",应在合计与单位的空白栏间,从右上至左下画斜线并在核对者栏签名。 ⑧ 核对者在盘点期间应确实核对,以发挥核对的作用。
抽查者	① 抽查员应先了解盘存货架的位置、物料摆放的情形及其他知识。 ② 抽查员应接受总督导的指挥调派,在建立配合抽查组织后,开始进行对各组盘存的抽查工作。 ③ 抽查员检查已盘点完成的货架商品,核对其货号、品名、单位、金额及数量是否按规定填写。

7) 盘点结果的处理

（1）盘点差异因素分析。当盘点结束后，发现账货不符时，应追查差异的原因。可以从以下因素着手分析。

① 是否因记账员素质较低，记账及账务处理有误，或进、出库的原始单据丢失，盘点不佳导致账货不符。

② 是否因盘点方法不当，漏盘、重盘或错盘导致账货不符。

③ 是否因盘点制度的缺点导致账货不符。

④ 是否因货账处理制度的缺点，导致商品数目无法表达。

⑤ 是否在容许范围之内。

⑥ 是否可事先预防，是否可以降低货账差异的程度。

（2）盘点结果的处理。商品盘点差异原因追查清楚后，应针对主要原因进行调整与处理，可制定的解决方法如下。

① 依据管理绩效，对分管人员进行奖惩。

② 对废次品、不良品减价的部分，应视为盘亏。

③ 存货周转率低，占用金额过大的库存商品宜设法降低库存量。

④ 盘点工作完成以后，所发生的差错、呆滞、变质、盘亏、损耗等结果，应予以迅速处理，并防止以后再发生。

⑤ 呆滞品比率过大，宜设法研究，致力于降低其比率。

⑥ 商品除了盘点时产生数量的盘亏外，有些商品在价格上会产生增减，这些差异经主管部门审核后，必须利用商品盘点盈亏及价格增减更正表修改，见表 3-25。

表 3-25 商品盘点数量盈亏及价格增减更正表

年　　月　　日

商品名称	单位	账面资料			盘点实存			数量盈亏				价格增减				差异原因	责任人	备注
		数量	单价	金额	数量	单价	金额	盘盈		盘亏		增价		减价				
								数量	金额	数量	金额	单价	金额	单价	金额			

2. 商品盘点的内容和方法

1) 盘点作业的内容

（1）查数量。通过盘点查明库存商品的实际数量，核对库存账面数量与实际库存数量是否一致，这是盘点的主要内容。

（2）查质量。检查商品的质量是否完好。

（3）查保管条件。检查库房内外储存空间与场所利用是否恰当；储存区域划分是否明确，是否符合作业情况；货架布置是否合理；商品进出是否方便、简单、快速；工作联系是否便利；搬运是否方便；传递距离是否太长；通道是否宽敞；储区标志是否清楚、正确、有无脱落或不明显；有无废弃物堆置区；温湿度是否控制良好。检查堆码是否合理稳固，苫垫是否严密，库房是否漏水，场地是否积水，门窗通风洞是否良好等，即检查保管条件是否与各种商品的保管要求相符合。

（4）查设备。检查各项设备使用和养护是否合理；是否定期保养；储位、货架标志是否清楚明确，有无混乱；储位或货架是否充分利用；检查计量器具和工具，如皮尺、磅秤以及其他自动装置等是否准确，使用与保管是否合理，检查时要用标准件校验。

（5）查安全。检查各种安全措施和消防设备、器材是否符合安全要求；检查使用工具是否齐备、安全；药剂是否有效；商品堆放是否安全，有无倾斜；货架头尾防撞杆有无损坏变形；检查建筑物是否损坏而影响商品储存；对于地震、水灾、台风等自然灾害有无紧急处理对策等。

2) 商品盘点方法

（1）商品盘点的种类。商品盘点分为账面盘点及现货盘点两种。

① 账面盘点，又称永续盘点，就是把每天入库及出库商品的数量及单价，记录在电脑或账簿上，而后不断地累计加总算出账面上的库存量及库存金额。

② 现货盘点，又称实地盘点，也就是实地去点数，调查仓库内商品的库存数，再依商品单价计算出库存金额的方法。

因而，如要得到最正确的库存情况并确保盘点无误，最直接的方法是确保账面盘点与现货盘点的结果完全一致。如存在差异，即是产生账货不符的现象，就应分析寻找错误原因，弄清究竟是账面盘点记错还是现货盘点点错，划清责任归属。

（2）商品盘点的方法。

① 动态盘点法是指对有动态变化的商品即发生过收发的商品，即时核对该批商品的余额是否与账、卡相符的一种盘点方法。动态盘点法有利于及时发现差错和及时处理。

② 重点盘点法是指对商品进出动态频率高的，或者是易损耗的，或者是昂贵商品的一种盘点方法。

③ 全面盘点法是指对在库商品进行全面的盘点清查的一种方法，通常多用于清仓查库或年终盘点。盘点的工作量大，检查的内容多，把数量盘点，质量检查，安全检查结合在一起进行。

④ 循环盘点法是在每天、每周按顺序一部分一部分地进行盘点，到了月末或期末则每项商品至少完成一次盘点的方法。它是指按照商品入库的前后顺序，不论是否发生过进出业务，有计划地循环进行盘点的方法。

⑤ 定期盘点法，又称期末盘点，是指在期末一起清点所有商品数量的方法。

期末盘点必须关闭仓库做全面性的商品的清点，因此，对商品的核对十分方便和准确，可减少盘点中的不少错误，简化存货的日常核算工作。其缺点是关闭仓库、停止业务会造成损失，并且动员大批员工从事盘点工作，加大了期末的工作量；不能随时反映存货收入、发出和结存的动态，不便于管理人员掌握情况；容易掩盖存货管理中存在的自然和人为的损失；不能随时结转成本。

采用循环盘点法时，日常业务照常进行，按照顺序每天盘点一部分，所需的时间和人员都比较少，发现差错也可及时分析和修正。其优点是对盘点结果出现的差错，很容易及时查明原因；不用加班，可以节约经费。两者可做以下比较，见表3-26。

表 3-26 期末盘点与循环盘点的差异比较

盘点方式 比较内容	期末盘点	循环盘点
时间	期末、每年仅数次	日常、每天或每周一次
所需时间	长	短
所需人员	全体动员（或临时雇用）	专门人员
盘点差错情况	多且发现很晚	少且发现很早
对营运的影响	须停止作业数天	无
对商品的管理	平等	A 类重要商品：仔细管理 C 类不重要商品：稍微管理
盘点差错原因追究	不易	容易

任务 3.4 出库作业

商品出库是仓库根据业务部门或存货单位开出的商品出库凭证（提货单、调拨），按其所列商品编号、名称、规格、型号、数量等项目，组织商品出库的一系列工作的总称。

【拓展知识】

货物出库时，要做到"三不"、"三核"、"五检查"。"三不"即未接凭证不翻账、不经审单不备货、未经复核不放行。"三核"即发货时核对凭证、核对账卡、核对实物。"五检查"即单据和实物进行品名检查、规格检查、包装检查、件数检查、重量检查。它们具体通过以下内容得以体现。

（1）货物出库，必须凭出库凭证、物资领用单办理，不得白条出库。

（2）品名、产地、规格、数量是否清楚，发现问题及时与有关部门联系，妥善解决。

（3）贯彻先进先出，推陈储新的原则。

（4）验单合格后，应进行销账再出库。

（5）货物出库时，必须有编号，以单对账、以账对卡、以卡对物。

（6）货物出库时，出库管理人员要仔细清点出库数量，做到"人不离垛、件件过目、动碰复核、监搬监运"，对搬运不符合要求的动作，要及时纠正，防止货物损坏。

（7）货物出库时，要严把"货票审核关"、"动碰制度关"、"加盖货已付讫章关"。

（8）在下列情况下，出库管理人员可以拒付货物。

① 白条出库，任何人开的白条都不能视作货物的出库凭证。

② 货物出库凭证字迹不清，单货型号不符或发生涂改。

③ 领料人与货物出库凭证所列部门不符。

④ 货物领用单盖章不全。

3.4.1 出库前的准备工作

货物经多次装卸、堆码、翻仓和拆检，会使部分包装受损，不符合运输的要求。因此，仓库仓管员必须视情况事先进行整理、加固或改换包装。

1. 零星货物的组配、分装

（1）根据货物的特性及实际使用要求，有些货物需要拆零后出库。因此仓管员要事先做好准备，备足零散货物，避免因临时拆零而延误发货时间。

（2）对于需要拼箱的货物，仓管员应做好挑选、分类、整理和配套准备工作。

2. 包装材料、工具、用品的准备

对于需要装箱、拼箱或改装的货物，仓管员应根据货物的性质和运输的要求准备各种包装材料、相应的衬垫物以及包装标志所需的用具、标签、颜料和钉箱、打包等工具。

3. 待运货物的仓容及装卸机具的安排调配

货物出库前，应留出必要的理货场地，并准备必要的装卸搬运设备，以方便运输人员的提货发运或装箱送箱，加快发送速度。

4. 出库作业的合理组织

由于出库作业是一项涉及人员多、处理时间紧、琐碎复杂、工作量大的工作，仓储部应事先对出库作业合理地加以组织，安排、协调好作业人员和机械，保证各个环节的紧密衔接。

5. 出库凭证的准备

货物出库一律要凭盖有财务专用章和有关部门签章的"领料表"（一式四联，一联存领用部门，一联交财务部，一联交仓库作为出库依据，一联交统计）办理手续。仓库出库管理人员在发货时，应根据"领料表"填写货物的"出库单"。

3.4.2 商品出库作业的基本流程

不同仓库在商品出库的操作程序上会有所不同，操作人员的分工也有粗有细，但就整个发货作业的过程而言，一般都是跟随着商品在库内的流向或出库单的流转而构成各工种的衔接。出库基本流程包括出库凭证审核，备货，理货，复核，包装，点交，现场和档案的清理7个方面。

1. 出库凭证审核

货物如若出库，必须有正式的出库凭证，且凭证上均应有使用部门主管人员、仓储部经理的签章。出库凭证主要包括经物资领用部门主管签名的"物资领用单"；经仓储部经理签章的"出库单"；物资检验合格报告书、合格证等。

出库管理人员接到出库凭证后，首先要审核提货单的合法性和真实性或审核领料单上是否有其部门主管或指定的专人签章，手续不全不予出库，如遇特殊情况（如救灾抢险），则需经有关部门负责人同意后方可出库，出库后需补办手续。然后要认真核对货物的编号、规格、品名、数量有无差错和涂改，这个环节的核对非常重要，由于数据多，需要耐心和细致。最后核对收货单位、到货站、开户行和账号是否齐全和准确，如属收货人自提出库，则要核查提货单有无财务部门准许发货的签章。提货单必须是符合财务制度要求的具有法律效力的凭证。

出库凭证审核无误后，要按出库凭证所列项目要求和数量进行备货。

2. 备货

出库凭证经复核无误后，出库管理人员按其所列的项目内容和凭证上的批注，与编号货物进行核对，核实后核销"物资明细卡"上的存量，按规定的批次备货。由于仓库中配送功能创造的价值越来越大，在备货过程中，需要完成拣选、补货、配货、加工等具体的作业内容。

在备货的过程中，还需要对即将出库的货物进行验收。包括"品质的检验"和"数量的点收"双重任务。在对货物验收核对时主要是核对商品条码（或物流条码）、核对货物的件数、核对货物包装上品名、规格、细数。只有这样，才能达到品类相符、件数准确。有的货物即使进行了验收核对，也可能仍会产生一些规格或等级上的差错，如品种繁多的小物品，对这类物品则要采取全核对的方法，要以单对物，核对所有项目，即品名、规格、颜色、等级、标准等，以确保单物相符，准确无误。

在货物出库时，应先销卡后付货。根据货物的货位，按"物资领用单"的编号顺序排列，以便迅速找对货住，及时出库。按照货位找到相应的货物后，出库管理人员要"以表对卡，以卡对货"，进行单、卡、货的核对，并要仔细点清物资出库的数量，以防止出现差错。货物付讫后，出库管理人员必须逐笔在出库凭证上签名。

3. 理货

出库管理人员、领料员根据仓库场地的大小、运输车辆到库的班次，对到场货物按照车辆配载。领料部门编配分堆，然后对场地分堆的货物进行单货核对，核对工作必须逐车、逐批地进行，以确保单货数量、去向等完全相符。

为方便收货方的收转，理货员必须在应发物资的外包装上注明收货方的简称。置唛应在货物外包装的两侧，字迹应清楚，不错不漏；复用旧包装的置唛，必须消除原有标志；如粘贴标签，必须粘贴牢固，便于领料员的收转。

4. 复核

出库复核人员按照出库凭证，对出库货物的品名、规格、数量进行再次核对，以保证物资出库的准确性。复核的具体内容包括以下几方面。

（1）怕震怕潮的物资衬垫是否稳妥，密封是否严密。

（2）每件包装是否有装箱单，装箱单上所列各项目是否和实物、凭证等相符。

（3）领料部门、箱号、危险品或防震防潮等标志是否正确、明显。

（4）是否便于装卸搬运作业，能否保证物资在运输装卸中不致破损。

复核时，可以根据货物数量、种类的多少，以及作业条件的限制，选择不同的方式，常用的方式主要有以下几种。

（1）个人复核：即由发货保管员自己发货、自己复核，并对所发货物的数量、质量负全部责任。

（2）相互复核：又称"交叉复核"，即两名发货保管员对对方所发货物进行照单复核，复核后应在对方出库单上签名以与对方共同承担责任。

（3）专职复核：由仓库设置的专职复核员进行复核。

（4）环环复核：即发货过程的各环节，如查账、付货、检斤、开出门证、出库验放、销账等各环节，对所发货物的反复核对。

如经反复核对确实不符时，应立即进行调换，并将错备物品上所印刷的标记除掉，退回原库房。退回后，再次复核结余物品的数量或重量，是否与保管账目、物资保管卡片的结余数目相符，若发现不符，应立即查明原因，及时更正。

5. 包装

为了提高作业效率，一般还要对配送货物进行重新包装、打捆，以保护物品，提高运输效率。同时，包装也是产品信息的载体，通过在外包装上书写产品名称、原料成分、重量、生产日期、生产厂家、产品条码、储运说明等，可以便于客户和配送人员识别产品，方便进行物品的装运。通过扫描包装上的条码还可以进行货物跟踪，根据包装上的装卸搬运说明可以指导作业人员对货物进行正确操作。

6. 点交

出库货物经凭证审核、出库验收后，要向提货人员点交。同时应将出库货物及随行证件逐笔向提货人员当面点交。在点交过程中，对于有些重要物品的技术要求、使用方法、注意事项，保管员应主动向提货人员交待清楚，做好技术咨询服务工作。货物移交清楚后，提货人员应在出库凭证上签名。货物点交后，保管员应在出库凭证上填写"实发数"、"发货日期"、"提货单位"等内容并签名，然后将出库凭证有关联次同有关证件及时送交货主，以便办理有关款项结算。

当货物出库完毕后，仓管员应及时将货物从仓库保管账上核销，取下垛牌，以保证仓库账账相符、账卡相符、账实相符；并将留存的仓单（提货凭证）、其他单证、文件等存档。

7. 现场和档案的清理

货物出库后，有的货垛拆开，有的货位被打乱，有的现场还留有垃圾、杂物。保管员应根据储存规划要求，该并垛的并垛，该挪位的挪位，并及时清扫发货现场，保持清洁整齐，空出的货位应在仓库货位图上标注，以备新的入库货物之用；并清查发货的设备和工具有无丢失、损坏等。现场物清理完毕，还要收集整理该批货物的出入库情况、保管保养及盈亏等数据情况，并将这些数据存入货物档案，妥善保管，以备查用。

3.4.3 出库作业中发生问题的处理

（1）出库凭证所列品名、规格、型号、数量等与仓库账面和库存实物不符，仓库应主动向主管业务部门反映或在出库凭证上签署意见退回用料单位，以便用料单位向主管业务部门联系。

（2）在发货中遇到货物叫法不同、型号有新旧等级之差，或者规格说法不同者，应查对有关对照表或产品目录确定发货。如品名、规格、性能、用途相同，只是叫法不同，可以发货，但必须在出库凭证上给予注明。如果用货单位提出疑问，可请示上级业务部门处理。

（3）在出库凭证上有下列情况时仓库应主动向上级业务部门反映说明情况：质量不合格、规格不符、缺件不配套、包装不牢，以及未经仓库检验点收或无技术证件等。

（4）由于工作不细，业务不熟造成的差错问题，一经发现，要及时向上级业务部门报告，按有关规定进行处理，并及时向错发单位进行调换或补发。

（5）货物发运过程中差错的处理。

① 运输途中造成的多件、少件或串件及包装破损、丢失、损坏等，应由收货单位向承运单位索取货运记录，由承运单位负责处理。

② 发运的货物件数相符，而重量短少；货物品类或质量与调拨单凭证不符时，应由发货单位负责处理。具体处理方法是：少发的货可补发实物或退回货款；多发的货可补收货款或回收实物；错发的货可调换实物。

③ 经双方协商确实无法解决的难题，要专题上报主管业务部门，经批准后按批准办法处理。

（6）货物发出后，原则不得退回，如经上级业务主管部门批准退货时其往返费用按下列情况办理：

① 属于仓库责任者，其往返费用由仓库负责。

② 属于用货单位责任者，其往返费用由用货单位负责。

③ 调拨、发货、收货完全一致，因用货单位生产计划变更，其往返费用由用货单位负责。

（7）凡经批准退库的货物，应重新进行验收，必须符合原货的数量、质量状况。

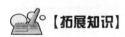【拓展知识】

出库单证样例

1. 领料单(见表 3-27)

表 3-27 领料单

编号：								领料人：	
领用部门					材料用途				
领用日期					发料日期				
材料名称	编号	材料规格		单位	请领数量	实发数量		单价	备注
备注									
发料人签字					审核人				

2. 提货单(见表3-28)

表3-28 提货单

日期： 年 月 日

产品品名	材料编号	规格	单位	数量	说明
					☐ 销货
					☐ 样品
					☐ 检验
					☐ 其他
	合计				

负责人：(签字)　　　　制单：(签字)　　　　经办人：(签字)

3. 出库单(见表3-29)

表3-29 出库单

客户：　　　　　　　　　　　　　　　　　　　　　　日期： 年 月 日

序号	材料编号	品名类别	出库日期	单位	数量	备注

业务主管：　　　　　　　　　　　　　　制单：

4. 发货单(见表3-30)

表3-30 发货单

客户名称：　　　　　　　　　　　发货日期：
发货仓库：　　　　　　　　　　　仓库地址：

货号	品名	规格	牌号	国别及产地	包装及件数	单位	数量	单价	总价	金额

危险品标志章	运费			包装押金						
	金额	(大写) 佰 拾 万 仟 佰 拾 元 角 分 (小写)¥：

业务主管：　　　　　　　　　　　　　制单：

5. 出库复核记录表(见表3-31)

表3-31 出库复核记录表

编号： 日期： 年 月 日

序号	出库日期	货物名称	货物编号	货物规格	数量	批号	提货单位	发货人	质量情况
审核人意见									

【学习测评】

一、名词解释

1. 商品入库 2. 商品在库管理 3. 商品出库 4. 5S管理

二、单项选择题

1. (　　)是指仓库在接收入库货物时，根据入仓单、运输单据、仓储合同和仓储规章制度，对货物进行清点数量、检查外表质量、分类分拣、数量接收的交接工作。
   A. 仓库理货　　　B. 仓库保管　　　C. 仓库入库　　　D. 仓库出库
2. 保管的意义是(　　)。
   A. 预防为主　　　B. 控制为主　　　C. 安全为主　　　D. 以防为主，防治结合
3. 防止商品挥发的主要措施是(　　)。
   A. 单独存放　　　B. 合理堆码　　　C. 降低湿度　　　D. 降低温度
4. 仓储作业组织的目标可以概括成(　　)。
   A. "多进、多出、高效、保质、低成本"
   B. "快进、快出、高效、保质、低成本"
   C. "快进、慢出、高效、保质、高利润"
   D. "快进、快出、高效、安全、低成本"
5. 入库作业程序的第一步应是(　　)。
   A. 储位准备　　　　　　　　　B. 编制入库作业计划
   C. 人员准备　　　　　　　　　D. 核查入库凭证
6. 哪种仓储活动贯穿于整个仓库作业的各个阶段？(　　)
   A. 货品搬运　　　B. 货品入库　　　C. 货品出库　　　D. 货品分拣
7. 仓库定期对在库货品数量与账面数量的核查过程属于(　　)。
   A. 订单处理　　　B. 采购作业　　　C. 入库作业　　　D. 盘点作业
8. 请选择正确的出库流程。(　　)
   A. 订单审核→出库信息处理→拣货→发货检查→装车→发货信息处理
   B. 订单审核→拣货→出库信息处理→发货检查→装车→发货信息处理

C. 订单审核→出库信息处理→发货检查→拣货→装车→发货信息处理
D. 订单审核→拣货→发货检查→出库信息处理→装车→发货信息处理

9. 工具使用后应摆放整齐。这是仓库 5S 管理中（　　）的规范内容。
A. 整理　　　　B. 整顿　　　　C. 清扫　　　　D. 清洁

10. 对管材、捆装、长箱装等物品堆码时一般宜采用（　　）的堆码方式。
A. 重叠式　　　B. 纵横交错式　　C. 衬垫式　　　D. 栽柱式

三、多项选择题

1. 下列属于堆垛法存货的有（　　）。
A. 重叠式　　　B. 纵横交错式　　C. 仰俯相间式　　D. 通风式

2. 商品出库要求做到"三不三核五检查"。"三核"具体指（　　）。
A. 核实凭证　　B. 核对账卡　　C. 核对实物　　D. 核实数量

3. 仓库盘点作业的内容包括（　　）。
A. 查数量　　　B. 查质量　　　C. 查岗位
D. 查安全　　　E. 查保管条件

4. 下列属于火险隐患的有（　　）。
A. 在库区内吸烟　　　　　　B. 库内使用照明灯为冷光灯
C. 库内停放、修理汽车　　　D. 用汽油擦洗零部件
E. 库内使用炉火取暖

5. 防止商品串味的主要措施是（　　）。
A. 密封包装　　B. 单独运输　　C. 单库储藏
D. 及时通风　　E. 加快周转

6. 下列商品在储存过程中易发生串味的是（　　）。
A. 陶瓷与玻璃杯　B. 卷烟与茶叶　C. 化妆品与纸品
D. 饼干与奶粉　　E. 纸品与洗衣粉

7. 账面库存数量与实际存货数量不符的主要原因通常是（　　）。
A. 入库时将货物数量记错　　　B. 收发作业中产生的误差
C. 作业中导致货物的损坏或遗失　D. 盘点时的重盘、漏盘

四、判断题

1. 长期存放搬运指数高；短期存放搬运指数低。（　　）
2. 易发生变化的货物要经常抽查。（　　）

五、简答题

1. 简述商品入库流程。
2. 简述商品出库流程。
3. 简述仓储管理的基本作业流程有哪些？
4. 简述盘点的作业一般流程。
5. 商品堆码要注意五距，五距指的是什么？

案例研讨

【案例一】Z公司仓库经理某天的工作

Z公司仓库经理某天的工作描述如下。

(1) 到仓库后首先配置入库人员和叉车,并按照入库计划进行作业任务的分配。

(2) 将处理好的出库订单分配给出库作业小组,查看现场人员及设备的配置情况,同时强调出库环节对客户和仓库的服务质量有重要作用,因此不能出差错。

(3) 对仓库拣货人员进行管理,强调应采用的拣货方法后,将拣货单据分发,安排拣货作业。

(4) 安排叉车组作业,强调在叉车搬运作业时,一定要注意安全,不要摔坏物品,同时注意保护叉车的正常运行。

【请分析】

(1) 请分析仓库经理这天工作涉及的4项仓储作业。

(2) 请列举每项作业中的常见问题。

【案例二】GKL连锁超市集团干货保管现状

GKL连锁超市集团租用了XY公司的库房放方便面、饼干等纸箱装干货,货物存储现状描述如下:货物外包装箱上有灰尘;温度控制表记录的温度最高为45℃,最低为-7℃;湿度计显示记录为75%左右;仓库日常检查中发现一些小虫子,并发现老鼠痕迹;仓库的窗户很多,阳光能够直接照射到存储的货物上面。

【请分析】

(1) 请根据以上描述,说出该仓库中影响产品质量的因素有哪些。

(2) 针对这些现象提出解决方法。

【案例三】某仓储中心仓库管理员的失职

某仓储中心使用高层货架。某日到达一批货物,有纸尿裤、香皂、洗衣粉和香水。按日常出库频率统计,香水为A类货物,香皂、洗衣粉、纸尿裤为B类货物。仓库管理员将这4种货物放在1号仓库A区第10货架的第一列。纸尿裤和香水共同放在第一列第一层,洗衣粉、香皂共同放在第一列第2层。第3层、第4层空置,仓库不饱和,其他货位也有存储空间。

【请分析】

根据这4种商品的储存特性,请指出仓库管理员违反了哪些商品保管的原则,为什么?

【案例四】深圳安贸危险品仓库事故

1993年8月5日13时15分,深圳市安贸危险品储运公司清水河仓库4库,因违章将过硫酸铵、硫化钠等化学危险品混储,引起化学反应而发生火灾爆炸事故。

此事故发生是由于违反安全规定。

（1）违反消防法规，丙类物品仓库当甲类仓库使用。1987年5月，该公司以丙类杂品干货仓库使用性质向深圳市消防支队报请建筑消防审核。1989年该仓库部分库房存储危险品，违反了消防规范要求。

（2）消防安全管理工作不落实。第一，没有称职的防火安全干部；第二，化学危险品进库没有进行安全检查和技术监督，账目不清，管理混乱；第三，仓库搬运工和部分仓管员是外来临时工，上岗前未经必要的培训，发生火灾后不懂如何扑救。

（3）拒绝消防监督提出的整改建议，对隐患久拖不改。

（4）消防基础设施、技术装备与扑救大火不适应。深圳市是缺水城市，清水河地区更是缺水区，仓库区虽然有消防栓，但因压力达不到国家消防技术标准规定，使灭火工作受到影响。

【请分析】

结合案例，说明仓库的安全管理有何重大意义，谈一下仓库治安保卫管理措施包括哪些内容。

 任务驱动

【工作任务1】货物验收与入库操作

1. 任务内容

（1）货物验收。

（2）库位分配与预入库清单打印。

（3）预入库确认。

（4）直接入库处理。

（5）入库台账与单据打印。

2. 任务要求

（1）掌握货物验收的操作。

（2）掌握库位分配及入库确认的操作。

（3）在仓库模拟操作。

（4）将学生分成若干组，各组选出一个负责人，组内分工合作完成任务，最后由负责人汇报陈述方案。

3. 任务评价

评价方式采取过程评价和结果评价两种方式，评价方法采取老师评价与小组内部成员互相评价相结合。过程和结果综合得分为该生的此任务得分(注意：确定好老师评分和小组评分占总得分的比重)。任务评价表见表3-32、表3-33。

1) 入库前准备工作

表 3-32 任务过程评价表

被考评人			该评价总得分	
评分标准	分值	老师评价得分	小组评价得分	小组评价意见
合理分工				
能够快速进入角色				
是否全员参与				
团队协作				
选择好入货的货区、货位				
安排好入库货物的堆放场地				
认真检查入库货物				
妥善安排人力和机械设备				
准备好包装材料				

2) 入库作业

表 3-33 任务成果评价表

被考评人			该评价总得分	
评分标准	分值	老师评价得分	小组评价得分	小组评价意见
认真核对入库凭证				
准备备货或理货				
认真复核和正确登账				
包装、置唛正确				
交接手续清晰				
异常情况处理恰当				

【工作任务2】商品堆码

1. 任务内容

在实训仓库进行商品堆码动手操作。

2. 任务要求

（1）将学生分成若干组，各组选出一个负责人，组内分工合作完成任务，最后由负责人汇报陈述方案。

（2）教师先进行操作示范；学生分组，分别运用不同堆码方法进行货物堆码操作，并比较各种方法的优缺点和适应性。

（3）使用工具或设备：货物、货架、托盘、叉车等。

（4）操作时间：20分钟/小组。

3. 任务评价

评价方式采取过程评价和结果评价两种方式，评价方法采取老师评价与小组内部成员互相评价相结合。过程和结果综合得分为该生的此任务得分（注意：确定好老师评分和小组评分占总得分的比重）。任务评价表见表3-34、表3-35。

1）过程评价

表3-34 任务过程评价表

被考评人			该评价总得分	
评分标准	分值	老师评价得分	小组评价得分	小组评价意见
合理分工				
能够快速进入角色				
是否全员参与				
团队协作				

2）成果评价

表3-35 任务成果评价表

被考评人			该评价总得分	
评分标准	分值	老师评价得分	小组评价得分	小组评价意见
安全稳定性				
库容利用率				
作业速度				

项目 4

库存管理与控制

KUCUN GUANLI YU KONGZHI

【项目内容】

本项目内容主要包括：库存的含义与作用；ABC 库存分类管理法、定量及定期库存管理方法、JIT 与库存管理、MRP 库存控制法、ERP 库存控制方法等几种常用库存控制管理方法。

【项目目标】

1. 知识目标

了解库存管理的作用及发展的趋势；熟悉 JIT 与库存管理、MRP 库存控制法、ERP 库存控制方法；掌握 ABC 库存分类管理法、定量及定期库存管理方法。

2. 技能目标

能够把所学的库存控制方法应用到实际工作中。能够分析库存状况，能够合理地控制库存。

3. 素质目标

培养学生独立思考，勇于表达自己见解的习惯；培养学生把理论知识与实际工作相结合的思维。

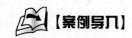【案例导入】

零库存,离企业并不遥远

据统计,2008年我国企业的物流成本占产品总成本的30%左右,其中,库存费用大约占35%,对于许多制造业和分销商来说,不断增长的库存量已成为一种沉重的负担。企业管理者希望实现他们梦寐以求的零库存,确保物料供应和产品分配更合理,从而实现利润最大化。

1. 完善的信息机制是实现零库存的核心

海尔通过建立信息增值机制,实现零库存、零运营资本以及与客户的零距离。通过电子商务采购平台和订制平台,海尔与供应商和客户建立起紧密的以互联网为基础的动态企业联盟,实现了企业和供应商、客户之间的互动。此外,海尔在业务流程再造的基础上,形成"前台一张网,后台一条链"的闭环系统,包括企业内部供应链系统、ERP系统、物流配送系统、资金流管理结算系统、遍布全国的分销管理系统以及客户服务响应Call Center系统,形成了以订单信息流为核心的各子系统之间无缝链接的集成。

戴尔推行"黄金三原则",即摒弃库存原则、与客户结盟原则和坚持直销原则,提出了"以信息代替存货"的核心理念,实现了与供应商准确的信息交互,进一步缩短生产线与客户的时空距离,以减少库存。市场数据显示,戴尔在全球的平均库存天数在8天之内。

三洋能源公司则采用以信息化流通代替传统运作模式的方法,利用信息技术全面监控下游客户每日的进销存情况,及时进行补货,上游的供应商则及时掌握企业原料的库存情况,及时补货,实现企业对产品、原材料等的电子化、网络化采购,使存货量保持在最低水平。

无论是信息增值、以信息代替存货,还是以信息化流通代替传统运作模式,都说明信息在现代企业运营中扮演了重要的角色,完善的信息机制是企业实现零库存的核心所在。

2. 构建信息密集型企业是实现零库存的基础

潜在市场的不确定性增加了产品库存的需求,通过CRM机制和电子商务的B2C业务,可以实现企业与客户间的零距离接触,使客户与企业间的信息同步,进而以信息流带动物流和资金流的运动。客户的订单信息则依赖于企业后台执行系统的快速响应,这要求打破企业内部各部门间的信息壁垒。无论是海尔、戴尔还是三洋,其后台系统都可以将客户需求快速传递到供应链系统、物流配送系统、财务结算系统、客户服务系统等,实现对客户需求的协同服务,大大缩短了对客户需求的响应时间。此外,采购问题的处理也很重要。在传统管理模式下,企业根据生产计划进行采购,由于信息渠道不畅,往往为库存而采购。SCM和电子商务的B2B业务是强化与供应商联盟的基本手段。通过电子采购平台和订制平台,与供应商和销售终端建立紧密的联盟,达到双赢的目标,提高双方的市场竞争力,实现从"为库存采购"到"为订单采购"的转变;通过企业内部各部门之间、企业与外部的协同以及强化对外部资源的管理,实现协同采购,进而实现全球采购、在线采购、集中采购、即时采购等多种高效采购模式。以海尔为例,他们已通过3个JIT(JIT, Just In Time,译为准时生产方式)打通了一个个库存环节。JIT采购按照计算机系统的采购计划,需要多少就采购多少。其中,JIT送料是指各种零部件暂时存放在海尔立体库,然后由计算机进行配套,把配置好的零部件直接送到生产线;JIT配送则基于海尔在全国建有的物流中心系统,实现在全国范围的快速送货。

3. 灵活的管理策略是实现零库存的重要手段

一个企业应该以务实的态度权衡建设成本、管理成本与库存成本,提高库存管理能力和水平,并通过采取灵活的管理策略,逐步向零库存的目标迈进。

从供应链管理的角度来看,库存问题的实质表现为库存管理的能力以及与供应商的协作关系,完全意义上的零库存是不存在的。一个好的库存策略不应该是为了准备应付某种情况,而应该是为了准时供货,建立一个准时制的库存,以维系企业运行所需的最小库存,做到按时按量供应。应该说,与供应商和客户结成可靠联盟是实现准时制库存的基础。

寄售是企业解决库存资金占用的一种有效方式，这种方式已被海尔成功运用。通过寄售库存，生产企业把维护库存的财政负担转嫁给上游供应商，而使企业本身保持安全库存。一种情况是生产企业请供应商在自己方便的位置存储物料，既可确保原材料、零部件等物料的及时供应，又大大减少了物料库存资金占用；另一种情况是生产企业在分销商、零售商所在地的资源库存放产品或备件，既提高响应速度，又能减少企业在仓库建设的投资和日常仓储管理的投入。

【归纳评析】

首先，信息化是企业实现零库存的关键路径，另外，在库存管理关注的重点上，传统的库存管理希望解决何时订货和订多少货的问题，旨在既能保障供应，又能使储备量达到最小。而现代库存管理关注的重点则增加了在哪里存货、存什么货、货物种类及仓库如何搭配等内容，其根本目标是通过适量库存达到合理供应，使库存总成本最低，其关键是放弃了"保证供应"，允许缺货，始终围绕"保持总成本最低"进行决策。

 任务4.1 初识库存管理

库存是指处于储存状态的、尚未被利用的商品，是储存的表现形态。

4.1.1 库存的类型

库存可以从库存物品的经济用途、存放地点、所处状态等几个方面来分类，常见的库存类型有以下几种。

1. 周转库存

周转库存又称经常库存，是指为满足客户日常的需求而建立的库存。周转库存的目的是为了衔接供需，缓冲供需之间在时间上的矛盾，保障供需双方的经常性活动都能顺利进行。这种库存的补充是按照一定的数量界限（批量订货）或时间间隔（订货周期）反复进行的。

2. 安全库存

安全库存又称缓冲库存，是指为了防止由于不确定因素（如突发性大量订货，厂商交货期延期等）而准备的缓冲库存。

3. 运输库存

它包括处在运输过程中的库存，以及停放在两地之间的库存。运输存货取决于输送时间和在此期间的需求率。

4. 预期库存

由于需求的季节性或是采购的季节性特点，必须在淡季为旺季的销售，或是在收获季节为全年生产储备的库存称为预期库存。预期库存的设立除了季节性原因外，还出于为生产保持均衡的考虑。所以决定预期库存的因素，除了脱销的机会成本外，还应考虑生产不均衡时的额外成本（如生产设备和工人闲置时必须支出的固定成本以及加班的额外支出费用等）。

【小词典】

库存管理又称库存控制,是指在保障供应的前提下,使库存物品的数量最合理时所采取的有效措施。

库存量不是越多越好,也不是越少越好。库存控制的内容包括确定产品的储存数量和储存结构、进货批量与进货周期等。

4.1.2 库存管理的作用

库存管理基于两点考虑:一个是用户服务水平,即在正确的地点,正确的时间,商品适当且数量充足;另一个则是订货成本与库存持有成本。库存管理的目的是在满足顾客服务要求的前提下,通过对企业的库存水平进行控制,力求尽量降低库存数量,提高物流系统的效率,以强化企业的竞争力。库存管理的作用主要体现在以下几个方面。

1. 满足预期顾客要求

预期库存,是为了满足预期客户的平均需求。一定的库存可以使顾客很快采购到他们所需要的物品。这样,可以缩短顾客的订货提前期,也有利于供应厂商争取预期顾客。

2. 平滑生产要求

一些商品具有明显的季节性消费特征,在某些季节的销售高峰期,产品会供不应求;在其他季节,产品则会滞销,因此需要在高峰期来临之前开始生产,保持一定量的库存。这种库存被称为季节性库存。例如,圣诞前的商店,进行季节性库存就可保证商店在高需求到来之前准备充足的存货以满足顾客的要求。另外,加工新鲜水果蔬菜的公司也会涉及季节性库存问题。

3. 分离运作过程

过去的制造企业用库存做缓冲,以保持生产的连续性和持续运行,否则就会由于设备故障而陷于混乱,并导致部分业务临时中止。缓冲库存使得在解决问题时,不必中断其他业务。同样,运用原材料库存的公司使生产过程和来自供应商的运送中断问题隔离开来,制成品库存使销售过程和制造过程割裂开来。最近,有些公司对库存缓冲进行了进一步的研究,发现它们占用成本和空间。此外,他们还认识到外包加工和消除故障源会大大减少运作过程对库存的需要。

4. 阻止脱销

延迟送货和意料之外的需求增长增加缺货风险。延迟的发生可能由于气候条件、供应商缺货、运错货物、质量问题等。持有安全库存能降低缺货风险。安全库存是指为对付需求和交付时间的多变性而持有的超平均需求的库存。

5. 利用订货周期

为使采购和库存成本平衡,公司往往一次性地购买超过现有的需求的数量,把所购物品的其中一些或全部储藏起来用于后期使用,这种方式十分必要。因此,保存库存能够使公司以经济批量采购和生产,无须为短期需求与购买或生产的平衡而费尽心机。这就导致了定期订单或订货周期的产生。在有些情况下,集中订货和固定时间订货会更现实或更经济。

6. 避免价格上涨

由于市场的不确定性，有时公司管理者怀疑未来的物价会发生上涨，为避免增加成本，他们就会以超过平时正常水平的数量进行采购。

4.1.3 库存管理思想

根据对待库存物资态度的不同，可以将库存管理分成先进先出、后进先出以及零库存3种基本思想。

1. 先进先出的库存管理思想

先进先出是在库存管理中经常使用的方法，当使用时，先入库的物品先出库，又称为吐故纳新法。这种管理思想的优点是，先入库的物品先使用，剩下的物品都是新的。反之，先入库的物品不先用，剩下的物品必定都是旧的，就有可能发生变质或贬值。例如，某些饮料、酒在仓储中，会离析出纤细絮状的物质而出现浑浊沉淀的现象，从而引起商品的质量变化。其不足表现在，库存商品质量没有变化的同时库存增加，忽视了库存管理的根本任务。

2. 后进先出的库存管理思想

为了避免在采用先进先出管理思想时忽视对库存数量管理的现象，可以采用后进先出法。这是一种新型的管理方法，强制后入库的物品必须先发放，剩下的物品都是旧的。这就会促使有关人员设法改进工作，从而实现采用这种方法的目的。例如，当库存中旧物品增多时，管理人员就要倾听各方面意见，研究怎样改进工作，从而制定出调整库存量的好办法。这时，可以根据剩余量的具体情况，在做到物品不变质的同时，积极提出入库的适宜时间，或者提出调整库存量的意见。采用后进先出管理思想的优点是，可以督促相关人员随时跟踪库存情况，杜绝留滞物品存在。所以，这种方式已经开始受到库存管理人员的普遍重视。

3. 零库存管理思想

零库存的提出可以解决库存管理中的部分浪费现象，零库存是一种特殊的库存概念，其含义是以仓库储存形式的某种或某些种物品的储存数量为"零"，即不保持库存。不以库存形式存在就可以免去仓库存货的一系列问题，如仓库建设、管理费用、存货维护、保管、装卸、搬运等费用，存货占用流动资金并带来库存物的老化、损失、变质等问题。库存管理是企业管理系统四大流中的物流部分，库存管理对物品的进、存、出进行台账管理，也就是既管理各物品供应和需求的关系使之达到供需间的平衡，又要尽量压低物品的库存量。

【拓展知识】

零库存的主要形式

1. 委托保管方式

接受用户的委托，由受托方代存代管所有权属于用户的物资，从而使用户不再保有库存，甚至可不再保有保险储备库存，从而实现零库存。受托方收取一定数量的代管费用。这种零库存形式优势在于：受委托方利用其专业的优势，可以实现较高水平和较低费用的库存管理，用户不再设库，同时减去了仓库及库存管理的大量事务，集中力量于生产经营。但是，这种零库存方式主要是靠库存转移实现的，并不能使库存总量降低。

2. 协作分包方式

协作分包方式即美国的"SUB-CON"方式和日本的"下请"方式。这主要是制造企业的一种产业结构形式，这种结构形式可以通过若干企业的柔性生产准时供应，使主企业的供应库存为零；同时主企业的集中销售库存使若干分包劳务及销售企业的销售库存为零。

在许多发达国家，制造企业都是以一家规模很大的主企业和数以千百计的小型分包企业组成一个金字塔形结构。主企业主要负责装配和产品开拓市场的指导，分包企业各自分包劳务、分包零部件制造、分包供应和分包销售。例如分包零部件制造的企业，可采取各种生产形式和库存调节形式，以保证按主企业的生产速率，按指定时间送货到主企业，从而使主企业不再设一级库存，达到推销人或商店销售，可通过配额、随供等形式，以主企业集中的产品库存满足各分包者的销售，使分包者实现零库存。

3. 轮动方式

轮动方式也称同步方式，是在对系统进行周密设计前提下，使各个环节速率完全协调，从而根本取消甚至是工位之间暂时停滞的一种零库存、零储备形式。这种方式是在传送带式生产基础上，进行更大规模延伸形成的一种使生产与材料供应同步进行，通过传送系统供应从而实现零库存的形式。

4. 准时供应系统

在生产工位之间或在供应与生产之间完全做到轮动，这不仅是一件难度很大的系统工程，而且需要很大的投资，同时，有一些产业也不适合采用轮动方式。因而，广泛采用比轮动方式有更多灵活性、较易实现的准时方式。准时方式不是采用类似传送带的轮动系统，而是依靠有效的衔接和计划达到工位之间、供应与生产之间的协调，从而实现零库存。如果说轮动方式主要靠"硬件"的话，那么准时供应系统则在很大程度上依靠"软件"。

5. 看板方式

看板方式是准时方式中一种简单有效的方式，也称"传票卡制度"或"卡片"制度，是日本丰田公司首先采用的。在企业的各工序之间、企业之间或生产企业与供应者之间，采用固定格式的卡片为凭证，由下一环节根据自己的节奏，逆生产流程方向，向上一环节指定供应，从而协调关系，做到准时同步。采用看板方式，有可能使供应库存实现零库存。

6. 水龙头方式

这是一种像拧开自来水管的水龙头就可以取水而无需自己保有库存的零库存形式，是日本索尼公司首先采用的。这种方式经过一定时间的演进，已发展成即时供应制度，用户可以随时提出购入要求，采取需要多少就购入多少的方式，供货者以自己的库存和有效供应系统承担即时供应的责任，从而使用户实现零库存。适于这种供应形式实现零库存的物资主要是工具及标准件。

7. 配送方式

这是综合运用上述若干方式采取配送制度保证供应从而使用户实现零库存。

4.1.4 库存管理的发展趋势

随着计算机技术和网络通信技术的发展以及全球经济一体化的推进、企业对库存管理重视程度的加强，库存管理呈现出向计算机化、网络化、整合化和零库存方向发展的趋势。

1. 计算机化和网络化管理

利用计算机不仅能把复杂的数据处理简单化，而且能使库存管理系统化，从而把复杂的库存管理工作推向更高的阶段。同时，计算机的高效率能及时解决库存管理的临时变动和需要。

以计算机为媒介的网络发展迅速，在库存管理中，利用网络渠道，可以大量节省通信和管理费用；可以及时查询公司在各地的库存资料；可以建立整个供应链下的库存管理系统，充分发挥网络化的优势。

2. 整合化管理

库存成本是企业物流管理的主要部分，必须实行整合化，即把供应链上各相关的供应商、零售商、批发商、厂家等库存管理设施整合起来，实行企业库存管理的优化，达到降低物流总成本的目的。

3. 零库存管理

"零库存"包含两层意义：一是库存数量趋于零或等于零；二是库存设施、设备的数量及库存劳动耗费同时趋于零或等于零。后一种意义上的零库存实际上是社会库存结构的合理调整和库存集中化的表现。库存管理的终极目标是实现零库存，当然这种零库存只是某个单位的零库存，是企业把自己的库存转移给上游的供应商或下游的零售商，从而实现自己的零库存。

4.1.5 与库存管理有关的成本

对库存决策起重要作用的成本有 3 类：采购成本、库存持有成本和缺货成本。随着订货量的增加，库存持有成本会增加，采购成本会减少。因此，需要找到它们之间的平衡，以确定最优的库存水平，如图 4.1 所示。

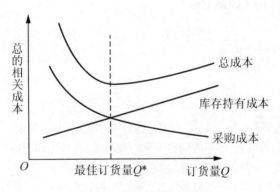

图 4.1　订货量与相关成本

1. 采购成本和生产成本

采购成本由两部分组成：固定的订货成本和采购变动成本。订货成本是指与订单处理相关的费用，如订单准备、订单传送及订单修改等费用，这部分费用与订货的多少无关。采购变动成本通常是指采购价格，这部分跟订货量的多少有关。一般订货量超过某一数额，就会获得一定的数量折扣。

$$采购成本＝订货成本＋单位产品价格×订货数量$$

如果企业自行生产产品，则采购成本变为生产成本。生产成本同样由两部分组成：固定成本和变动成本。固定成本指生产准备成本，即装配费用，包括零部件的装配、设备的安装与调试等费用。变动成本是指与人工成本、材料费和实际生产有关的管理费用。

2. 库存持有成本

库存持有成本是因一段时期内持有商品而导致的，它由保管费用和库存持有费用组成。保管费用是与存储空间、供电、供暖等有关的费用。库存持有费用是与存货利息有关的费用。通常情况下，保管费用相对于库存持有费用而言要低得多。为方便计算，往往忽略不计。它们之间有如下关系：

$$库存持有成本 = 保管费用 + 库存持有费用$$
$$保管费用 = 单位保管成本 \times 平均库存量$$
$$库存持有费用 = 贷款利率 \times 单位产品价格 \times 平均库存量$$

当需求均匀时

$$平均库存量 = (期初库存量 + 期末库存量)/2$$

3. 缺货成本

当客户下达订单，但无法正常供货时，就产生了缺货成本。缺货成本有两种：失销成本和延期交货成本。当出现缺货时，如果客户选择收回购买要求，就产生了失销成本；如果客户愿意等待订单履行，就会产生延期交货成本。

$$失销成本 = 每产品单位的利润和信誉成本 \times 销售损失的产品单位$$
$$延期交货成本 = 延期成本/(单位 \times 时间) \times 延期的产品单位 \times 延期时间长度$$

任务 4.2 库存控制

4.2.1 独立需求的库存控制方法

【你知道吗?】

对于选择库存控制策略来说，一个关键的概念是区分独立需求和相关需求。

（1）独立需求：由市场决定的，不可控制的需求。例如对汽车或家用电器的需求等，这类需求什么时候发生？每次需要多少？事先一般是不知道的，故称之为独立需求。

（2）相关需求：由其他产品或项目的需求决定，是可以预知和控制的。例如，对一定数量的洗衣机来说，洗衣桶、定时器、拨轮、电动机等零部件和原材料的需求数量，完全是根据产品零件表决定的，是已知的，故称之为相关需求。

独立需求的库存控制方法主要有 ABC 库存分类管理法、定量订货法、定期订货法等。

1. ABC 库存分类管理法

一般来说，企业库存的物料品种繁多，每种物料的价格都不一样，而且库存数量也不相等，有的物料库存数量不多但是占用的资金很多，而有的物料库存数量很多但占用的资金却很少。在这种情况下，对所有的库存物料不加区别地进行管理是不现实和不经济的，因为通过不断地盘点、发放订单，接受订货等工作来管理库存需要耗费大量的时间和资金。为了使有限的时间、资金、人力、物力等企业资源得到更有效的利用，企业应对库存物料进行分类，依据物料重要程度的不同，分别采用不同的库存管理策略，即实行 ABC 分类法管理库存。

1) ABC 库存分类管理法的含义

ABC 库存分类管理法又称为重点管理法。其基本点是将企业的存货分为 A、B、C 3 类，将库存物料按品种和占用资金的多少分为非常重要的物料（A 类）、一般重要的物料（B 类）和不太重要的物料（C 类），然后针对不同重要级别分别进行管理与控制。其核心是"分清主次，抓住重点"。

2) ABC 库存分类管理法的实施步骤

ABC 库存分类管理法的实施步骤如图 4.2 所示。

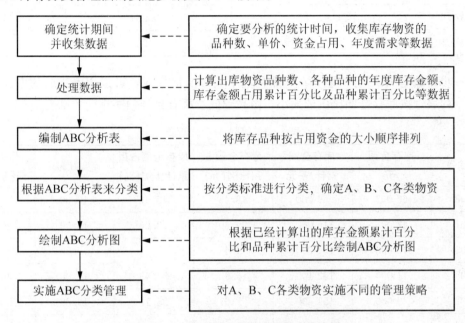

图 4.2　ABC 库存分类管理法的实施步骤

【例 4-1】某仓库有 10 种物料，试用 ABC 库存分类管理法进行分类，哪些物料属于 A 类、B 类、C 类？并说明在企业经营过程中应采取何种策略？

第一步，收集数据。按分析对象和分析内容，收集有关数据，见表 4-1。

表 4-1　原始数据

物料编号	W001	W002	W003	W004	W005	W006	W007	W008	W009	W0010
年库存金额/元	47 000	15 000	69 000	100	11 000	7 500	9 000	45	80	50

第二步，处理数据。对收集来的数据资料进行整理，按要求计算和汇总，见表 4-2。

表 4-2　处理数据

物料编号	库存金额（元）	库存金额占用比例（%）	品种（%）
W001	47 000	29.60	10.00
W002	15 000	9.45	10.00
W003	69 000	43.46	10.00
W004	100	0.06	10.00

续表

物料编号	库存金额(元)	库存金额占用比例(%)	品种(%)
W005	11 000	6.93	10.00
W006	7 500	4.72	10.00
W007	9 000	5.67	10.00
W008	45	0.03	10.00
W009	80	0.05	10.00
W0010	50	0.03	10.00

第三步，编制 ABC 分析表。在总品种数不太多的情况下，可以用大排队的方法将全部品种逐个列表。按库存金额比例的大小，由高到低对所有品种顺序排列，见表 4-3。

表 4-3 编制 ABC 分析表

物料编号	库存金额/元	库存金额累计/千元	库存金额占用比例(%)	库存金额占用累计比例(%)	品种(%)	品种累计比例(%)
W003	69 000	69 000	43.46	43.46	10.00	10.00
W001	47 000	116 000	29.60	73.06	10.00	20.00
W002	15 000	131 000	9.45	82.51	10.00	30.00
W005	11 000	142 100	6.93	89.43	10.00	40.00
W007	9 000	151 600	5.67	95.10	10.00	50.00
W006	7 500	158 500	4.72	99.83	10.00	60.00
W004	100	158 600	0.06	99.89	10.00	70.00
W009	80	158680	0.05	99.94	10.00	80.00
W0010	50	158 730	0.03	99.97	10.00	90.00
W008	45	158775	0.03	100.00	10.00	100.00

第四步，根据 ABC 分析表来分类。按 ABC 分析表，将品种累计百分数为 0～20％而库存金额占用累计比例为 0％～80％的物品，确定为 A 类；将品种累计百分数为 20～60％，而库存金额占用累计比例也为 80～96％的物品，确定为 B 类；其余为 C 类，其品种累计百分数为 60～100％，而库存金额占用累计百分数仅为 96～100％。

从表 4-3 中可以看出，物料 W001、W003 属于 A 类，W002、W005、W007 属于 B 类；W004、W006、W008、W009、W0010 则属于 C 类。

第五步，绘制 ABC 分析图。以品种累计百分数为横坐标，以库存金额占用累计百分数为纵坐标，按 ABC 分析表所提供的数据，在坐标图上取点，并联结各点曲线，则绘成 ABC 曲线。在图上标明 A、B、C 3 类，则制成 ABC 分析图，如图 4.3 所示。

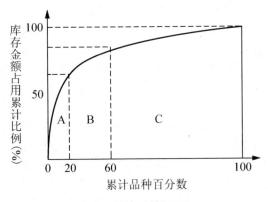

图 4.3 ABC 分析图

第六步,根据 A、B、C 各类物料实施不同的管理策略。根据 ABC 分析的结果,权衡管理力量与经济效果,对 ABC 3 类物料采取不同的管理策略,见表 4-4。

表 4-4 物料管理策略

库存类型	管 理 方 法
A 类物料	进行重点管理。应严格控制其库存储备量、订货数量、订货时间。在保证需求的前提下,尽可能减少库存,节约流通资金。现场管理要更加严格,应放在更安全的地方;为了保持库存记录的准确,要经常进行检查和盘点;预测时要更加准确
B 类物料	进行次重点管理。现场管理不必投入比 A 类物料更多的精力;库存检查和盘点的周期可以比 A 类物料长一些
C 类物料	只进行一般管理。现场管理可以更粗放一些;但是由于品种多,差错出现的可能性比较大,因此也必须定期进行库存检查和盘点,周期可以比 B 类物料长一些

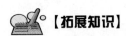【拓展知识】

ABC 库存分类管理法在实施中应注意的问题

在运用 ABC 分析时,还要注意以下几点。

(1) 不同企业由于其生产及经营特点和所需用的物品、销售的商品范围的不同,ABC 各类的构成也会不同,这就要求从实际出发,视具体情况而定。

(2) ABC 的分类是人为的。对生产企业而言,物品的品种数及消耗定额数的比例关系也会随生产结构的变化而改变。各生产企业可根据本单位的实际情况而分类,但对重点物品进行重点管理的原则是相同的。

(3) 在存储系统中采用 ABC 分析,主要是对资金施行重点管理,而不是指物品本身的重要程度。企业在生产过程中,即使缺少一个零件甚至是一个小螺钉,生产也会发生中断而造成严重的经济损失。因此,从生产角度看每一种物品都是非常重要的,决不能放松管理。在实际应用中,特别是对某些单价高、十分贵重的材料,不能笼统地定为 A 类物品,而应从占用资金总量来考虑。例如,某企业每年生产需用 10 两黄金作为原料,因其占用资金总量不大,应划分为 C 类物品,采购周期可以长一些,一年采购一次。而对某些消耗金额(或占用储备资金)属 C 类物品而资源短缺的关键用料,亦可列入 A 类,加强控制,积极组织货源,重点加以管理,以保证生产需要。

(4) 在 ABC 分析中,一般会忽略 B、C 类品目的管理。这种情况尤其会发生在商业企业中,因为 B、C 类商品对销售额所做的贡献大大低于 A 类商品,所以甚至有人提出要去除 B、C 类商品。这一认识是错误的：因为有 B、C 类才能相对产生 A 类商品，所以它们有维持畅销品、确保店内整体业绩的功能。现在有一种"Z"商品观念，就是把那些对业绩完全没有贡献、业绩为 0 的商品拣出来并定为"Z"类。据调查，不论哪家店铺这类商品大概都要占到全部商品的 10%～20% 的比例。这类商品放着还会逐渐繁殖增加，就像店铺的癌细胞，侵蚀卖场的活力，所以务必要尽早发现并清除。但并不是说 Z 商品就要完全去除，有一些是为了政策上的需要，如：为凸显店铺风格而导入一些观赏性商品，不仅不能从卖场中剔除，而且还要陈列在顾客最容易看到的地方。

（5）由于在进行 ABC 分类时是以一定的统计期为基础的，所以在运用过程中如果发现物品使用情况比原来分类时发生较大变化时，应随时调整，该升级的应及时升级，该降级的应及时降级。特别在零售业中，若以一个月为统计单位，A 组商品跌落到 B 组，而 B 组商品依序递补 A 组的情况时有发生，因此任何零售店都很难做到最佳的商品配置，需要不断地进行调整。

（6）ABC 库存分类管理法对 MRP 系统控制的物料需求并不适用，它面对的是最终产品。对于连续均衡的生产，每一个相关物料都具有同样的重要作用，即使是一个螺钉也能够让生产中断。因此，也要注意一些关键物料的管理，不能一味地强调 A 类物品的管理。

2．定量订货法

【小词典】

定量订货法是指当库存量下降到预定的最低库存量（订货点 R ）时，按规定（数量一般以经济批量 EOQ 为标准）进行订货补充的一种库存控制方法。它主要靠控制订货点和订货批量两个参数来控制订货进货，达到既最好地满足库存需求，又能使总费用最低的目的。

其基本原理是：预先确定一个订货点 ROL 和订货批量 Q^*（一般取经济批量 EOQ），在销售过程中，随时检查库存，当库存下降到 ROL 时，就发出一个订货批量 Q^*，如图 4.4 所示。

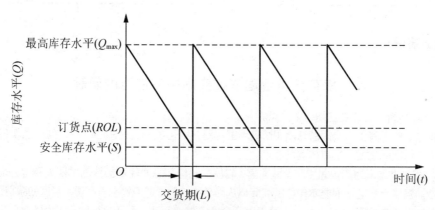

图 4.4　定量订货法

1）订货点的确定

在定量订货法中，发出订货时仓库里该品种保有的实际库存量叫做订货点。它是直接控制库存水平的关键。

（1）在需求量和订货提前期都确定的情况下，不需要设置安全库存，可直接求出订货点，其公式如下：

$$订货点 = 订货提前期的平均需求量$$
$$= 每个订货提前期的需求量$$
$$= 每天需求量 \times 订货提前期(天)$$
$$= (全年需求量/360) \times 订货提前期(天)$$

即
$$ROL = R_d \times L$$

式中：R_d——需求或使用速度；

L——订货提前期。

(2) 需求量变化，提前期固定时订货点公式如下：
$$订货点 = 订货提前期的平均需求量 + 安全库存$$
$$= (单位时间的平均需求量 \times 订货提前期) + 安全库存$$

即
$$ROL = (\bar{R}_d \times L) + S$$

式中：$\bar{R}_d$——单位时间的平均需求量；

S——安全库存量。

在这种情况下，安全库存量的计算公式为
$$S = zQ_d\sqrt{L}$$

式中：Q_d——提前期内的需求量的标准差；

L——订货提前期(月/天/周)；

z——预定客户服务水平下需求量变化的安全系数，它可以根据预定的服务水平，由正态分布表 4-5 查出。

表 4-5 客户服务水平与安全系数对应关系的常用数据

服务水平	0.9998	0.99	0.98	0.95	0.90	0.80	0.70
安全系数	3.50	2.33	2.05	1.65	1.29	0.84	0.53

(3) 需求量固定，提前期变化时订货点公式如下：
$$订货点 = 订货提前期的需求量 + 安全库存$$
$$= (单位时间的需求量 \times 平均订货提前期) + 安全库存$$

即
$$ROL = (R_d \times \bar{L}) + S$$

式中：$\bar{L}$——平均订货提前期。

在这种情况下，安全库存量的计算公式为
$$S = zR_dQ_t$$

式中：Q_t——提前期的标准差。

(4) 需求量和提前期都随机变化时订货点公式如下：
$$订货点 = 订货提前期的需求量 + 安全库存$$
$$= (单位时间的平均需求量 \times 平均订货提前期) + 安全库存$$

即
$$ROL = (\bar{R}_d \times \bar{L}) + S$$

在这种情况下，安全库存量的计算公式为

$$S = z\sqrt{Q_d^2 \overline{L} + \overline{R}_t^2 Q_t^2}$$

2）订货批量的确定

订货批量就是一次订货的数量。它直接影响库存量的高低，同时也直接影响物资的供应的满足程度。在定量订货中，对每一个具体的品种而言，每次订货批量都是相同的，通常是以经济批量作为订货批量。

【小词典】

经济订货模型简称 EOQ(Economic Order Quality)，就是通过平衡订货成本和保管仓储成本，即通过费用分析求得在库存总费用最低，确定一个最佳的订货批量。

它可以根据需求和订货、到货间隔时间等条件是否处于确定状态分为确定条件下的模型和概率条件下的模型。由于概率统计条件下的经济订货批量模型较为复杂，因此只介绍确定条件下的经济订货批量模型，在实际应用中可以比较方便地找到有关概率统计条件下的经济订货批量的计算方法。

EOQ 库存控制模型中的费用主要包括：库存保管费用、订货费、缺货费。

EOQ 的控制原理就在于控制订货批量，使年度总库存成本量小，其中

年度总库存成本＝年度采购成本＋库存保管费＋订货费

假设：商品需求量均衡、稳定，年需求量为固定常数，价格固定，年度采购成本（指所采购货物的价值，等于年需求量×价格）为固定常数，且与订购批量无关。则年度总库存成本与批量的关系如图 4.5 所示。

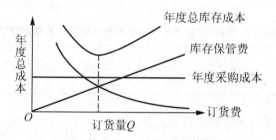

图 4.5　年度总库存成本与批量的关系

从图 4.5 可见，库存保管费随订购量增大而增大，订货费用随订购量增大而减少，而当两者费用相等时，总费用曲线处于最低点，这时的订货量为 EOQ。

（1）理想的经济订货批量。

$$TC = DP + \frac{DC}{Q} + \frac{QK}{2}$$

式中：TC——年度库存总费用；

　　　D——年需求量，件/年；

　　　P——单位采购成本；

　　　Q——每次订货批量；

　　　C——单位订货费，元/次；

　　　K——货物平均年库存保管费用；

　　　$Q/2$——年平均存储量。

理想的经济订货批量指不考虑缺货,也不考虑数量折扣以及其他问题的经济订货批量。在不允许缺货,也没有数量折扣等因素的情况下:

年度总库存成本=年度采购成本+库存保管费+订货费

要使 TC 最小,将上式对 Q 求导数,并令一阶导数为零,得到经济订购批量 EOQ 的计算公式为

$$EOQ=\sqrt{\frac{2CD}{K}}$$

【例 4-2】某企业每年需要购买 8000 套儿童服装,每套服装的价格是 100 元,其年储存成本是 3 元/件,每次订购成本为 30 元。问:最优订货数量,年订购次数和预期每次订货时间间隔为多少(每年按 360 天计算)?

解:D=8000 件,C=30 元/次,K=3 元/件·年,采用经济订货批量公式

$$EOQ=\sqrt{\frac{2CD}{K}}=\sqrt{\frac{2\times30\times80}{3}}=400(件)$$

$$年订购次数=\frac{D}{EOQ}=\frac{8\,000}{400}=20(次)$$

$$间隔=\frac{360}{20}=18(天)$$

$$年度库存总费用=8\,000\times100+\frac{8\,000\times30}{400}+\frac{400\times3}{2}=801\,200(元)$$

即每次订购批量为 400 件时年库存总费用最小,最小费用为 801200 元。

(2) 允许缺货的经济订货批量。在实际生产活动中,订货到达时间或每日耗用量不可能稳定不变,因此有时难免会出现缺货。在允许缺货情况下,经济批量是指订货费、保管费和缺货费之和最小时的订货量,计算公式为

$$EOQ=\sqrt{\frac{2CD}{K}}\cdot\sqrt{\frac{K+C_q}{C_q}}$$

式中:C——每次订货费,元/次;
C_q——单位缺货费,元/件·年;
K——单位货物平均年度库存保管费,元/件·年;
D——年需求量。

【例 4-3】在上题中,允许缺货,且年缺货损失费为 6 元/件·年。若其他条件不变,允许缺货的经济批量是多少?

解:D=8000 件,C=30 元/件,K=3 元/件·年,C_q=6 元/件·年,根据上述公式

$$EOQ=\sqrt{\frac{2CD}{K}}\cdot\sqrt{\frac{K+C_q}{C_q}}=\sqrt{\frac{2\times30\times8\,000}{3}}\cdot\sqrt{\frac{3+6}{6}}=490(件)$$

(3) 有数量折扣的经济批量。为了鼓励大批量购买,供应商往往在订购数量超过一定量时提供优惠的价格。在这种情况下,买方应进行计算和比较,以确定是否需要增加订货量去获得折扣。其判断的准则是:

若接受折扣所产生的年度总费用小于经济订购批量所产生的年度总费用,则应接受折扣;反之,应按不考虑数量折扣计算的经济订购批量 EOQ 购买。

【例4-4】在上述公式中,供应商给出的数量折扣条件是:若一次订购量小于600件时,每件价格是100元;若一次订购量大于或等于600件时,每件价格是80元。若其他条件不变,每次应采购多少?

解:根据供应商给出的条件,分析如下。

① 计算按享受折扣价格时的批量即600件采购的年度总费用。

此时 $D=800$ 件,$C=30$ 元/件,$K=3$ 元/件·年,$P=80$ 元/件·年,$Q=600$ 件,根据公式

$$TC = DP + \frac{DC}{Q} + \frac{QK}{2}$$

$$= 8\,000 \times 80 + \frac{8\,000 \times 30}{600} + \frac{600 \times 3}{2} = 641\,300(元)$$

② 按折扣价格计算经济订购批量 EOQ。

此时 $D=8000$ 件,$C=30$ 元/件,$K=3$ 元/件·年,$P=80$ 元/件,根据公式

$$EOQ = \sqrt{\frac{2CD}{K}} = \sqrt{\frac{2 \times 30 \times 8\,000}{3}} = 400(件)$$

即价格为80元时,经济订购批量 EOQ 仍然为400件。

③ 分析判断。根据②计算结果可知,按价格80元/件计算的经济订购批量是400件,它小于享受折扣条件规定的数量(一次不小于600件),这表明每次订400元是不能享受折扣价格的,这时只能按价格100元/件计算年度总费用。根据例题(得数=801 200)计算结果可以知道,这种情况下的年度总费用是801 200元。再根据①计算结果可以判断,若按享受折扣价格时的批量即600件采购,年度总费用为641 300元,小于按不享受折扣价格时的批量即400件采购的年度总费用801 200元。因此,采购策略应为每次订购600件。

(4) 考虑运输数量折扣的经济批量。当运输费用由卖方支付时,一般不考虑运输费用对年度总费用的影响。但如果由买方支付,则会考虑对年度总费用的影响。此时,年度总费用需在公式的基础上再加上运输费用,即:年度总库存成本=年度采购成本+库存保管费+订货费+运输费,用公式表示为

$$TC = DP + \frac{DC}{Q} + \frac{QK}{2} + Y$$

式中:Y——运输费,元。

简单的比较方法是将有无运价折扣的两种情况下的年度总费用进行对比,选择年度总费用小的方案。

【例4-5】在上例中,若订购批量小于600件时,运输价格为2元/件,若订购批量大于600件时,运输价格为1.5元/件。若其他条件不变,最佳订购批量是多少?

解:① 按 EOQ 计算年度库存总费用,根据公式

$$TC_1 = DP + \frac{DC}{Q} + \frac{QK}{2} + Y$$

$$= 8\,000 \times 100 + \frac{8\,000 \times 30}{400} + \frac{400 \times 3}{2} + 8\,000 \times 2$$

$$= 817\,200(元)$$

② 按运价折扣计算年度库存总费用,根据公式

$$TC_2 = DP + \frac{DC}{Q} + \frac{QK}{2} + Y$$

$$= 8\,000 \times 100 + \frac{8\,000 \times 30}{400} + \frac{600 \times 3}{2} + 8\,000 \times 1.5$$

$$= 813\,300(元)$$

③ 比较。根据①、②的计算结果可以判断，按一次订购600件可以节省年度库存总费用 817 200－813 300＝3 900(元)。因此，应该每次订购600件。

【拓展知识】

定量订货法的优缺点

1. 优点

(1) 控制参数一经确定，实际操作就变得非常简单了。实际中经常采用"双堆法"来处理。所谓双堆法，就是将某商品库存分为两堆，一堆为经常库存，另一堆为订货点库存，当消耗完就开始订货，平时用经常库存，不断重复操作。这样可减少经常盘点库存的次数，方便可靠。

(2) 当订货量确定后，商品的验收、入库、保管和出库业务可以利用现有规格化器具和计算方式进行，可以有效地节约搬运、包装等方面的作业量。

(3) 充分发挥了经济批量的作用，可降低库存成本，节约费用，提高经济效益。

2. 缺点

(1) 要随时掌握库存动态，严格控制安全库存和订货点库存，占用了一定的人力和物力。

(2) 订货模式过于机械，不具有灵活性。

(3) 订货时间不能预先确定，对于人员、资金、工作业务的计划安排不利。

(4) 受单一订货的限制，对于实行多品种联合订货，采用此方法时还需要灵活掌握处理。

3. 定期订货法

【小词典】

定期订货法是按预先确定的订货时间间隔进行订货补充的库存管理方法。它是基于时间的订货控制方法，它设定订货周期和最高库存量，从而达到控制库存量的目的。

只要订货间隔期和最高库存量控制合理，就可能实现既保障需求、合理存货，又可以节省库存费用的目标。

定期订货法的原理：每隔一个固定的时间周期检查库存项目的储备量。根据盘点结果与预定的目标库存水平的差额确定每次订购批量。这里假设需求为随机变化，因此，每次盘点时的储备量都是不相等的，为达到目标库存水平 Q_{max} 而需要补充的数量也随着变化，如图4.6所示。

定期订货法的实施主要取决于以下3个控制参数。

(1) 订货周期(T)。即两次订单的间隔时间。定期订货法中，订货周期决定了订货时机，它也就是定期订货法的订货点。订货间隔期的长短，直接决定了最高库存量的大小，也就是决定了仓库的库存水平的高低，因而决定了库存费用的大小。所以订货周期不能太大，太大了就会使库存水平过高，也不能太小，太小了订货批次太多，会增加订货费用。其计算公式为

$$T=\frac{EOQ}{D}=\sqrt{\frac{2C}{KD}}$$

式中：T——订货周期；
　　　D——年需求量；
　　　C——每次订货成本；
　　　K——单位产品持有成本。

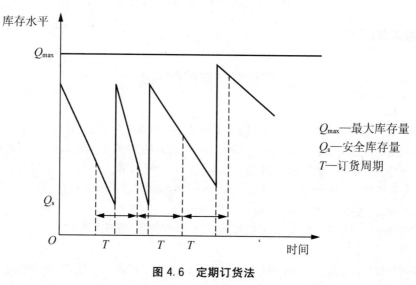

图 4.6　定期订货法

（2）最高库存量（Q_{max}）。定期订货法的最高库存量应该以满足订货时间间隔期间的需求量为依据。最高库存量的确定应满足 3 个方面的要求，即订货周期的要求，交货期或订货提前期的要求和安全库存。其计算公式为

$$Q_{max}=R_d(T+L)+S$$

式中：R_d——需求速度；
　　　L——平均订购时间；
　　　S——安全库存量。

其中 S 的计算方法同前，现归纳于表 4-6 中。

表 4-6　安全库存量（S）计算公式

计算参数＼变化情况	需求量变化，提前期固定时	需求量固定，提前期变化时	需求量和提前期都随机变化时
安全库存量（S）计算公式	$S=zQ_d\sqrt{L+T}$	$S=zR_dQ_t$	$S=z\sqrt{Q_d^2(\overline{L+T})+\overline{R_t^2}Q_t^2}$

（3）订货量（Q）。定期订货法没有固定不变的订货批量，每个周期的订货量的大小都是由当时的实际库存量的大小确定的，等于当时的实际库存量与最高库存量的差值。其计算公式为

$$Q=Q_{max}-Q_0-Q_1+Q_2=R_d(T+L)+S-Q_0-Q_1+Q_2$$

式中：Q_0——现有库存量；

Q_1——在途库存量；

Q_2——已经售出但尚未提货的库存量。

【例 4-6】 某仓库 A 商品订货周期 18 天，平均订货提前期 3 天，平均库存需求量为每天 120 箱，安全库存量为 360 箱。另某次订货时在途到货量为 600 箱，实际库存量为 1 500 箱，待出库货物数量为 500 箱，试计算该仓库 A 商品最高库存量和该次订货时的订货批量。

解：（1）根据 $Q_{max} = R_d(T+L) + S$

$= 120(18+3) + 360$

$= 2\,880$（箱）

（2）根据 $Q = Q_{max} - Q_0 - Q_1 + Q_2$

$= 2\,880 - 1\,500 - 600 + 500$

$= 1\,280$（箱）

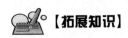**【拓展知识】**

定期订货法的优缺点

1. 优点

（1）可以合并出货，减少订货费。

（2）周期盘点比较彻底、精确，避免了定量订货法每天盘存的做法，减少了工作量，提高了工作效率。

（3）库存管理的计划性强，有利于工作计划的安排，实行计划管理。

2. 缺点

（1）需要较大的安全库存量来保证库存需求。

（2）每次订货的批量不固定，无法制定出经济订货批量，因而运营成本较高，经济性较差。

（3）手续麻烦、每次订货都得检查储备量和订货合同，并要计算出订货量。

定量与定期订货法的区别见表 4-7。

表 4-7 定期与定量订货法的区别

项 目	定期订货法	定量订货法
订货数量	每次订货数量变化	每次订货数量保持不变
订货时间	订货间隔期不变	订货间隔期变化
库存检查	在订货周期到来时检查库存	随时进行货物库存状况检查和记录
订货成本	较低	较高
订货种类	多品种统一进行订货	每个货物品种单独进行订货作业
订货对象	B 类及 C 类货物	A 类货物
缺货	在整个订货间隔内以及提前订货期间内均可能发生缺货	缺货情况只是发生在已经订货但货物还未收到的提前订货期间内
管理程度	一般管理，简单记录	严格控制，精心管理

4.2.2 相关需求的库存控制方法

1. JIT 库存控制方法

【小词典】

准时生产方式基本思想可概括为"在需要的时候,按需要的量生产所需的产品",也就是通过生产的计划和控制及库存的管理,追求一种无库存或库存达到最小的生产系统。

1) JIT 基本思想

20 世纪 70 年代末,在石油危机的冲击下,为了降低成本,消除在生产过程中的一切浪费,日本丰田汽车公司首先推出准时制化的生产方式 JIT(Just In Time)。准时生产方式的核心是追求一种无库存的生产系统,或使库存达到最小的生产系统。丰田为此而开发了包括"看板"在内的一系列具体方法,并逐渐形成了一套独具特色的生产经营体系。

2) JIT 概念的 4 个主要要素

(1) 零库存。作为一种现代库存管理方法,它基于在准确的时间把准确的数量送到准确的地点。超过需要的一切都是浪费,因此,任何库存都是浪费。日本的 JIT 理念认为,库存是由于计划不周、能力不够、供应商过失、订单处理延迟和生产操作不规范、设备保养差等造成的。

(2) 备货期短。由于采用小批量供货和较短的供货周期,JIT 使备货时间大大地缩短了。生产提前期的缩短也使成本下降。

(3) 高频率小批量补货。高频率小批量供货可以较少和避免存货,当发现问题时容易得到改进和实现均衡作业以及柔性生产等。

(4) 高质量和无缺陷。JIT 要求消除各种引起浪费的不合理的原因,要求这个生产过程中每一个操作都要达到精益求精,将质量管理引入每一个操作中,对产品质量进行及时的检测与处理。

3) JIT 中的库存控制策略

JIT 对减少库存提出了一种新思路:把库存看成一条河水的深度,将库存中存在的问题看成河底的石头,水深时,要搞清石块必须潜入水中调查,如果减少水量,石块就会自动显现出来。对于库存来说,若减少库存,存在的问题和浪费就会突显出来,就能针对问题提出解决方法,使问题得以全面解决。

另外,JIT 实现的是适时、适量生产,即在需要的时候按需要生产所需的产品,也就是说产品生产出来的时间就是顾客所需要的时间,同样,材料、零部件到达某一工序的时刻,正是该工序准备开始生产的时刻,没有不需要的材料被采购入库,也没有不需要的制品及产成品被加工出来。

JIT 实行生产同步化,使工序间在制品库存接近于零,工序间不设置仓库,前一工序加工结束后,使其立即转移到下一工序去,装配线与机械加工几乎同时进行,产品被一件件连续地生产出来。在制品库存的减少可使设备发生故障、次品及人员过剩等问题充分暴露,并针对问题提出解决方法从而带来生产率的提高。

在原材料库存控制方面，若仅考虑价格与成本之间的关系，依照传统的库存控制策略就可能为赢得一定的价格折扣而大量地购入物品。JIT 在采购时不仅考虑价格与费用之间的关系，还考虑了许多非价格的因素，如与供应商建立良好的关系，利润分享且相互信赖，以减少由于价格的波动对企业带来的不利影响，选择能按质、按时提供货物的供应商，保证 JIT 生产的有效运行。这样，JIT 就有效地控制了原材料库存，从根本降低了库存。

2. MRP 库存控制法

【小词典】

物料需求计划(Material requirements planning, MRP)是制造企业内的物料计划管理模式。根据产品结构各层次物品的从属和数量关系，以每个物品为计划对象，以完工日期为时间基准倒排计划，按提前期长短区别各个物品下达计划时间的先后顺序。

在库存管理中，EOQ 系统解决了独立需求物品的库存控制问题，而 MRP 则是为有效地适应相关物品需求而发展起来的。

1) MRP 基本原理

MRP 是一个基于计算机的库存管理系统，主要输入包括物料清单、总进度计划、库存记录文件等内容。物料清单表明产品的主要组成及相互关系；总进度计划表明产品的需要时间及数量；库存记录文件表明当前库存水平。通过对这些信息的处理，确定计划期间各个时间的净需求。MRP 要回答 3 个问题：需要什么，需要多少，什么时候需要？

2) MRP 系统的运行步骤

MRP 系统运行需要借助于电子计算机，其运行步骤大致如下。

（1）根据市场预测和客户订单，正确编制可靠的生产计划和生产作业计划，在计划中规定生产的品种、规格、数量和交货日期，同时，生产计划必须是同现有生产能力相适应的计划。

（2）正确编制产品结构图和各种物料、零件的用料明细表，产品结构图是从最终产品出发，把产品作为一个系统，其中包括多少个零部件，每个产品从总装→部装→部件→零件可划分为几个等级层次，而每一层次的零部件又由多少个小零件所组成。

（3）正确掌握各种物料、零件的实际库存量以及最高储备量和保险储备量等有关资料。

（4）正确规定各种物料和零件的采购交货日期以及订货周期和订购批量。

（5）根据上述资料，通过 MRP 的逻辑运算确定各种物料和零件的总需要量(按产品结构图和明细表逐一计算)以及实际需要量。

（6）按照各种物料和零件的实际需要量，以及规定的订购批量和订货周期，向采购部门发出采购通知单或向本企业生产车间发出生产指令。

MRP 系统的整个工作流程如图 4.7 所示。

3) MRP 系统的发展

运行 MRP 系统的前提条件是要有一个主生产计划，这意味着在已经考虑了生产能力的情况下，有足够的生产设备和人力来保证生产计划的实现。因此，对于工厂有多大生产能力，能生产些什么，MRP 系统就显得无能为力了。其次，建立 MRP 系统还假定物料采购计划是可行的，即认为有足够的供货能力和运输能力来保证完成物料采购计划。而实际

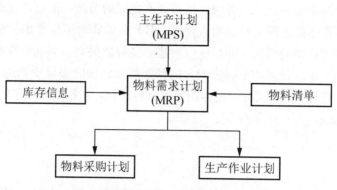

图 4.7 MRP 系统流程图

上,有些物料可能由于市场紧俏、供货不足或运输工作紧张而无法按时、按量满足物料采购计划,在这种情况下,MRP 系统的输出将无法实现。因此,MRP 系统计算出的物料需求的日期有可能因设备和工时的不足而没有能力生产,或者因原料的不足而无法生产。要解决以上问题,在实际使用 MRP 系统时,往往预先编制一套主生产计划,计算出所需要的生产能力,然后把这个生产能力与实际生产能力进行比较。此外,在实际使用 MRP 系统时,对于物料采购计划不能实现的部分,也得依靠人工进行调整与落实。总之,在 MRP 系统的应用中,需要人工介入较多。而且 MRP 系统也没有涉及车间作业计划及作业分配,这部分工作仍然由人工完成,因此,也就不能保证作业的最佳顺序和设备的有效利用。

为了解决以上问题,MRP 系统在 20 世纪 70 年代发展为闭环 MRP 系统。闭环 MRP 系统除物料需求计划外,还将生产能力需求计划、车间作业计划和采购作业计划也全部纳入 MRP,形成一个封闭的系统。20 世纪 80 年代初,企业为了实现资金流与物流的统一管理,要求把财务子系统与生产子系统结合到一起,形成一个系统整体,这使得闭环 MRP 向 MRPⅡ 前进了一大步。最终把生产、财务、销售、工程技术、采购等各个子系统集成为一个一体化的系统,并称为制造资源计划(Manufacturing Resource Planning)系统,英文缩写还是 MRP,为了区别物料需求计划系统(缩写为 MRP)而记为 MRPⅡ。

3. ERP 库存控制方法

 【小词典】

企业资源计划(Enterprise Resource Planning,ERP)是目前世界上制造业普遍采用的信息系统。它是一种先进的现代管理技术,是一种对一个企业所有资源进行有效计划安排,以达到最大的客户服务、最小的库存投资和高效率的工厂作业为目标的先进管理思想和方法。

20 世纪 80 年代末,随着企业生产经营国际化的发展,一些企业开始感到传统的 MRPⅡ 软件所包罗的功能已不能满足企业全范围经营管理的需要。到 20 世纪 90 年代,就出现了更高层次的企业管理信息系统,被称为企业资源计划系统(Enterprise Resource Planning System)——ERP 系统。

ERP 系统极大地扩展了管理信息集成的范围。除原有的 MRPⅡ 系统的功能(制造、供销、财务)外,还集成进了企业的其他管理功能,如质量管理、实验室管理、设备维修管理、仓库管理、运输管理、项目管理、市场信息管理、国际互联网和企业内部网、电子邮件、金融投资管理、法规与标准管理以及过程控制接口、数据采集接口等，成为一种覆盖整个企业生产经营活动的管理信息系统。除此以外，ERP 还汇集了离散型生产和流程型生产的特点，以满足多种生产类型企业的需要。

【你知道吗?】

  MRP、MRPⅡ和 ERP 是企业管理信息系统发展的不同阶段。在国内外，由于各企业之间存在差异，发展水平也不均衡，不可能都采用 ERP 信息应用系统。因此，MRP、MRPⅡ和 ERP 都分别有各自的应用范围。

  ERP 系统的一般构成如图 4.8 所示。

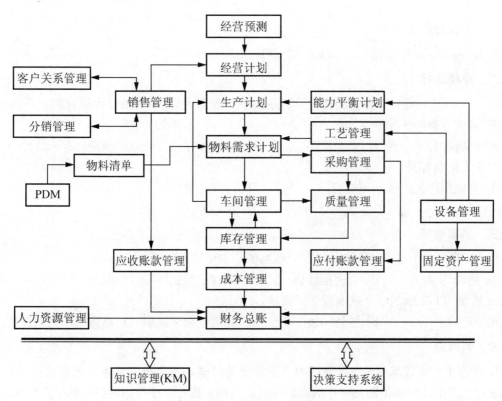

图 4.8 ERP 系统的一般构成

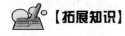【拓展知识】

ERP 的库存管理效益

  ERP 的库存管理子系统帮助企业的仓库管理人员对库存物品的入库、出库、移动、盘点等操作进行全面的控制和管理，以达到降低库存、减少资金占有的目的，避免出现物料积压或短缺的现象，保证生产经营活动顺利进行。具体作用体现在以下几方面。

1) 降低库存投资

（1）降低库存量，使用 ERP 系统之后，由于有了好的需求计划，使得可以在恰当的时间得到恰当的物料，从而可以不必保持较多的库存。

(2) 降低库存管理费用，库存量降低还导致库存管理费用的降低，其中包括仓库维护费用、管理人员费用、保险费用、物料损坏和失窃等。库存管理费用通常占库存总投资的 25%。

(3) 减少库存损耗，一方面由于库存量减少，库存损耗也随之减少；另一方面，MRP 对库存记录的准确度有相当高的要求，为了保证库存记录的准确性，要实行循环盘点法，因而能够及时发现造成库存损耗的原因，并及时予以消除，从而可以使库存损耗减少。

2) 降低采购成本

ERP 把供应商视为自己的外部工厂。通过供应商计划法与供应商建立长期稳定、双方受益的合作关系。这样既保证了物料供应，又为采购人员节省了大量的时间和精力，使他们可对采购工作进行有价值的分析。

【学习测评】

一、名词解释

1. 库存　2. 库存管理　3. EOQ　4. JIT

二、单项选择

1. (　　)也叫缓冲库存。是指为了防止由于不确定因素(如突发性大量订货，厂商交货期延期等)而准备的缓冲库存。

　A. 周转库存　　　B. 安全库存　　　C. 运输库存　　　D. 预期库存

2. JIT 的目标是(　　)。

　A. 彻底消除无效劳动和浪费　　　B. 订货时间短

　C. 高质量　　　　　　　　　　　D. 高频率

三、多项选择

1. MRP 是一个基于计算机的库存管理系统，主要输入包括(　　)。

　A. 物料清单　　B. 总进度计划　　C. 库存记录文件　　D. 时间

2. 属于 JIT 采购的 4 个基本概念要素是：(　　)。

　A. 零库存　　B. 备货期短　　C. 高质量和无缺陷　　D. 高频率小批量补货

四、判断题

1. 准时生产方式基本思想可概括为"在需要的时候，按需要的量生产所需的产品"，也就是通过生产的计划和控制及库存的管理，追求一种无库存或库存达到最小的生产系统。
(　　)

2. 通过精简化的操作，可以缩短产品在入库与出库之间的等待时间，实现从预测的交货方式向准时制适时交货方式的转变。(　　)

五、简答题

1. 简述 ABC 库存分类管理法的主要步骤。

2. 定期订货法有哪些优缺点？

3. 简述库存管理的发展趋势。

六、计算题

1. 某仓库 A 商品年需求量为 30 000 个，单位商品的购买价格为 20 元，每次订货成本为 240 元，单位商品的年保管费为 10 元，求：在保证供应的条件下，该商品的经济订货批量、每年的订货次数、平均订货间隔周期及最低年总库存成本。

2. 某仓库 A 商品年需求量为 30 000 个，单位商品的购买价格为 20 元，每次订货成本为 240 元，单位商品的年保管费为 10 元。该仓库在采购中发现，A 商品供应商为了促销，采取以下折扣策略：一次购买 1 000 个以上打 9 折；一次购买 1 500 个以上打 8 折。若单位商品的仓储保管成本为单价的一半，求在保证供应的条件下，甲仓库的最佳经济订货批量应为多少？具体资料见表 4-8。

表 4-8 多重折扣价格表

折扣区间	0	1	2
折扣点(个)	0	1 000	1 500
折扣价格(元/个)	20	18	16

案例研讨

【案例】张经理的新决策

东方电气公司每年要用 4 000 个空气开关，市场价为每个 10 元。公司张经理历来从新光公司进货，因为该公司不管张经理每次购买多少，都给予 10% 的折扣。今年，张经理收到新华公司和兴隆公司的来函。新华公司提出，只要张经理一次购买 500 个以上，可给予 15% 的折扣；兴隆公司则提出，如张经理一次购买 1 000 个以上，可给予 20% 的折扣。东方公司每准备接收一次订货大约花费 300 元，每年的单位持有费用为购买价的 40%。订哪个公司的好呢？张经理陷于思索中。

【请分析】

张经理应当如何决策？

任务驱动

【工作任务】运用 ABC 库存分类管理法进行库存管理

1. 任务内容

广州市某中型家具制造企业主要有板式家具和实木家具两条生产线，所需物料多达 5 000 余种，对物料的控制难度较大，适合采用 ABC 分类管理法。为了对这些库存物料进行有效的控制，公司决定采用 ABC 分类法。假如你是公司物流人员，试用 ABC 分类法对该公司的库存物料进行分类管理。该公司 2011 年第二季度物料库存汇总表见表 4-9。

表 4-9 第二季度物料库存汇总表

物料名称	品种数量	需求数量	主要单位	库存金额/元
中纤板加工板	136	175 992	块	13 289 778.79
通用五金	55	25 137 302	个	6 890 674.21
油漆及天那水	95	339 004.9	千克	6 691 005.98

续表

物料名称	品种数量	需求数量	主要单位	库存金额/元
刨花板加工板	87	35 251	块	4 571 994.95
实木	43	617.148 3	立方米	3 203 353.24
封边条	188	4 225 662.5	米	2 984 680.78
杂木外购件	256	79 484.91	块	2 798 270.08
五金杂件	614	2 851 908.1	个	2 521 401.33
布料皮革	98	42 067.83	平方米	2 385 858.44
工具耗材	1 125	1 152 093	个	1 359 080.13
纸箱	1 413	290 277	个	1 208 781.68
木皮	145	30 122.02	块	665 519.37
玻璃	242	34 040	块	655 858.33
保丽龙	497	1 487 541	片	649 777.78
胶黏剂	497	3 624	千克	643 744.38
珍珠棉	17	607 788	张	578 688.84
贴面纸	46	228 694	米	447 187.84
蜂窝纸芯	7	51 968	平方米	330 890.31
其他	253	10 203	其他	202 556.72

2. 任务要求

将学生分成若干组,各组选出一个负责人,组内分工合作完成任务,最后由负责人汇报陈述方案。

3. 任务评价

评价方式采取过程评价和结果评价两种方式,评价方法采取老师评价与小组内部成员互相评价相结合。过程和结果综合得分为该生的此任务得分(注意:确定好老师评分和小组评分占总得分的比重)。任务评价表见表 4-10、表 4-11。

1) 过程评价

表 4-10 任务过程评价表

被考评人			该评价总得分	
评分标准	分值	老师评价得分	小组评价得分	小组评价意见
合理分工				
能够快速进入角色				
是否全员参与				
团队协作				

2) 成果评价

表 4-11 任务成果评价表

被考评人			该评价总得分	
评分标准	分值	老师评价得分	小组评价得分	小组评价意见
分类方案可行性				
计算方法使用得当				
分类方案内容详实，结构完整				

项目 5

认知配送

RENZHI PEISONG

【项目内容】

本项目内容主要包括配送的概念，配送的产生、发展及配送种类；配送中心的功能、定位及业务流程，配送中心的选址、功能规划、结构规划、设施设备及信息系统规划。

【项目目标】

1. 知识目标

了解配送和配送中心的概念，了解我国配送目前存在的问题及未来发展对策；熟悉配送中心的规划设计；掌握配送中心的功能及业务流程。

2. 技能目标

能够利用所学知识为配送中心进行规划；能够清楚地理解配送作业的功能和重要性。

3. 素质目标

培养学生对配送活动的管理能力；培养学生的独立思考能力；培养学生的团队合作意识。

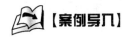【案例导入】

黄金珠宝首饰的物流配送

深圳水贝是国内主要的黄金珠宝首饰产品生产批发基地,每天都有大量的珠宝首饰产品从这里发往全国各地。按常规,大批量的货一般由采购商自己带走,或者厂家派业务员取货,如果量少则通过快递公司发货。配送货品产生的费用一般由采购商承担,但无论由谁承担,其配送费用是计入其采购成本之中的,而且是采购成本中重要的一块支出费用。如果将配送货品这项工作交给一个专业的珠宝物流公司,将会大大降低其采购成本。那么"专业珠宝物流"是如何解决珠宝首饰配送问题的呢?

珠宝物流与普通物流相比,更强调其安全性和快捷性。珠宝首饰为贵重产品,运送中遭遇失窃与抢劫的可能性比一般商品都大,因此要更注重其安全性。黄金、铂金、钻石等珠宝材质价格波动频繁,配送时间越长,商家承担的价格风险也越大。此外,珠宝首饰业是资金高密度产业,配送时间越短越能提高商家的资金周转率。

深圳市领先达物流公司是一家专门从事珠宝配送服务的物流公司。针对专业珠宝物流的特殊性,深圳市领先达物流公司有一套特殊的机制和流程,确保珠宝产品在运送过程中安全和快捷。

首先,人员招聘全部采用内招方式。公司不对外招聘,工作人员必须是通过熟人介绍和担保,无任何犯罪记录、个人档案清晰才能进入公司。这样操作降低了内部作案的可能性,即使发生特殊事件,案情调查也相对简单。

其次,严谨而且环环相扣的工作流程形成了安全保障。在客户发货之前,领先达公司会将取货员的个人档案发给客户,客户验证取货员身份后,才会提货给取货员。接着,取货员将货物在指定的服务中心进行二次打包。二次打包与普通物流公司不同,他们采用木箱重新包装,并用一次性螺钉封装,确保货物到达目的地之前原封不动。货物发往机场途中,司机和押送员必须按照指定的路线将货物运往机场,并且他们不知道押运车上的取货密码。只有当车到达机场后,驻机场交接员才会收到密码,凭密码开启货柜,取出货品。这样保证了运往机场途中不发生意外。

领先达公司和机场达成了协议,机场为领先达公司开辟了一条专门的货运通道,即无需经过繁琐的安全检查程序,可直接装箱上机,并为其设立了固定的货运仓位。货物到达目的地城市,当地工作人员在机场接收到货物,会在最短时间内联系收货方,并通过多重验证,让货主安全取到货品。

再次,在装备上,领先达公司采用专业运钞车、全程的 GPS 定位导航,安全检查和防卫设施十分完善,接近银行武装押运的水平。

【归纳评析】

专业珠宝物流配送这一服务模式,是结合珠宝首饰的特点而创造的新型物流模式,也是物流市场细分的一个趋势。珠宝物流还在不断探索之中,希望能衍生出更多新的服务方式,更好地促进国内珠宝首饰产业的发展。

 任务5.1 初识配送

【小词典】

《中华人民共和国标准物流术语》(GB/T 18354—2006)对"配送"的定义为:配送是在经济合理区域范围内,根据用户要求,对物品进行拣选、加工、包装、分割、组配等作业,并按时送达指定地点的物流活动。

5.1.1 配送的内涵

配送是物流中一种特殊的、综合的活动形式，是商流与物流的紧密结合，包含了商流活动和物流活动，也包含了物流中若干功能要素的一种形式。

从物流来讲，配送几乎包括了所有的物流功能要素，是物流的一个缩影或在某小范围中物流全部活动的体现。一般的配送集装卸、包装、保管、运输于一身，通过这一系列活动完成将货物送达的目的。特殊的配送则还要以加工活动为支撑，所以包括的方面更广。但是，配送的主体活动与一般物流却有不同，一般物流是运输及保管，而配送则是运输及分拣配货，分拣配货是配送的独特要求，也是配送中有特点的活动，以送货为目的的运输则是最后实现配送的主要手段，从这一主要手段出发，常常将配送简化地看成运输中的一种。

这个内涵的概括了 6 点内容。

（1）配送实质是送货。配送是一种送货，但和一般送货有区别，一般送货可以是一种偶然的行为，而配送却是一种固定的形态，甚至是一种有确定组织、确定渠道，有一套装备和管理力量、技术力量，有一套制度的体制形式。所以，配送是高水平送货形式。

（2）配送是一种"中转"形式。配送是从物流结点至用户的一种特殊送货形式。从送货功能看，其特殊性表现为：从事送货的是专职流通企业，而不是生产企业；配送是"中转"型送货，而一般送货尤其是从工厂至用户的送货往往是直达型；一般送货是生产什么、有什么送什么，配送则是企业需要什么送什么。所以，要做到需要什么送什么，就必须在一定中转环节筹集这种需要，从而使配送必然以中转形式出现。当然，广义上，许多人也将非中转型送货纳入配送范围，将配送外延从中转扩大到非中转，仅以"送"为标志来划分配送外延也是有一定道理的。

（3）配送是"配"和"送"有机结合的形式。配送与一般送货的重要区别在于，配送利用有效的分拣、配货等理货工作，使送货达到一定的规模，以利用规模优势取得较低的送货成本。如果不进行分拣、配货，有一件运一件，需要一点送一点，这就会大大增加动力的消耗，使送货并不优于取货。所以，要追求整个配送的优势，分拣、配货等项工作是必不可少的。

（4）配送以用户要求为出发点。在定义中强调"按用户的定货要求"明确了用户的主导地位。配送是从用户利益出发、按用户要求进行的一种活动，因此，在观念上必须明确"用户第一"、"质量第一"，配送企业的地位是服务地位而不是主导地位，因此不能从本企业利益出发而应从用户利益出发，在满足用户利益基础上取得本企业的利益。更重要的是，不能利用配送损伤或控制用户，不能利用配送作为部门分割、行业分割、割据市场的手段。

（5）概念中"以合理经济区域"的提法是基于这样一种考虑：过分强调"按用户要求"是不妥的，用户要求受用户本身的局限，有时在实际中会损失自我或双方的利益。对于配送者来讲，必须以"要求"为据，但是不能盲目，应该追求合理性，进而指导用户，实现共同受益的商业原则。

（6）配送活动不仅仅是物流活动的终结环节，也是营销或促销活动的重要手段。准确而又稳定的配送活动可以在保证供给的同时，最大限度地降低生产企业或流通的成本。

现代物流是一种"特殊"的送货形式，是一种送货到用户服务式商品供应制度，是"配"和"送"的结合，体现用户至上的原则，配送全过程有现代化技术和装备做保证。现代配送与一般送货业务的区别见表 5-1。

表 5-1 现代配送与一般送货业务的区别

项　　目	配送活动	送货活动
工作内容	货物经过分类、配组、分装、货物整理	没有分类、配组等理货工作
工作效率	（1）充分利用运力，考虑车辆的货物配载。 （2）重视运输路线优化，强调距离最短，并一辆卡车向多处运送	（1）不考虑车辆配载。 （2）不考虑科学制定运输规划，优化运输路线，卡车一次向一地单独运送
时间要求	送货时间准确，计划性强	时间不一定准确，计划性相对差
成本费用	最优	存在运力浪费、成本费用高
与其他物流作业环节的关系	备货、储存、流通加工、分拣、送货等作业环节统一管理	备货、储存、流通加工、分拣、送货等作业环节分割进行
市场性质	以市场需求为导向，客户需要什么送什么，以满足顾客需求为前提，是一项增值服务	有什么送什么，只能满足客户的部分需要，只是销售工作的一个普通服务项目
目的意义	是实现企业战略的重要组成部分，是提升企业竞争力的重要手段	只是企业的一种推销手段，通过送货上门服务提高销售量
组织管理	有专职的企业物流部门（公司）或物流企业组织作为组织保障，组织管理水平高，有完善的信息管理系统做支撑	在生产企业只是一项附带业务
基础设施	必须有完善的交通运输网络和设施，有将分货、配货、送货等活动有机结合起来的专业配送中心	没有具体的要求
技术装备	全过程有现代化物流技术和装备的保证，在规模、水平、效率、速度、质量等方面占优势	技术装备简单
行为性质	是一种定制化的长期固定的服务，并且供需双方形成的是一种战略伙伴关系	是企业销售活动中的短期促销行为，可以是一种偶然行为

【你知道吗?】

配送是物流系统中重要的功能之一，是物流中一种特殊的、综合的活动形式，是将商流与物流紧密结合、包含了商流活动也包含了物流中若干功能要素的一种形式。

5.1.2 配送与物流的关系

1. 配送有利于促进物流的社会化、合理化

发展配送可以大大减少企业的自有车辆，实现车辆的专营化，从而减少不合理运输造成的运力浪费和交通紧张，它还为企业卸下了一个沉重的包袱，为生产企业和销售企业节约了

物流成本。通过为生产企业、销售企业提供配送，借助于配送商品的对象品种不同，可以打破行业、地区的条块分割，尤其是共同配送，把各储运企业联合在一起，统筹计划，共同送货，取代了一家一户的"取货制"，取代了层层设库、户户储运的分散的、多元化的物流格局。配送所实行的集中社会库存、集中配送等大生产形式，对于从根本上结束小生产方式的商品流通，改变其分散的、低效率的运行状态，实现与社会化大生产相适应的流通的社会化都具有战略意义。

2. 配送有利于促进物流设施和装备的技术进步

发展配送有利于促进物流设施和装备的技术进步，具体表现在3个方面：一是促进信息处理技术的进步。随着配送业务的开展，处理的信息量越来越多，原始的手工处理信息速度慢且容易出差错，已适应不了配送工作的要求，必然大量应用电子计算机这一现代化的信息处理技术；第二是促进物流处理技术的进步，从而提高物流速度，缩短物流时间，降低物流成本，减少物流损耗，提高物流服务质量。配送业务的发展，必然伴随着自动化立体仓库、自动化分拣装置、无人搬运车、托盘化、集装箱化等现代化物流技术的应用；第三是推动物流规划技术的开发应用。随着配送业务的开展，配送货主越来越多，随之而来就是配送路线的合理选择、配送中心选址、配送车辆的配置和配送效益的技术经济核算等问题，对于这些问题的研究解决，促进了我国物流技术的发展，并使之达到一个新阶段。

3. 配送使仓储的职能发生变化

开展配送业务后，现代仓储的作用已由储存、保管商品的使用价值向着集散、分送商品，加速商品流通速度的方向发展。仓储业将从储存、保管的静态储存转向以保管储存、流通加工、分类、拣选、商品输送等联为一体的动态储存。建立配送中心后，仓储业的经营活动将由原来的储备型转变为流通型。不仅要保证商品的使用价值完好无损，而且要做到货源充足、品种齐全、供应及时、送货上门，其经营方式从等客上门向主动了解用户的需求状况，以满足用户的各种要求的方向转变。

4. 促进商物分离

未开展配送业务之前，各个商店都有自己的仓库，并各自进行物流活动，叫做商物一致。开展配送业务以后，配送中心就可以充分发挥自己网络多、情报快、物流手段先进和物流设施齐全的优势专门从事物流活动，而各商店只要保持较低水平的库存。这就大大改善了零售企业的外部环境，使零售企业有更多的资金和精力来专心从事商流活动，这就是商物分离。

5. 有利于提高物流的经济效益

通过配送中心，开展"计划配送"、"共同配送"等形式，能够消除迂回运输、重复运输、交叉运输、空载运输等不合理运输；用大型卡车成批量地送到消费地配送中心，再用自用小型车从配送中心运给用户的方法，也可以从总体上节省费用；集中配送，又有利于集中库存，维持合理的库存水平，消除了分散库存造成的各种浪费；同时还能减少不必要的中转环节，缩短物流周转时间，减少商品的损耗。因此，配送对提高物流综合经济效益有利。

5.1.3 配送的意义

1. 完善了输送及整个物流系统

第二次世界大战之后，由于大吨位、高效率运输力量的出现，使干线运输无论在铁路、海运抑或公路方面都达到了较高水平，长距离、大批量的运输实现了低成本化。但是，在所有的干线运输之后，往往都要辅以支线或小搬运，这种支线运输及小搬运成了物流过程的一个薄弱环节。这个环节有和干线运输不同的许多特点，如要求灵活性、适应性、服务性，致使运力往往利用不合理、成本过高等问题难以解决。采用配送方式，从范围来讲将支线运输及小搬运统一起来，加上上述的各种优点使输送过程得以优化和完善。

2. 提高了末端物流的效益

配送中所包含的运输活动在整个输送过程中是处于"二次输送"、"支线输送"、"末端输送"的位置，其起止点是物流节点至用户。通过增大经济批量来达到经济地进货，又通过将各种商品用户集中在一起进行一次发货，代替分别向不同用户小批量发货来达到经济地发货，使末端物流经济效益提高。配送以灵活性、适应性、服务性的特点，解决了过去末端物流的运力安排不合理、成本过高等问题，从而提高了末端物流的经济效益。

3. 通过集中库存使企业实现低库存或零库存

实现了高水平的配送之后，尤其是采取准时配送方式之后，生产企业可以完全依靠配送中心的准时配送而不需保持自己的库存，或者，生产企业只需保持少量保险储备而不必留有经常储备，这就可以实现生产企业多年追求的"零库存"，将企业从库存的包袱中解脱出来，同时解放出大量储备资金，从而改善企业的财务状况。实行集中库存时，集中库存的总量远低于不实行集中库存时各企业分散库存之总量，同时增加了调节能力，也提高了社会经济效益。此外，采用集中库存可利用规模经济的优势，使单位存货成本下降。

4. 简化事务，方便用户

每个用户由于自身的实际情况不同，对供应的要求也有所不同。采用配送方式，用户只需向一处订购或和一个进货单位联系就可订购到以往需去许多地方才能订到的货物，只需组织对一个配送单位的接货便可代替现有的高频率接货，因而大大减轻了用户的工作量和负担，也节省了事务开支。

5. 提高供应保证程度

配送企业依靠自己联系面广、多方组织货源的优势，按用户企业的要求及时供应。若组织到的货源不能满足用户的需要，配送企业还可利用自己的加工能力进行加工改制，以适应用户的需要并及时地将货物送到用户手中。如果用户自己去采购，由于精力或其他方面所限没有采购到或采购到的物品不适用，必将影响到物资的供应，使生产受到影响。因此配送的发展对每个企业而言，中断供应、影响生产的风险便相对缩小了，使用户免去短缺之忧。

6. 配送为电子商务的发展提供了基础和支持

从商务角度来看，电子商务的发展需要具备两个重要的条件：一是货款的支付，二是商品的配送。网上购物方便快捷，无论怎样减少流通环节，唯一不能减少的就是商品配送，配送服务如不能相匹配，则网上购物就不能发挥其方便快捷的优势。因此，要发展电子商务，就必须首先发展物流配送。

5.1.4 配送的分类

在不同的市场环境下,为适应不同的生产和消费需要,配送表现出多种形式。这些配送形式各有优势,同时也有各自的适应条件。

1. 按配送服务的范围划分

按配送服务的范围将配送分类,见表5-2。

表5-2 按配送服务的范围划分

配送方式	定 义	特 点
城市物流配送	即向城市范围内的众多用户提供服务的配送	其辐射距离较短,多使用载货汽车配送,机动性强、供应快、调度灵活,能实现少批量、多批次、多用户的"门到门"配送
区域物流配送	是一种辐射能力较强,活动范围较大,可以跨市、省的物流配送活动	它具有以下特征:经营规模较大,设施齐全,活动能力强;货物批量较大而批次较少;区域配送中心是配送网络或配送体系的支柱

2. 按配送主体不同划分

按配送主体不同将配送分类,见表5-3。

表5-3 按配送主体不同划分

配送方式	配送的组织者	配送的特点	地 位	配送的货物
配送中心配送	专职从事配送业务的配送中心	配送中心配送的数量大、品种多、半径大、能力强。由于需要大规模的配套设施,投资较大	是配送的主体形式	承担企业生产用主要物资的配送及向商店补充性配送等
商店配送	商业或物资的门市网点	一般规模不大,但经营品种却比较齐全。可根据用户的要求,将商店经营的品种配齐,或代用户外订外购一部分本商店平时不经营的商品,与商店经营的品种一起配齐运送给用户	很难与大配送中心建立计划配送关系,所以常常利用小零售网点从事此项工作	主要承担商品的零售
仓库配送	以一般仓库为据点	仓库配送规模较小,专业化程度低,但可以利用仓库的原有资源而不需大量投资,上马较快		在仓库保持原有功能前提下,增加配送功能
生产企业配送	生产企业,尤其是进行多品种生产的企业	避免了一次物流的中转,能大大降低因中间环节而提高商品价格,减少中间环节,节省在途时间	主要是一些大型的生产企业在使用	适合保质期较短、容易变质的商品;高价值,对运输、存储专业性要求比较高的商品;销售量比较大,供应商能够整车运输的商品

3. 按配送时间及数量划分

1）定时配送

定时配送是指按规定时间间隔进行配送，比如数天或数小时一次等，而且每次配送的品种及数量可以根据计划执行，也可以在配送之前以商定的联络方式（比如电话、计算机终端输入等）通知配送的品种及数量。由于这种配送方式时间固定、易于安排工作计划、易于计划使用车辆，因此，对于用户来讲，也易于安排接货的力量（如人员、设备等）。但是，由于配送物品种类变化，配货、装货难度较大，因此如果要求配送数量变化较大时，也会使安排配送运力出现困难。定时配送有以下几种具体形式。

（1）小时配。接到配送订货要求 1 小时内将货物送达。适用于一般消费者突发的个性化配送需求，也经常用作应急的配送方式。B2C 型的电子商务，在 1 个城市范围内，也经常采用小时配的配送服务方式。

（2）日配。接到订货要求 24 小时之内将货物送达。日配是定时配送中较为广泛采用的方式，可使用户获得在实际需要的前半天得到送货服务的保障，基本上无须保持库存，即实现用户的"零库存"。

（3）准时配送方式（JIT）。按照双方协议时间，准时将货物配送到用户的一种方式。这种方式比日配方式更为精密，利用这种方式连"暂存"的微量库存也可以取消，绝对地实现零库存。它适用于装配型、重复、大量生产的企业用户，往往是一对一的配送。

（4）快递方式。快递是一种在较短时间内实现货物的送达，但不明确送达的具体时间的快速配送方式。一般而言其覆盖地区较为广泛，服务承诺期限按不同地域会有所变化。快递配送面向整个社会企业型和个人型用户，如 FEDEX、UPS、DHL、TNT 及我国邮政系统的 EMS 快递都是运作得非常成功的快递配送企业。

2）定量配送

定量配送即按事先协议规定的数量进行配送。这种配送方式数量固定，备货工作较为简单，可以根据托盘、集装箱及车辆的装载能力规定配送的定量，能够有效利用托盘、集装箱等集装方式，也可做到整车配送，配送效率较高。由于时间不严格限定，因此可以将不同用户所需的物品凑成整车后配送，运力利用也较好。对于用户来讲，每次接货都处理同等数量的货物，有利于人力、物力的准备工作。

3）定时定量配送

定时定量配送是按规定的配送时间和配送数量进行配送，兼有定时、定量两种方式的优点，是一种精密的配送服务方式。这种方式要求有较高的服务质量水平，组织工作难度很大，很难实行共同配送等配送方式，通常针对固定客户进行这项服务。

4）定时定路线配送

定时定路线配送指在规定的运行路线上，制定到达时间表，按运行时间表进行配送，用户则可以按规定的路线站及规定的时间接货。

5）即时配送

即时配送是完全按用户突发的配送要求随即进行配送的应急方式，是对各种配送服务的补充和完善，灵活但配送成本很高。

即时配送可以灵活高效地满足用户的临时需求，最终解决用户企业的断供之忧，是大幅度提高供应保证能力的重要手段。即时配送是配送企业快速反应能力的具体化,是配送企业能力的体现。即时配送成本较高,对配送中心的要求比较高,特别对配送速度和配送时间要求比较严格,但它是整个配送合理化的重要保证手段。此外,用户实行零库存,即时配送也是重要手段保证。

4. 按配送商品品种和数量不同划分

1) 单(少)品种大批量配送

工业企业需要量较大的商品,单独一个品种或几个品种就可达到较大输送量,可实行整车运输。配送的商品品种少,这种商品往往不需要再与其他商品搭配,可由专业性很强的配送中心配送。由于配送量大,可使车辆满载并使用大吨位车辆,配送中心内部设置、组织、计划等工作也较简单,因此配送成本较低。但是,如果可以从生产企业将这种商品直接运抵用户,同时又不致使用户库存效益下降时,采用直送方式往往有更好的效果。

2) 多品种少批量配送

这是按用户要求将所需各种物资配备齐全,凑整装车后由配送据点送达用户的一种配送方式。现代企业生产除了需要少数几种主要物资外,从种类数来看,需要 B、C 类物资的品种数远高于 A 类主要物资。B、C 类的物资品种数多,但单种需要量不大,若采取直送或大批量配送方式,由于一次进货批量大,必然造成用户库存增大等问题,类似情况也存在于向零售店补充一般生活消费品的配送,所以这些情况适合采用多品种、少批量配送方式。

多品种、少批量配送是按用户要求将所需的各种物品(每种物品的需要量不大)配备齐全,凑整装车后由配送据点送达用户。这种配送作业水平要求高,配送中心设备复杂,配货送货计划难度大,要有高水平的组织工作保证和配合。在配送方式中,这是一种高水平、高技术的方式。

3) 配套成套配送

配套成套配送指按企业生产需要,尤其是装配型企业生产需要,将生产每一台件所需全部零部件配齐,按生产节奏定量送到生产企业,生产企业随即可将此成套零部件送入生产线装配产品。在这种配送方式中,配送企业承担了生产企业大部分供应工作,使生产企业专注于生产,从而提高劳动生产率。

5. 其他配送方式

1) 加工配送

加工配送指与流通加工相结合的配送,即在配送据点中设置流通加工环节,如果社会上现成的产品不能满足用户需要时,可以经过加工后进行分拣、配货再送货到户。流通加工与配送的结合,使流通加工更有针对性,可取得加工增值收益。

2) 集疏配送

集疏配送是只改变产品数量组成形态而不改变产品本身的物理、化学形态,与干线运输相配合的一种配送方式,比如大批量进货后小批量、多批次发货,零星集货后以一定批量送货等。

3) 协同配送

协同配送又名共同配送,是指由多个企业联合组织实施的配送活动。

【小词典】

协同配送是多名流通经营者在配送环节上进行合作的配送方式。

(1) 协同配送的类型和特点。这种合作方式可以互相使用对方的配送系统或者共同组建配送系统,也可以共同投资设立物流企业等,其特点见表5-4。

表5-4 协同配送的特点

类型		特　点
以货主为主体的协同配送	发货货主主体型	由有配送需求的厂家、批发商、零售商及它们组建的新公司或者合作社机构作为主体进行合作,解决个别配送效率低下的问题
		(1) 与客户的协同配送:用于采购零部件或采办原材料的车均可用于产品的运输,即都可以参与协同配送。 (2) 不同行业货主的协同配送:不跑空车,让物流子公司与其他行业合作,装载回程货或其他公司合作进行往返运输。 (3) 集团系统内部的协同配送:企业集团、大资本集团、零售商集团等内部的协同配送。 (4) 同行业货主的协同配送:集团协同配送(组成集团相互合作,共同利用配送储存设施,在配送能力不足的地区互相扶持、协同配送)、共同出资组建新公司进行协同配送(建立协同物流公司或协同配货公司)、建立合作社进行协同配送(组建合作社,一起进货,一起配送)、通过同行业VAN增值网进行协同配送(以同行业VAN增值网为基础进行配送)
	进货货主主体型	零售商以中心批发商(一级批发商)为窗口,从中间商(二级批发商)处统一进货再配送给物流中心或零售商
以物流业者为主体的协同配送		由提供配送的物流业者,或以它们组建的新公司或合作机构为主体进行合作,克服个别配送的效率低下等问题
	公司主体型	运送者的协同配送:向特定交货点运送货物,交货业务合作化。共同出资组建新公司开展协同配送:本地的运送公司(特别零担货物运送业者、包租业者)共同出资组建新公司开展送货到户业务
	合作机构主体型	运送业者组成合作机构开展协同配送:运送公司组成合作机构,将各成员在各自收集货物或配送货物地区所收集的货物运到收配货据点,统一配送,与运送合作机构和批发合作机构合作,开展协同配送。运送业者的合作机构和批发商的合作机构合作,设置收集货物和配送货物的据点,运送公司的合作机构统一承包批发商的集货和配货的业务

(2) 协同配送的优势。协同配送的目的在于最大限度地提高人员、物资、金钱、时间等物流资源的效率(降低成本),取得最大效益(提高服务),还可以去除多余的交错运输,并取得缓解交通、保护环境等社会效益。共同配送的优点见表5-5。

(3) 在实施协同配送的过程中要注意的问题。

① 不要泄漏企业机密。应当想办法既能开展协同配送又不至泄露企业机密。

② 协同配送化主体要有好的领导人或协调人,就协同配送问题协调各方面的意见,这是一项很复杂的工作。因此,有魄力、有干劲的领导人或协调人是必不可缺的。最合适的人选是与销售方面没有利害关系,知识、经验丰富的物流专家。

表 5-5　协同配送的优点

对于货主	对于运送业者
运费负担减轻	可以提高运输效率
可以减少雇员	可以降低物流成本
可以小批量进货配货	可以减少物流人员
收货人员可以对不同品种货物统一验收	可以减少不正当竞争
物流空间可以互相融通	可以减少重复的服务
可以缓解交通拥挤	可以缓解交通拥挤
防止环境污染	防止环境污染

③ 要保持服务水平：要防止交货条件、商品在途时间等服务水平的下降，防止发生纠纷，防止货物破损或污染。

④ 要有成本效益目标。实行物流协同后如果增加成本就成了问题，整个的运行至少应在过去的成本以下实施，或至少应能清楚地确定将来的成本效益目标。

⑤ 搞好商品管理。若干企业的库存商品都在一起，存在控制库存、订货方式、脱销等一系列不好处理的问题。因此，应预先将接收订货信息的时间、托盘、传票、代码等支持条件清楚地确定下来。

⑥ 搞好成本效益分配。要平等分配成本效益，无论是大企业还是中小企业均应平等对待。

⑦ 要阻止设施费用和管理成本的增长。在推进协同配送上应当注意以上一些问题，能否取得成功主要还是看决心和其系统化的能力。

⑧ 创造条件取得公司内部的理解与支持也很重要。在物流系统中存在着还需要竞争的某些方面，而在另一些方面比如只在运输上进行合作也是可以的，有关问题必须在公司内部取得共识。

总之，为促成协同配送的实现，会遭遇许多困难。这些困难只靠货主单方面努力是不可能解决的，要有厂家、运送业者和接受配送单位的强有力的支持，有时甚至还需要政府或地方公共团体的支持。

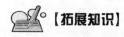
【拓展知识】

配送的产生与发展

配送和其他新生事物一样，是伴随着生产的不断发展而发展起来的。二战以后，为了满足日益增长的物资需求，西方工业发达国家逐步发展了配送中心，加速了资金的周转，打破了仓库的传统观念。回顾历史可以看到，配送的发展大体上经历了 3 个阶段，即萌芽阶段、发展阶段和成熟阶段。

1. 萌芽阶段

配送的雏形最早出现于 20 世纪 60 年代初期。从形态上看，初期的配送只是一种粗放型、单一性的活动，其活动范围很小，规模也不大。在这个阶段，企业开展配送活动的主要目的是为了促进产品销售和提高其市场占有率。因此，在这个发展初期，配送主要是以促销手段的职能来发挥其作用的。

2. 发展阶段

20 世纪 60 年代中期，在一些发达国家，随着经济发展速度的逐步加快，以及与此相关的，随着货物运输量的急剧增加和商品市场竞争的日趋激烈，配送得到了进一步发展。在这个时期，欧美一些国家的实业界相继调整了仓库结构，组建或设立了配送组织（配送中心），普遍开展了货物配装、配载及送货上门活动。这期间，不但配送的货物种类日渐增多（除了种类繁多的服装、食品、药品、旅游用品等日用工业品以外，还包括不少生产资料产品），而且配送活动的范围也在不断扩大。例如，在美国，已经开展了洲际间的配送。在日本，配送的范围则由城市扩大到了区域。从配送形式和配送组织上看，在这个时期，曾试行了"共同配送"，并且建立起了配送体系。

3. 成熟阶段的配送

20 世纪 80 年代以后，受多种因素影响，配送有了长足发展。在这个阶段，配送已成了广泛的、以高新技术为支撑手段的系列化、多功能性的供货活动，具体表现如下。

①配送区域进一步扩大；②劳动手段日益信息化；③配送的集约化和规模化程度明显提高；④配送方式的日趋多样化；⑤完善的供应链管理；⑥标准化。

任务 5.2　洞悉配送中心

【你知道吗?】

配送中心是为了实现物流中的配送作业而设立的一个专门从事配送作业中的一系列操作的场所。其功能基本涵盖了所有物流的功能要素。它是以组织配送进行销售或供应，实行实物配送为主要职能的流通型物流节点。

在配送中心，为了能做好送货的编组准备，需要进行零星售货、批量进货等种种资源搜集工作和备货等工作，因此配送中心也有销售中心、分货中心的职能。为了更有效、更高水平的送货，配送中心还有较强的流通加工能力。此外配送中心还必须执行备好货后送达客户的工作，这是与分货中心只管分货的重要区别。由此可见，配送中心的功能是比较全面和完整的，或者说配送中心是销售中心、分货中心、加工中心功能的总和，兼有了"配"与"送"的功能。

对"配送中心"的定义，国内外学者有着不同的解释，日本《物流手册》将配送中心定义为："从供应者手中接收多种大量的货物进行倒装、分类、保管、流通加工和情报处理等作业，然后按照众多需求者的要求备齐货物，以令人满意的服务水平进行配送的设施。"

而我国的国家标准《物流术语》对配送中心的定义是："从事配送业务具有完善的信息网络的场所或组织，应基本符合下列要求：主要为特定的用户服务；配送功能健全；辐射范围小；多品种、小批量、多批次、短周期；主要为末端客户提供配送服务。"

5.2.1 配送中心的功能及作业流程

1. 配送中心的功能

配送中心是一种多功能、集约化的物流据点,可以说它是集加工、理货、送货等多种职能于一体的供货枢纽。配送中心通过发挥其各项功能,大大压缩了整个企业的库存费用,降低了整个系统的物流成本,提高了企业的服务水平。配送中心一般具有以下作业功能。

1) 集货功能

为了满足门店"多品种、小批量"的要货和消费者要求在任何时间都能买到所需的商品,配送中心必须从众多的供应商那里按需要的品种较大批量地进货,以备齐所需商品,此项工作称为集货。

2) 储存保管功能

商品的交易买卖达成之后,除了采取直配直送的批发商之外,均将商品经实际入库、保管、流通加工包装而后出库,因此配送中心具有储存保管的功能。在配送中心一般都有库存保管的储放区,因为任何的商品为了防止缺货,或多或少都有一定的安全库存,视商品的特性及生产前置时间的不同,安全库存的数量也不同。一般国内制造的商品库存较少,而国外制造的商品因船期的原因库存较多,约为2～3个月;另外生鲜产品的保存期限较短,因此保管的库存量较少;冷冻食品因其保存期限较长,因此保管的库存量比较多。在配送中心不仅应保持一定的商品储备,而且要做好储存商品的保管保养工作,以保证储备商品的数量,确保质量完好。

3) 分拣、配货功能

这是配送中心的主要功能之一,也是区别传统仓库的主要方面。配送中心就是为了满足多品种小批量的客户需求而发展起来的,因此配送中心必须根据客户的要求进行分拣配货作业,并以最快的速度送达客户手中或者是指定时间内配送到客户。配送中心的分拣配货效率是物流质量的集中体现,是配送中心最重要的功能。

4) 流通加工功能

配送过程中,为解决生产中大批量、少规格和消费中的小批量、多样化要求的矛盾,按照用户对货物的不同要求对商品进行分装、配装等加工活动,这也是配送中心功能之一。配送中心的流通加工作业包含分类,磅秤,大包装拆箱改包装,产品组合包装,商标、标签粘贴作业等,这些作业是提升配送中心服务品质的重要手段。

5) 送货功能

将配好的货物按到达地点或到达路线进行送货,运输车辆可以租用社会运输力量或使用自己的专业运输车队。

6) 信息提供功能

配送中心有相当完整的信息处理系统,能有效地为整个流通过程的控制、决策和运转提供依据。无论在集货、储存、拣选、流通加工、分拣、配送等一系列物流环节的控制,还是在物流管理和费用、成本、结算方面，均可实现信息共享。而且，配送中心与销售商店建立信息直接交流，可及时得到商店的销售信息，有利于合理组织货源、控制最佳库存。同时，还可将销售和库存信息迅速、及时地反馈给制造商，以指导商品生产计划的安排、商品路线开发、商品销售推广政策制定等。配送中心成了整个流通过程的信息中枢。

2. 配送中心的作业流程

配送中心的主要作业活动包括订单处理、储存、拣选、配装、送货、送达服务等。有的配送中心还要进行流通加工、贴标签和包装等作业，当有退货时，还要进行退货品的分类、保管和退回等作业。其主要作业流程包括以下方面。

1）进货

进货作业包括把货品做实体上的接收，从货车上将货物卸下并核对该货品的数量及状态（数量检查、品质检查、开箱等），然后记录必要信息或录入计算机。

2）搬运

搬运是将不同形态的散装、包装或整体之原料、半成品或成品，在平面或垂直方向加以提起、放下或移动，可能是要运送，也可能是要重新摆置物料，而使货品能适时、适量移至适当的位置或场所存放。在配送中心的每个作业环节都包含着搬运作业。

3）储存

储存作业的主要任务是把将来要使用或者要出货的物料做保存，且经常要做库存品的检核控制，储存时要注意充分利用空间，还要注意存货的管理。

4）盘点

货品因不断的进出库，在长期的累积下库存资料容易与实际数量产生不符，或者有些产品因存放过久、不恰当，致使品质功能受影响，难以满足客户的需求。为了有效地控制货品数量，需要对各储存场所进行盘点作业。

5）订单处理

由接到客户订货开始至准备着手拣货之间的作业阶段，称为订单处理，包括有关客户、订单的资料确认，存货查询，单据处理以及出货配发等。

6）拣货

每张客户的订单中都至少包含一项以上的商品，如何将这些不同种类数量的商品由配送中心中取出集中在一起，即所谓的拣货作业。拣货作业的目的在于正确且迅速地集合顾客所订购的商品。

7）补货

补货作业包括从保管区域(Reserve Area)将货品移到拣货区域(Home Area)，并做相应的信息处理。出货：将拣取分类完成的货品做好出货检查，装入合适的容器，做好标示，根据车辆趟次别或厂商别等指示将物品运至出货准备区，最后装车配送。

8）配送运输

配送运输是指将被订购的物品，使用卡车从配送中心送至顾客手中的活动。

配送中心的业务流程如图5.1所示。

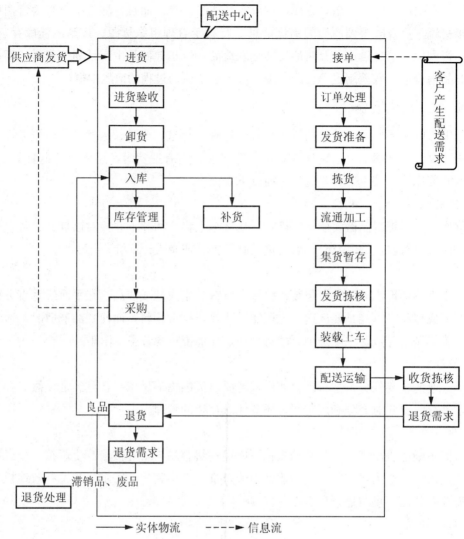

图 5.1 配送中心的作业流程

5.2.2 配送中心的分类

配送中心的种类除按功能划分外,也可按运营主体、所有权、经营品种和范围等分类。

1. 按配送中心运营主体分类(表 5-6)

表 5-6 按配送中心运营主体分类

类别	配送方式	优 点	适用范围
制造商主导型配送中心	对于实力雄厚的特大型生产厂家来说,通过配送中心的设立,形成具有特色的产供销一体化的经营机制,以此来增强市场竞争能力,保持市场占有率	有利于缩短物流距离,减少中间环节,将产品在最短的时间内以较低的物流成本推向市场,在维持产品低价格水平的基础上,获得较高的收益	通常家用电器、汽车、化妆品、食品等厂家多采用这种形式。如海尔集团在全国各地建有42个配送中心,这42个配送中心构成了海尔集团服务市场和客户需求的重要物流网络

续表

类别	配送方式	优　　点	适用范围
批发商主导型配送中心	指配送中心作为批发商从厂家购进商品，向销售企业，如连锁零售企业的配送中心或店铺直接配送商品的基地	由专职流通业的批发商把多个生产厂的商品集中起来，作为批发商的主体商品。这些产品可以单一品种或者搭配向零售商进行配送。虽然多了一道环节，但是一次送货，品种多样	对于不能确定独立销售路线的工厂或本身不能备齐各种商品的零售店是一种有效的办法
零售商主导型配送中心	一般是指特大型零售店或连锁企业所属的配送中心。从批发部进货或从工厂直接进货的商品，经过零售店自有的配送中心，在配送中心集中分拣、加工等，再向自己的网点和柜台直接送货	有利于减轻商店内仓的压力，节约内仓占用的面积，有利于库存集中在配送中心，还有利于减少商店的库存总量	如美国沃尔玛商品公司的配送中心是典型的零售型配送中心。该中心设在100家连锁店的中央位置，商圈为320千米，服务对象店的平均规模为1.2万平方米。中心经营商品达4万种
第三方物流配送中心	由物流企业建设的面向货主企业提供配送服务的配送中心。其服务对象一般比较固定，物流企业在与货主企业签订长期物流服务合同的基础上，代理企业开展配送业务，属于第三方服务形态	有很强的运输配送能力，地理位置优越，可迅速将到达的货物配送给用户。它为制造商或供应商提供物流服务，而配送中心的货物仍属于制造商或供应商所有，配送中心只是提供仓储管理和运输配送服务。现代化水平往往较高	
共同型配送中心	为多个连锁店提供配送服务的配送中心，一般由规模比较小的批发业或专业物流企业共同设立	可以解决车辆装载效率低、资金短缺无法建设配送中心以及配送中心设施利用率低等问题	共同型配送中心不仅负责共同配送，还包括共同理货、共同开展流通加工等活动

2. 按配送中心的经济功能分类

1）供应型配送中心

供应型配送中心是指以向客户供应商品、提供后勤保障为主要特点的配送中心。这种配送中心大多是为大型生产企业或是大型连锁制零售企业供应原材料、零配件和其他商品，并与这些生产企业或是零售企业建立紧密稳定的合作关系。由于供应性的配送中心需要向多用户供应商品，为保证生产和经营的正常运行，这类配送中心一般都建有大型现代化仓库并储备一定数量的商品，占地面积一般也较大，采用高效先进的机械化作业。

2）销售型配送中心

这种配送中心主要以销售商品为目的，借助配送这一手段来开展经营活动。这类配送中心多是商品生产者或销售者为促进商品销售、降低物流成本，以高效甚至是免费的物流配送服务吸引客户，由此而采用的各种物流技术，装备各种物流设施，运用现代配送理念来组织配送活动而形成的配送中心。这种配送中心是典型的配销经营模式，在国外都以销售配送中心为主要的发展方向。在具体实践中销售型配送中心具体分为 3 类：生产企业为了直接销售自己的产品以及扩大自己的市场份额而设立的销售型配送中心；专门从事商品销售活动的流通企业为了扩大销售而自己或合作建立起来的销售型配送中心；流通企业和生产企业联合建立的销售型配送中心。

3) 储存型配送中心

储存型配送中心是充分强化商品的储备和储存功能，在充分发挥储存作用的基础上开展配送活动的配送中心。在买方市场下，生产企业的配送中心通常需要有较强的储存功能，以支持企业的产成品销售的供应；在卖方市场环境下，企业的原材料和零部件供应需要有较大的库存支持，这种配送中心也可称为是储存型的配送中心。配送服务范围较大的区域性配送中心，为了保证库存物资的及时供应也需要具备较强的存储功能，这也可称为储存型配送中心。这种配送中心通常需要有较大规模的仓库和储存场地，在资源紧缺条件下，能形成储备丰富的资源优势。例如，SPAR 超市的广东会员东莞嘉荣超市有限公司首期投资 2 亿元，在东莞建立了一个华南目前最大的（总面积近 14 万平方米）零售物流基地，已投入使用；总体规划分为办公区、常温仓、低温仓、中央厨房、码头区五大部分，光是常温区，其建设的 SKU（库存量单位）就达 8 100 个，设置的最大吞吐量为 10 万箱/天。

4) 流通型配送中心

流通型配送中心包括通过型配送中心和转运型配送中心，这种配送中心基本上没有长期储存的功能，仅以暂存或随进随出方式进行配货、送货，通常用来向客户提供库存补充。其典型方式为：大量货物整批进入，按一定批量零出。一般采用大型分货机，其进货直接进入分货机传送带，分送到各用户货位或直接分送到配送车辆上，货物在配送中心里仅作短暂停滞。因此流通型配送中心应充分考虑市场因素，在地理上定位于接近主要的客户地点，可获得从制造点到物流中心货物集中运输的最大距离，而向客户的第二成零货运输则相对较短，从而方便易低成本的方法迅速补充库存，其规模大小取决于被要求的送货速度、平均订货的多少以及单位用地成本。

5) 加工型配送中心

加工型配送中心是以配送加工为主要业务，根据用户需要对配送物品进行加工，而后实施配送的配送中心。其主要功能是对商品进行清洗、下料、分解、集装等加工活动，以流通加工为核心展开配送活动。因此在其配送作业流程中，储存作业和加工作业居主导地位。由于流通加工多为单品种、大批量的加工作业，并切实按照用户的要求安排的，因此对于加工型配送中心，虽然进货量比较大，但是分类、分拣工作量并不太大。此外，因为加工的产品品种较少，一般都不单独设立拣选、配货等环节。通常，加工好的产品(特别是生产资料产品)可直接运到按用户户头划定的货位区内，并且要进行包装、配货。在我国生产和生活资料配送活动中有许多加工型配送中心。如闻名于世的麦当劳、肯德基的配送中心就是提供加工服务后向其连锁店配送的典型，深圳市蔬菜配送中心就是以加工肉类为核心开展配送业务的加工型配送中心。另外，如水泥等建筑材料以及煤炭等商品的加工配送也属于加工型配送中心。

3. 按配送中心的配送对象分类

1) 生产资料配送中心

这种配送中心主要负责向生产企业配送能源、原材料、零部件等物品,是专门为生产企业组织供应的配送中心。该种类型的配送中心多设在交通比较便利的地区如重要的交通枢纽或铁路沿线沿海地区,或者距离原材料产地或者是生产资料需求企业较近的地区,如我国的煤炭配送就属于上述类型。

2) 生活资料配送中心

这种配送中心所采用的配送模式属配销模式,即其配送功能是作为促进产品销售的主要手段而存在的。如生产企业为本身产品的直接销售而建立的配送中心,商品批发企业为促进商品的分销而建立的配送中心,其目的都是为扩大市场的销售能力。

3) 特殊商品销售中心

这种配送中心主要功能是配送特种商品,如易燃、易爆、有毒、生鲜易腐、贵重物品等。这种配送中心在设施与设备的设计上,为了保护特种商品通常采用较特殊的设计,因此其初期建设费用较高;在商品的储存及进出库作业上,也要采用特殊商品所要求的作业方法,因此其配送成本较高。另外,对于剧毒、易燃易爆等商品配送中心在配送中心选址时,应该将其设在远离人群的地区。

4. 按配送货物的属性分类

根据配送货物的属性,可以分为食品配送中心、日用品配送中心、医药品配送中心、化妆品配送中心、家电品配送中心、电子(3C)产品配送中心、书籍产品配送中心、服饰产品配送中心、汽车零件配送中心以及生鲜处理中心等。

由于所配送的产品不同,配送中心的规划方向就完全不同。例如,生鲜品配送中心主要处理的物品为蔬菜、水果与鱼肉等生鲜产品,属于低温型的配送中心,是由冷冻库、冷藏库、鱼虾包装处理场、肉品包装处理场、蔬菜包装处理场及进出货暂存区等组成的,冷冻库为零下25℃,而冷藏库为0~5℃,生鲜品配送中心又称为湿货配送中心。书籍产品的配送中心由于书籍有新出版、再版及补书等特性,尤其是新出版的书籍或杂志,其中的80%不上架,直接理货配送到各书店去,剩下的20%左右库存在配送中心等待客户的再订货;另外,书籍或杂志的退货率非常高,有3~4成。因此,在书籍产品的配送中心规划时,就不能与食品与日用品的配送中心一样。服饰产品的配送中心也有淡旺季及流行性等的特性,而且,较高级的服饰必须使用衣架悬挂,其配送中心的规划也有其特殊性。

5. 按配送中心的辐射范围分类

1) 城市配送中心

城市配送中心是只向城市范围内众多用户提供配送服务的物流组织。城市范围内货物的配送距离较短,运输距离一般都处在汽车的经济里程内,因此配送中心在送货时,一般用汽车送货,可以充分发挥汽车的机动性强、供应快、门到门运输等特点。这种配送中心往往和零售经营相结合,由于运送距离短、反应能力强,因而从事多品种、少批量、多用户的配送较有优势,也可以开展门到门市的送货业务。其服务对象多为城市范围内的零售商、连锁店或生产企业,所以一般其辐射能力不是很强,在实践中多与区域性配送中心相连。目前我国一些城市所建立或正在建立的配送中心绝大多数属于城市配送中心。

2）区域配送中心

区域配送中心有较强的辐射能力和库存准备，是一种辐射能力强、活动范围大、可以跨省市、全国乃至在国际范围内对用户进行配送的配送中心，其经营规模较大、配送批量也较大，其服务对象往往是下一级的城市配送中心、零售商或生产企业用户。虽然它也进行零星的配送，但这不是主体形式。这种配送中心的形式在国外已经非常普遍，一般采用大型连锁集团建设区域配送中心，负责某一区域范围内部分商品的集中采购，再配送给下一级配送中心的形式，如人人乐商业集团物流配送中心。

5.2.3 配送中心定位

配送中心的经营定位一般应包括如下几个方面的内容。

1. 配送中心的功能定位

一般来说，配送中心的功能定位是根据其开展的配送服务的内容和相应配送环节为基础来进行的。由配送中心的基本作业流程和环节可知，配送中心一般有采购、储存、加工、分拣、配货、配送运输等诸多功能，但不同类型的配送中心其主要功能的定位不同。不同功能的配送中心在建设规划时，从设施选用到平面布局到组织管理方面都会有不同。

【拓展知识】

（1）仓储型配送中心其功能主要是货物的储存，其主要服务目的是尽可能地降低服务对象的库存，因此，必须有较强的库存调节能力，所以，在进行建设规划时应规划较大规模的储存空间及相应的设施。

（2）流通型配送中心则以快速转运为核心，大批量进货、快速分装或组配并及时地配送到客户要求的地点，因此，在进行规划建设时应该以配备快速分货、备货设施为主。

（3）专业型配送中心主要针对特殊商品的特性，满足特殊商品在进行流通加工及配送中的特殊要求，配备对特定商品的处理设施，开发适应特种商品作业的物流技术；而综合性的配送中心必须配备适应多种商品处理的通用性设施与设备，或是有较全面的专门化设施与设备。

（4）城市配送中心，商品的配送一般需要"门到门"配送，因此需要有反应迅速、配送灵活的配送设施与设备；而大多数城市都有已经成形的城市道路网，因此需要配送中心根据以上要求合理地规划配送运输网络，并加强运输车辆和运输组织方面的管理，以适应这种快捷运输的要求。

（5）区域性配送中心其辐射范围广、配送规模大，甚至会开展全国乃至是跨国的配送业务，这类配送中心通常以销售功能为主，通过配送功能促进商品销售，因此，其设施和建设通常要考虑具备多种物流功能，特别是要具备高效的信息传输网络，既适应商流也适应物流的需求。

2. 配送中心经营商品的定位

配送中心经营商品的定位主要是根据市场需求与其服务对象来确定的。对于一般的商业连锁体系来说，通常配备经营一般消费品的配送中心，负责连锁体系内大部分商品的配送，并以统一采购、统一库存、统一配送来形成规模效应，以获得规模效益；一些传统批发机构改组而形成的专业化配送中心通常是以其经营的商品为主，开展配送业务，其品种较为单一，批量较大，因此，现在一般的配送中心所能处理商品的种类是有一定限制的，如现在专门的服装配送中心、电器配送中心、食品配送中心、干货配送中心、生鲜配送中心、图书配送中心等，有时甚至是专门处理某一种更小类别商品的配送中心。由于不同的商品配送所需的配送作业场地、设施设备是不同的，作业流程也有很大区别。因此，试图建立一个能够适应所有商品流通配送需求的配送中心是不切实际的，另外一个配送中心没有必要也不可能配备能够处理所有商品的物流设施与设备。因此，配送中心需要确定自己所处理的商品，以对以后的配送中心的设计、商品配送流程的规划有一定的针对性。因此，配送中心配送商品的类型通常是在配送中心规划时，与配送中心的功能结合在一起考虑的。

3. 配送区域的定位

配送区域是指配送中心辐射范围的大小，即以某一点为核心建立配送中心，配送中心的车辆等运输工具在经济合理的范围内所能够到达的最远距离。配送中心的辐射范围和区域的大小不仅关系到配送中心的投资规模，也影响到配送中心的运作方式。因为配送区域越大配送中心的规模也应该越大，运送距离越长，对其运输设备的要求越高，相应的运作方式和管理组织程序也会不同。

通常对于连锁商业体系来说，配送中心的辐射区域和配送能力取决于其零售店铺的分布范围和数量多少。连锁商业体系组建配送中心的方法是按照适当的比例，根据商圈范围内顾客分布、分店数量与配送中心的适当比例，来确定配送中心的位置、规模与数量。对于生产企业的自营供应配送来说，配送中心的数量有限，一般配送区域也主要在生产厂区。生产企业的销售配送首先要根据客货分布的远近、销售量的大小及其运行的成本来综合考虑是自营还是外包，如果是自营性配送中心，还要再考虑配送服务区域的大小来决策配送中心的级别与规模。

无论是何种形式的配送中心，其区域的确定都是以其服务对象所形成的区域为基本前提，在一定商圈范围内选定的。配送中心建设规模越大，经营能力越强，其辐射范围越广，服务的商圈就越大。反之，服务商圈越大，配送中心在投资建设和经营组织等方面，就必须考虑形成足够配送能力以满足市场需求。

5.2.4 配送中心的规划与建设

1. 建设配送中心的目的

（1）扩大市场占有率竞争的需要。企业除了提供品质优良的物品外，还必须提供适时适量的配送服务作为企业增加营业额的秘密武器，进而提高市场占有率。

（2）降低成本。降低物流成本是建设配送中心最根本的目的。一般的情况下：连锁企业与生产企业的营业部门整合成立大型的配送中心，提高作业效率，从而降低库存和运输配送费用，主要体现在资源、人员的统筹利用、配送线路的缩短等方面。

（3）提高服务质量。消费者对物品品牌的迷信度越来越低，物品之间的品质差异也越来越小，因此当要购买的品牌缺货时，会马上以其他品牌代之。所以，商店里都尽可能地销售畅销物品，库存数量最好是不太多又不会缺货，就会要求多品种少批量的订货及多频度的配送，就要求快速反应处理订货及出货。通过设立配送中心，可以从以下几个方面提高服务品质。

① 缩短交货时间。

② 提高交货频度。

③ 降低缺货率、误配率。
④ 紧急配送、假日配送。
⑤ 流通加工。
⑥ 司机的服务态度。

2. 配送中心立项建设

配送中心的建设是一项投资巨大的系统工程，必须遵循一定的程序进行。配送中心建成后很难进行改造，如果考虑不周将造成巨大损失，即便在规划时是最优的方案，但由于日后的经营环境和条件发生变化，也可能导致配送中心效率低下。要做出建设一个配送中心的决策，项目的立项工作非常重要，必须经过明确目标、决定系统范围、研究经济技术可行性、编制实施计划和研究整个物流系统的过程。

新建一个配送中心必然有其动机。建设配送中心的目的不外乎以下几种。

（1）容量不足：企业经营规模不断拓展，经营的商品量、品种数增加，现有人员、设备及设施能力不足，造成处理能力差，无法迅速、及时完成作业，需经常加班加点；或因土地、建筑物面积不足，导致配送中心没有发展余地。

（2）据点分散：将分散的物流设施集中起来，以提高作业效率；或建立区域性配送中心。

（3）设备陈旧：建筑物陈旧，维持费昂贵，或物流系统陈旧落后，无法适应企业经营活动的发展和变化。

（4）环境变化：如交通量增大，运输效率不高，或城市规划改变，原配送中心需要迁移；再如出货单元由整托盘向整箱以及由整箱向零散的盒变化，小批量、拆零的倾向日趋明显，迫切要求物流设施得到改善。

配送中心是集约化、多功能的物流据点，各子系统间的协调尤为重要。必须把物流、信息、建筑设计及其他各方面因素综合加以考虑，涉及大量实质性的问题，例如以下的问题。

（1）如何根据企业经营规模发展的近期、中期规划，建立企业的物流系统和网络体系。
（2）确定建造具备哪些功能的配送中心。
（3）选址在何处，其优点和不足之处是什么。
（4）如何改善作业环境、减轻装卸作业劳动强度，实现机械化。
（5）如何实现百分之百的质量保证。
（6）如何保证误配送率为零。
（7）如何减少单据，实现无纸化作业。
（8）如何提高结算能力。
（9）如何使配送中心的物流流程更合理、更科学。
（10）如何降低物流成本。
（11）如何增强配送中心的适应能力和应变能力。
（12）如何满足配送中心规模进一步拓展的需要。

这里要强调的是规划工作的定量化是保证上述目标实现的关键。同时，对各项目标都应按照"务必达到"、"最好能达到"等不同的需求程度排列起来；对那些可能是互相矛盾的目标，不可能百分之百地全部满足，在此有一个目标优化、选定最佳方案的问题。

要切实研究新建配送中心在整个物流系统中处于怎样的位置,对实现各项功能所采取的手段和措施予以比较、选择。应从物流成本的角度来确定配送中心的投资规模是否合理。例如,要根据企业经营的总销售额发展指标,研究与之相适应的建设投资规模。同时,还要测算配送中心启动后的维持费用、这个费用占整个物流成本的百分比、对企业经营效益带来的影响等,以及企业是否能够长期承受。

总之,配送中心建设项目的立项,是企业、特别是连锁商业经营战略决策的重要组成部分。

3. 配送中心规划

1) 配送中心规划的原则

在规划设计时,必须切实掌握以下4项基本原则。

(1) 系统工作原则。配送中心的工作包括验货、搬运、储存、装卸、分拣、配货、送货、信息处理以及与供应商、配送点的连接。如何使各环节之间均衡、协调地运转是极为重要的,关键是做好物流量的分析和预测,把握物流的最合理流程。同时,由于运输的路线和物流据点交织成网络,配送中心的选址也非常重要。

(2) 价值工程原则。在激烈的市场竞争中,配送的及时准点和缺货率低等方面的要求越来越高;而在满足服务高质量的同时,又必须考虑物流成本。特别是建造配送中心耗资巨大,必须对建设项目进行可行性研究,并做多方案的技术、经济比较,以求最大的企业效益和社会效益。

(3) 尽量实现工艺、设备、管理科学化的原则。近年来,配送中心均广泛采用电子计算机进行物流管理和信息管理,大大加速了商品的流转,提高了经济效益和现代化管理水平。同时,要合理地选择、组织、使用各种先进的机械化、自动化物流设备,以充分发挥配送中心多功能、高效益的特点。

(4) 发展的原则。规划配送中心时,无论是建筑物、信息处理系统的设计,还是机械设备的选择,都要考虑到有较强的应变能力,以适应物流量扩大、经营范围的拓展。在规划设计第一期工程时,应将第二期工程纳入总体规划,并充分考虑到扩建时的业务工作的需要。

2) 配送中心规划的内容

物流配送中心的规划是一项系统工程,是一种长远的、总体的发展计划。它主要包括目标确定、作业功能规划、选址规划、结构规划、设施设备规划和信息系统规划等多方面的内容。

(1) 目标确定。确定物流配送中心建设的近期,中期和远期目标,这是物流配送中心规划设计的第一步。

(2) 选址规划。物流配送中心拥有众多建筑物、构筑物以及固定机械设备,一旦建成很难搬迁,如果选址不当,将付出长远代价。因而对于物流配送中心的选址规划需要予以高度重视。选址规划主要包括以下内容:分析影响因素,如自然环境、经营环境和基础设施状况等;选择选址方法要根据实际情况进行,一般采用定性和定量相结合的方法。

① 定性分析法。定性分析法主要是根据选址影响因素和选址原则,依靠专家或管理人员丰富的经验、知识及其综合分析能力,确定配送中心的具体选址,主要有专家打分法、德尔

菲法。定性方法的优点是注重历史经验，简单易行；其缺点是容易犯经验主义和主观主义的错误，并且当可选地点较多时，不易做出理想的决策，导致决策的可靠性不高。

② 定量分析法。定量的方法主要包括重心法、鲍莫尔-沃尔夫法、运输规划法、Cluster法、CFLP法、混合0—1整数规划法、双层规划法、遗传算法等。定量方法选址的优点是能求出比较准确可信的解。其中，重心法是研究单个物流配送中心选址的常用方法，这种方法将物流系统中的需求点和资源点看成是分布在某一平面范围内的物流系统，各点的需求量和资源量分别看成是物体的重量，物体系统的重心作为物流网点的最佳设置点。

配送中心选址决策通常包括几个层次的筛选，是一个逐步缩小范围、更为具体的选择过程，如图5.2所示。

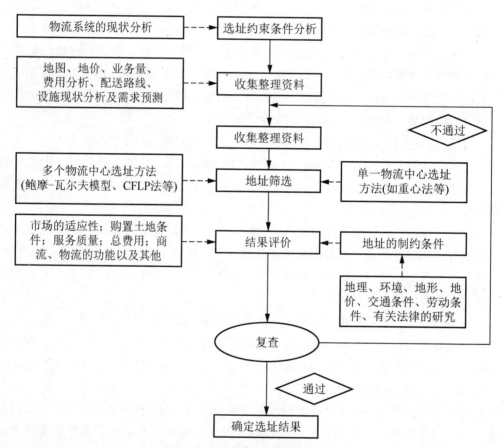

图5.2　配送中心选址决策程序

(3) 系统规划。

① 作业功能规划。作业功能规划是将物流配送中心作为一个整体的物流系统来考虑，依据确定的目标，规划物流配送中心为完成业务而应该具备的物流功能。物流配送中心作为一种专业化的物流组织，不仅需要具备一般的物流功能，还应该具备适合不同需要的特色功能。物流配送中心的作业功能规划，首先需要针对不同的物流配送中心确定相应的作业流程，进而完成作业区域的功能规划。作业区域按功能一般可以划分为以下几个区域，见表5-7。

表 5-7 配送中心的功能区域构成

功能区域		
	管理区(办公区)	管理区是中心内部行政事务管理、信息处理、业务洽谈、订单处理以及指令发布的场所,一般位于配送中心的出入口
	进货区	收货、验货、卸货、搬运及货物暂停的场所
	理货区	对进货进行简单处理的场所。在这里,货物被区分为直接分拣配送、待加工、入库储存和不合格需清退的货物,分别送往不同的功能区。在实行条形码管理的中心里,还要为货物贴条形码
	储存区	对暂时不必配送或作为安全储备的货物进行保管和养护的场所。通常配有多层货架和用于集装单元化的托盘。它往往占总面积的一半以上,用于储存或分类储存所进的货物
	流通加工区	进行必要的生产性和流通性加工(如分割、剪裁、改包装等)的场所
	分拣配货区	进行发货前的分拣、拣选和按订单配货
	发货待运区	对物品进行检验、将按客户需求的配好货物装入外运车辆,是发货待运的场所
	退货处理区	存放进货时残损或不合格或需要重新确认等待处理货物的场所
	废弃物处理区	对废弃包装物(塑料袋、纸袋、纸箱等)、破碎货物、变质货物、加工残屑等废料进行清理或回收复用的场所
	设备存放及维护区	存放叉车、托盘等设备及其维护(充电、充气、紧固等)工具的场所

② 结构规划。物流配送中心作业功能规划完成后,根据各作业流程、作业区域的功能及能力规划,进行空间区域的布置规划和作业区域的区块布置工作;标识各作业区域的面积和界限范围,以及其他建筑设施的规划设计。这部分工作主要包括:区域布置规划、库房设计、装卸货平台设计、货场及道路设计和其他建筑设施规划等内容。区域布置规划简图如图 5.3 所示。

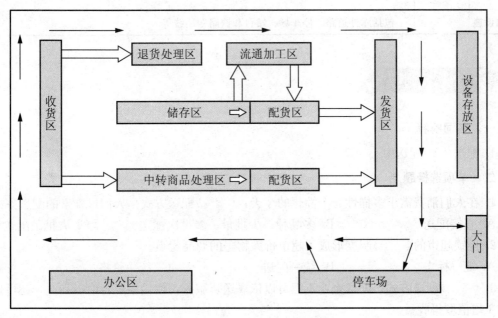

图 5.3 配送中心区域布置简图

③ 设施设备规划。物流配送中心的设施设备是保证物流配送中心正常运作的必要条件。设施设备规划涉及建筑模式、空间布局、设备安置等多方面的问题,需要运用系统分析的方法求得整体优化,最大限度地减少物料搬运、简化作业流程、创造良好、舒适的工作环境。在传统物流企业的改造中,设施设备规划要注意企业原有设施设备的充分利用和改造等工作,这样可以尽可能地减少投资。物流配送中心的物流设施规划一般包括以下工作:原有设施设备分析(改造型物流配送中心)、物流配送中心的功能分区、设施的内部布局、设备规划和公用设施规划。

④ 信息系统规划。信息化、网络化、自动化是物流配送中心的发展趋势,信息系统规划是物流配送中心规划的重要组成部分。物流配送中心的信息系统规划,既要考虑满足物流配送中心内部作业的要求,这有助于提高物流作业的效率,也要考虑同物流配送中心外部的信息系统相连,方便物流配送中心及时获取和处理各种经营信息。一般来讲,信息系统规划包括物流配送中心管理信息系统的功能设计和物流管理信息系统的关键技术与应用两部分内容。

配送中心的设施设备及信息系统规划内容大致与仓库相同,在项目二中有详细的介绍,表 5-8 列举一些主要部分。

表 5-8 配送中心的设施设备及信息系统规划内容

物流设备	仓储设备	储存货架;重力式货架;回转式货架;托盘;立体仓库等
	搬运设备	叉车;搬运车;连续输送机;垂直升降机等
	拣货设备	拣货车辆;拣货输送带;自动分拣机等
管理和信息系统	事务性管理	它是配送中心正常运转所必备的基本条件,如配送中心的各项规章制度、操作标准及作业流程等
	信息管理系统	包括订货系统、出入库管理系统、分拣系统、订单处理系统、信息反馈系统等
辅助设施		包括库外道路、停车场、站台和铁路专用线等

【学习测评】

一、名词解释

1. 配送 2. 配送中心

二、单项选择题

1. 在人们消费需求多样性、个性化的今天,(　　)配送方式是人们最推崇的配送方式。
   A. 直接配送　　　　B. 多品种、少批量、多批次配送　　　　C. 大批量配送

2. 连锁超市的(　　)制度形成了超市价廉物美的商品卖点。
   A. 统一标志　　　　B. 统一配送　　　　C. 统一价格

3. (　　)配送方式,配送企业不但可以依靠送货服务,使销售经营取得利益,还可以通过加工增值取得收益。
   A. 加工配送　　　　B. 集疏配送　　　　C. 中转配送

4. （　　）配送方式时间固定，易于安排工作计划，易于计划使用车辆，对用户来讲，也易于安排接货力量（如人员、设备等）。

　　A. 定量配送服务方式　　　B. 即时应急配送服务方式　C. 定时配送方式

5. （　　）比较适合于装配型重复大量生产的用户，这种用户所需配送的物资是重复、大量且变化不大的，因而往往是一对一的配送。

　　A. 准时配送（JIT）方式　　B. 定量配送服务方式　　　C. 即时应急配送服务方式

6. 其服务对象主要是生产企业和大型商业组织（超级市场或联营商店），它们所配送的货物以原料、器件和其他半成品为主，客观上起着供应商的作用，这类配送中心是（　　）。

　　A. 供应型配送中心　　　　B. 销售型配送中心　　　　C. 储存型配送中心

三、多项选择题

1. 配送是由（　　）部分有机结合而成的。

　　A. 集货　　　　　　　　B. 配货　　　　　　　　C. 送货

2. 配送主要是通过（　　）途径提高企业物流系统的运行经济效益。

　　A. 统一订货　　　　　　B. 集中发货　　　　　　C. 集中库存

3. 美国可口可乐公司、沃尔玛公司在全世界范围建立了自己的物流配送体系，反映（　　）趋势。

　　A. 配送区域化　　　　　B. 配送网络化　　　　　C. 配送直达化

4. 配送中心的定义是指从事配送业务的物流场所或组织，应基本符合（　　）要求。

　　A. 主要为特定的客户服务　B. 配送功能健全　　　　C. 完善的信息网络
　　D. 辐射范围小　　　　　　E. 多品种、小批量　　　F. 以配送为主，储存为辅

四、判断题目

1. 配送是一种高水平、技术成分较高的送货。　　　　　　　　　　　　　（　　）
2. 配送的实质是一个局部物流，是大物流在小范围内的缩影，是物流活动小范围的体现。
　　　　　　　　　　　　　　　　　　　　　　　　　　　　　　　　　（　　）
3. 城市配送中心较区域配送中心而言，辐射力较强、活动范围较大，可以跨市、跨省进行配送活动。　　　　　　　　　　　　　　　　　　　　　　　　　　　（　　）

五、简答题

1. 我国目前配送存在的问题及发展对策有哪些？
2. 简述配送中心的功能。
3. 简述配送中心的主要业务流程。
4. 配送中心规划的内容有哪些？

案例研讨

【案例一】北京春溢通物流城市配送

随着城市产业布局的调整、现代消费方式的不断升级、电子商务技术的广泛应用以及城市工商业发展模式的日趋多元化，道路货运中小批量、多频次、时效性强的直接配送、住宅配送以及"门到门"配送需求日益增长。于是，城市配送作为一个快速崛起的新兴行业应运

而生。城市配送是物流链条中最后一部分的配送,在整个供应链环节内起着极为重要的纽带作用。

春溢通公司是一家以"城市配送"为特色的现代化综合型第三方物流企业,拥有两个完善的物流配送中心,配有砖混结构及轻型彩钢结构的常温及保温库房、备货站台、轻型及重型货架、电动叉车等基础设施,可用仓储面积达7万多平方米,同时拥有仓储信息管理系统(WMS)、运输信息管理系统(TMS)及远程安全视频监控系统等现代化物流信息管理系统。一直以来,春溢通公司秉承着以降低环境污染、减少资源消耗为目标的"绿色物流"理念和集约式发展模式。2008年北京奥运会期间,为响应北京承办一届绿色奥运的号召,春溢通公司投入大量资金将100多辆黄标车全部更换成绿标车,凭借良好的服务水平获得了"奥运绿色车队"资质,光荣地承接了奥运福娃及部分场馆的后勤物流服务,为北京奥运的成功举办贡献了力量,同时也获得了奥组委颁发的特别贡献殊荣。

从2008年下半年开始,春溢通公司以提高快速消费品配送的快速响应能力和竞争能力为初衷,对快速消费品配送的客户需求进行调研,充分了解到快速消费品行业生产经营单位物流需求无法得到满足的状态。随即,春溢通公司优化配置资源、提升服务质量,开启了"城市配送绿色物流项目"。该项目以集中仓储、整合配送、优化线路和管路为目标,改变了单一客户配送模式,将多客户集中整合优化配送,使生产销售企业降低了成本,同时使得每日出行车次减少40%～82%,油耗降低30%～74%,二氧化碳排放降低30%～65%,缓解了交通压力,达到节能减排、环境保护的目的。此外,春溢通公司的迅速发展壮大,也得益于"城市配送"业迅猛发展的东风。据悉,2009年3月国家出台的《物流业调整和振兴规划》中,城市配送被列入九大工程提至优先重点发展的高度。规划细则中明确指出,要"鼓励企业应用现代物流管理技术,适应电子商务和连锁经营发展的需要,在大中城市发展面向流通企业和消费者的社会化共同配送,促进流通的现代化,扩大居民消费。加快建设城市物流配送项目,鼓励专业运输企业开展城市配送,提高城市配送的专业化水平,解决城市快递、配送车辆进城通行、停靠和装卸作业问题,完善城市物流配送网络。"

目前春溢通公司"城市配送绿色物流项目"一期已经完成且运行平稳,二期项目计划于2011年下半年建成并启动运营,可有效解决北京市中心区城市配送问题。据介绍,春溢通公司的下一个目标是在未来5年内实现上市,到那时春溢通将建成一级城市配送网络,引进更高的科技和管理手段,将公司的发展引入全新的阶段。

【请分析】
(1) 发展城市配送有何社会意义?
(2) 城市配送发展前景如何?为什么?
(3) 春溢通公司发展城市配送有何优势?以后还应做哪些努力?

【案例二】上海A企业的配送网络

上海一户人家某日拨通了A企业的免费订货电话,报出自己在A企业购物网络的用户编号,要求订购两桶纯净水、一袋大米,并要求次日上午送货。几秒钟之内,这份定单被接线小姐输入A企业的计算机系统,系统自动把这份定单配置到第二配送站次日上午的送货单。当天晚上9时,A企业的第二配送站经理小罗通过电脑接收从总部传过来的送货单。送货单标明了送货要求的时间、用户地址、电话、编号、所需货物、数量以及应收款。小罗安排人员与用户进行了电话确认。几乎与此同时，一份相同的送货单也传到 A 企业的配送中心。

第二天一大早，配送中心派出车辆将配好的货物发往第二配送站。小罗经理签收完货物后，根据地图和自己的经验排好送货路线，把上午的单子分派给 7 个送货工人。然后这些工人用三轮车将相关的货物送到相应的用户家里，并由用户签收付款。中午12：30，所有小工的送货和收款的情况被汇成总表，由第二配送站的电脑传送到总部。个别没有送到的，汇总表中的"原因"一栏会注明"01"、"02"、"03"，分别代表"地址"、"错误"、"家中无人"。

A 企业在上海共有 100 个类似第二配送站这样的小配送站，除此以外，A 企业还拥有 3 个较大的配送中心负责给这些小配送站补货。这一整套系统构成了 A 企业在上海的配送网络。据说有 60 万户上海居民依靠这个网络完成日常饮水和其他的日用消费品采购。

【请分析】
（1）案例中所述的第二配送站属于储存型配送中心还是销售型配送中心？为什么？
（2）配送中心具有哪些典型的特征？
（3）结合案例材料，绘制第二配送站的配送业务流程图。

任务驱动

【工作任务】规划设计配送中心

1. 任务内容
（1）以现有的一家连锁商业企业为例，企业的具体数据可自行推断。
（2）分组进行，5 人一组，每个小组为该企业设计一个配送中心（包含选址、功能规划、结构规划、设施设备及信息系统规划）。
（3）画出平面布置图。
2. 任务要求
说明每项规划设计的理由并且设计必须有图片。
3. 任务评价
评价方式采取过程评价和结果评价两种方式，评价方法采取老师评价与小组内部成员互相评价相结合。过程和结果综合得分为该生的此任务得分（注意：确定好老师评分和小组评分占总得分的比重）。任务评价表见表 5-9、表 5-10。
1）过程评价

表 5-9 任务过程评价表

被考评人			总得分	
评分标准	分值	老师评价得分	小组评价得分	小组评价
合理分工				
能够快速进入角色				
实际调查情况				
是否全员参与				
团队协作				

2) 成果评价

表 5-10 任务成果评价表

评分标准	自评分	小组评分	小组评价
方案可行性			
数据收集齐全、准确			
计算方法使用得当			
设计方案内容详实，结构完整			

项目 6

配送订单作业

PEISONG DINGDAN ZUOYE

【项目内容】

本项目内容主要包括订单处理、拣货作业、理货作业、补货作业、配货作业等。

【项目目标】

1. 知识目标

了解订单处理的流程;熟悉配送订单作业包含的内容;掌握订单处理、拣货、理货作业、补货作业、配货作业的内容及任务。

2. 技能目标

能够正确进行订单处理、拣货、理货作业、补货作业、配货作业等相关作业。

3. 素质目标

培养学生对配送作业的管理能力;培养学生的动手能力;培养学生踏实工作的态度。

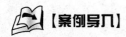【案例导入】

提升烟草物流配送作业水平

烟草物流配送对整个卷烟经营企业开展卷烟营销活动的影响力越来越强,已经成为卷烟提高水平的重要环节和内容。全面提高卷烟物流配送效率和质量是卷烟经营企业努力的重要方向和标准。

(1) 按订单组织货源模式的推广与完善,极大地改变了烟草物流发展环境与工作条件。

卷烟经营企业所采取的订单组织货源模式在一定程度上提升了卷烟零售业户的参与性,能够更加满足卷烟零售业户开展卷烟经营和进行品牌选择等方面的需求,有效地解决了卷烟经营企业货源投放与业户需求之间存在的差异性和不协调性。同时,按订单组织货源也极大地改变了烟草物流发展环境和物流从业人员的工作条件。

(2) 卷烟企业配送措施和手段的不断完善与发展,有效地提高了物流运行质量和水平。

卷烟经营企业努力实现卷烟配送由过去使用配送箱分拣运送卷烟的模式朝着量化的、软包装的卷烟分拣配送方向转变,极大地提高了烟草物流的工作效率和质量,有效地缓解了烟草物流配送与分拣环节费用居高不下的局面。这些全新的转变既节约了企业物流运行成本,又降低了从业人员的劳动强度,还实现了烟草物流快捷、方便的努力目标。

(3) 正确认识和解决影响烟草物流配送效率的突出问题,应当成为卷烟经营企业必须面对的重要课题。

卷烟经营企业必须将建设高质量、高效率的现代烟草物流配送纳入到企业建设的重要环节中来,正确处理目前烟草物流实施过程中存在的缺乏现代管理标准、运行质量和效率较低、物流运输成本过高、环节衔接不紧密、管理机制不健全等一系列问题。且不说其他环节,单就卷烟运输环节来说就较为复杂。卷烟零售业户订购的卷烟由卷烟经营企业运输到基层营销部门,再由基层营销部门运送到卷烟零售终端,需要使用运输车辆进行二次运输。这种运输环节存在着车辆利用率较低、成本过高、涉及环节和层面过多、烟草物流配送运行质量和效率较差等问题,造成卷烟经营企业投入过多,出现一定的资源和资金浪费现象。

【归纳评析】

合理完善与优化烟草物流配送细节工作,应当成为企业提升烟草物流运行效率的重要突破口。卷烟经营企业必须切实转变卷烟配送理念,在健全和规范卷烟配送机制与制度的同时,进一步采取有效措施和手段,实现卷烟配送活动的新转变和新发展。

 任务6.1 订单处理

【小词典】

订单处理是指由接到客户订货开始至准备着手拣货之间的作业阶段,包括有关客户、订单的资料确认、存货查询、单据处理乃至于出货配发等。

订单处理可以人工或利用资料处理设备来完成,其中,人工处理较具有弹性,但只适合少量的订单,一旦订单数量稍多处理即将变得缓慢且容易出错;而电脑化处理,能提供较大速率及较低的成本,适合大量的订单。订单处理主要流程如图6.1所示。

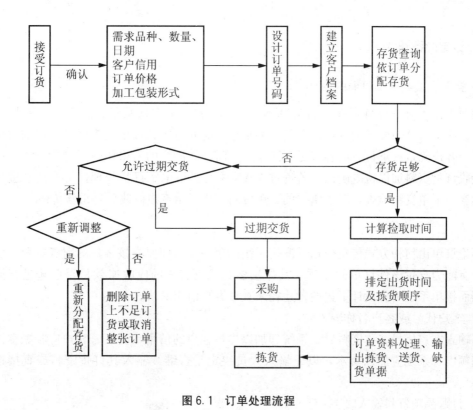

图 6.1 订单处理流程

6.1.1 接受订货

接单作业为订单处理的第一步骤,随着流通环境及科技的发展,接受客户订货的方式也渐由传统的人工下单、接单,演变为电脑间直接送收订货资料的电子订货方式。

电子订货,顾名思义即借由电子传递方式,取代传统人工书写、输入、传送的订货方式,也就是将订货资料转为电子资料形式,借助通讯网路传送,此系统即称电子订货系统(EOS-Electronic Order System),具体方式及作业描述见表 6-1。

表 6-1 电子订货方式作业描述

订货方式	作业描述
订货簿或货架标签配合手持终端机(HT,Handy Terminal)及扫描器	订货人员携带订货簿及手持终端机巡视货架,若发现商品缺货则用扫描器扫描订货簿或货架上的商品标签,再输入订货数量,当所有订货资料皆输入完毕后,利用数据机将订货资料传给供应商或总公司
POS(Point of Sale 销售时点管理系统)	指客户在 POS 收银机的商品库存档内设定安全存量。每当销售一笔商品资料时,电脑自动扣除该商品库存,当库存低于安全存量时,即自动产生订货资料,将此订货资料确认后即可通过电信网络传给总公司或供应商,亦由客户将每日的 POS 数据传给总公司,总公司将销售资料与库存资料比对后,根据采购计划向供应商订货
订货应用系统	客户资讯系统里若有订单处理系统,可将应用系统产生的订货资料,经由转换软体功能转成与供应商约定的共通格式,在约定时间里,利用 EDI 方式将资料传送出去

6.1.2 订单内容确认

1. 需求品项数量及日期的确认

此项工作为对于订货资料项目的基本检查，即检查品名、数量、送货日期等是否有遗漏、笔误或不符公司要求的情形。尤其当要求送货时间有问题或出货时间已延迟的时候，更需要再与客户确认一下订单内容或更正期望运送时间。同样的若采用电子订货方式接单，亦须对接收订货资料加以检查确认，若透过 VAN 中心进行电子订货处理，可委托其进行一些基本的客户下单资料检查，对于错误的下单资料，传回给客户修改后再重新传送。

2. 客户信用的确认

不论订单由何种方式传至公司，配销系统的第一步骤即要查核客户的财务状况，以确定其是否有能力支付该件订单的账款，其作法多是检查客户的应收账款是否已超过其信用额度。因而接单系统中应设计下述两种途径来查核客户信用的状况。

1) 客户代号或客户名称输入时

当输入客户代号名称资料后，系统即加以检核客户的信用状况，若客户应收账款已超过其信用额度，系统应加以警示，以便输入人员决定是否继续输入其订货资料或直接拒绝其订货。

2) 订购品项资料输入时

若客户此次的订购金额加上以前累计的应收账款超过其信用额度，系统应将此笔订单资料锁定，以便主管审核，审核通过，此笔订单才能进入下一个处理步骤。

原则上顾客的信用调查是由销售部门来负责，但有时销售部门往往为了争取订单并不太重视这种查核工作，因而也有些公司会授权由运销部门来承接负责，一旦查核结果发现客户的信用有问题，运销部门再将订单送回销售部门再调查或退回。

3. 订单形态确认

配送中心虽有整合传统批发商的功能以及有效率的物流、资讯处理功能，但在面对众多的交易对象时，仍需根据顾客的不同需求采取不同的做法，在接受订货业务上，表现为具有多种的订单交易形态，所以物流中心应对不同的客户或不同的商品有不同交易及处理方式。各订单交易形态及相对应的处理方式见表 6-2。

表 6-2 订单交易的处理方法

订单类别	交易形态	处理方式
一般交易订单	正常、一般的交易订单，即接单后按正常的作业程序拣货、出货、配送、收款结案的订单	接单后，将资料输入订单处理系统，按正常的订单处理程序处理，资料处理完后进行拣货、出货、配送、收款结案等作业
现销式交易订单	与客户当场直接交易、直接给货的交易订单，如业务员至客户处巡货、铺销所得的交易订单或客户直接至物流中心取货的交易订单	订单资料输入后，因其货品已交予客户，故订单资料不再参与拣货、出货、配送等作业，只需记录交易资料，以便收取应收款项

续表

订单类别	交易形态	处理方式
间接交易订单	客户向物流中心订货,但由供应商直接配送给客户的交易订单	接单后,将客户的出货资料传给供应商由其代配。此方式需注意:客户的送货单是自行制作或委由供应商制作的,关注出货资料(送货单回联)的核对确认
合约式交易订单	与客户签订配送契约的交易,如签订某段时期内定时配送某数量商品	约定的送货日来临时,需将该配送的资料输入系统处理以便出货配送;或一开始便输入合约内容的订货资料并设定各批次送货时间,以便在约定日期来临时系统自动产生需要送货的订单资料
寄存式交易	客户因促销、降价等市场因素而先行订购某商品,往后视需要再要求出货的交易	当客户要求配送寄存商品时,系统应检查客户是否确实有此项寄存商品,若有,则出此项商品,并且扣除商品的寄库量。注意此项商品的交易价格是依据客户当初订购时的单价计算
兑换券交易	客户兑换券所兑换商品的配送出货	将客户兑换券所兑换的商品配送给客户时,系统应查核客户是否确实有此兑换券回收资料,若有,依据兑换券兑换的商品及兑换条件予以出货,并应扣除客户的兑换券回收资料

4. 订货价格确认

不同的客户(大盘、中盘、零售)、不同的订购量,可能有不同的售价,输入价格时系统应加以检核。若输入的价格不符(输入错误或因业务员降价强行接单等),系统应加以锁定,以便主管审核。

5. 加工包装确认

客户对于订购的商品,是否有特殊的包装、分装或贴标等要求,或是有关赠品的包装等资料皆需详加确认。

6. 设定订单号码

每一订单都要有其单独的订单号码,此号码由控制单位或成本单位来指定,除了便于计算成本外,可用于制造、配送等一切有关工作,且所有工作说明单及进度报告均应附此号码。

7. 建立和维护客户档案

将客户状况详细记录,不但能让此次交易更易进行,且有益于往后合作机会的增加。客户档案应包含以下相关资料,具体见表6-3。

表6-3 客户档案项目说明表

客户档案项目	说　　明
客户姓名、代号、等级形态(产业交易性质)	
客户信用额度	对批发用户或第三方物流的用户
客户销售付款及折扣率的条件	对批发用户或第三方物流的用户
开发或负责此客户之业务员	经营批发业务的配送中心或第三方物流的客户
客户配送区域	
客户收账地址	
客户点配送路径顺序	根据区域、街道、客户位置，将客户分配于适当得到的配送路径上
客户点适合的车辆形态	客户送货上门点的街道对车辆大小可能有限制，因此须将适合该客户的车辆类型记录在系统中
客户点的卸货特性	客户所在地点或客户位置。由于建筑物本身或周围环境特性(如地下室有限高或高楼层)，可能造成卸货时有不同的卸货需求，在车辆及工具的调度上须加以考虑
客户配送要求	客户对送货时间有特定要求或有协助上架、贴标签等要求
过期订单处理指示	延迟订单的处理方式可事先约定规则，避免过多的临时询问或紧急处理

8. 存货查询和存货分配

1) 存货查询

此程序在于确认有效库存是否能够满足客户需求，通常称为[事先拣货(Prepicking the order)]。存货资料一般包括品项名称、产品描述、库存量、已分配存货、有效存货及期望进货时间。输入客户订货商品的名称、代号时，系统即应查对存货档案的相关资料，看此商品是否缺货，若缺货则应可提供商品资料或是此缺货商品的已采购未入库资讯，便于接单人员与客户协调是否改订替代品或是允许延后出货等权宜办法，以提高人员的接单率及接单处理效率。

2) 存货分配

订单资料输入系统确认无误后，最主要的处理作业在于如何将大量的订货资料，做最有效的汇总分类、调拨库存，以便后续的物流作业能有效进行。存货的分配模式可分为单一订单分配及批次分配两种。

(1) 单一订单分配。此种情形多为线上即时分配，即在输入订单资料时，就将存货分配给该订单。

(2) 批次分配。这种方法是累积汇总数笔的已输入订单资料后，再一次分配库存。物流中心订单数量多、客户类型等级多且多为每天固定配送次数，因此通常采行批次分配以确保库存能做最佳的分配。

进行批次分配时，需注意订单的分批原则，即批次的划分方法。各物流中心的分批方法可能不同，总的来说有下面几种方法，见表6-4。

表6-4 批次划分方法说明表

批次划分原则	说　明
按接单时序	将整个接单时段划分成几个区段，若一天有多个配送梯次，可配合配送梯次，将订单按接单先后分为几个批次处理
按配送区域路径	将同一配送区域路径的订单汇总后一起处理
按流通加工需求	将加工处理或相同流通加工处理的订单汇总一起处理
按车辆需求	若配送商品需特殊的配送车辆（如低温车、冷冻车、冷藏车）或客户所在地、下货特性等需要特殊形态车辆可汇总合并处理

然而，若以批次分配选定参与分配的订单后，这些订单的某商品总出货量仍大于可分配的库存量，应如何取舍来分配这有限的库存？可依照表6-5中的原则来决定有限库存时客户订购的优先性。

表6-5 有限库存分配原则方法

批次划分原则	处理方法
具特殊优先权者先分配	对于一些例外的订单如缺货补货订单、延迟交货订单、紧急订单或远期订单，这些在前次即应允诺交货的订单，或客户提前预约或紧急需求的订单，应有优先取得存货的权利。因此当存货已补充或交货期限到时，应确定这些订单的优先的分配权
依客户等级来取舍	依客户等级来取舍，将客户重要性程度高的作优先分配
依订单交易量或交易金额来取舍	依订单交易量或交易金额来取舍，将对公司贡献度大的订单做优先处理
依客户信用状况	依客户信用状况将信用较好的客户订单做优先处理
依系统自定义	依系统自定义做优先处理

9. 分配后存货不足之异动处理

若现有存货数量无法满足客户需求，且客户又不愿以替代品替代时，则应依客户意愿与公司政策来决定对应方式，见表6-6。

表6-6 分配后存货不足之异动处理方式

情况类别	约束条件	处理方式
客户不允许过期交货（Back-Order）	公司无法重新调拨	则删除订单上不足额的订货，甚至取消订单
	重新调拨	重新调拨分配订单
客户允许不足额订单		公司政策不希望分批出货，则只好删除订单上的不足额部分

续表

情况类别	约束条件	处理方式
客户允许不足额之订货配送	等待有货时再予以补送	等待有货时再予以补送
	处理下一张订单时补送	与下一张订单合并配送
	有时限延迟交货并一次配送	客户允许一段时间的过期交货，且希望所有订单一起配送
	无时限延迟交货并一次配送	不论须等多久客户皆允许过期交货，且希望所有订货一起送达，则等待所有订货到达再出货。对于此种将整张订单延后配送的订单，亦需将这些顺延的订单记录成档
客户希望所有订单一次配送且不允许过期交货		将整张订单取消
根据公司政策		一些公司允许过期分批补货，但一些公司了解分批出货的额外成本不愿意分批补货，则可能宁愿客户取消订单，或要求客户延后交货的日期

10. 计算拣货的标准时间

为了有计划地安排出货作业，因而对于每一订单或每批订单可能花费的拣货时间需要事先掌握，对此要计算订单拣货的标准时间。

首先计算每一单元（一箱、一件）的拣货标准时间，且将之记入电脑档案。有了单元的拣货标准时间后，可依每项订购数量，再配合每项的寻找时间，来计算出每项拣货的标准时间。最后，再根据每一订单或每批订单之订货项目及考虑一些纸上作业的时间，来将整张或整批订单的拣货标准时间算出。拣选作业时间统计表样表见表6-7。

表6-7 拣选作业时间统计表样表

	品种	单元名称	拣选标准时间①	寻找行走时间②	合计标准时间③=①+②
拣选作业标准时间	A品种	托盘			
		纸箱			
		件			
		合计			
	B品种	托盘			
		纸箱			
		件			
		合计			

续表

	品种	单元名称	单元数量	单元拣选作业时间	品种拣选时间
订单拣选作业时间统计	A品种	托盘			A品种合计
		纸箱			
		件			
	B品种	托盘			B品种合计
		纸箱			
		件			
订单拣选时间合计	单元名称	单元数量合计		单元拣选作业时间合计	订单合计
	托盘				
	纸箱				
	件				

11. 依订单排定出货时间及拣货顺序

前面已由存货状况进行了存货的分配，但对于这些已分配存货的订单，应如何安排其出货时间及拣货先后顺序，通常会再依客户需求和拣货标准时间等具体情况而定。

12. 订单资料处理输出

订单资料经由上述的处理后，即可开始打印一些出货单据，以展开后续的物流作业，单据类别及说明见表6-8。

表6-8 单据类别及说明

单据类别	说　　明
拣货单（出库单）	拣货单据产生的目的在于提供商品出库指示资料，作为拣货的依据。拣货资料的形式需配合配送中心的拣货策略及拣货作业方式来加以设计，以提供详细且有效率的拣货资讯，便于拣货的进行。拣货单考虑商品储位顺序打印，以减少人员行走距离
送货单	物品交货配送时，通常需附上送货单据给客户清点签收。因为送货单主要是给客户签收、确认出货资料，其正确性及明确性很重要。要确保送货单上的资料与实际送货资料相符，除了出货前的清点外，出货单据的打印时间及修改亦须注意以下内容。 1）单据打印时间 最能保证送货单上的资料与实际出货资料一样的方法是在出车前一切清点动作皆完毕，而且不符合的资料也在电脑上修改完毕，再打印出货单。但此时再打印出货单，常因单据数量多，耗费许多时间，影响出车时间。 2）送货单资料 送货单上的资料除了基本的出货资料外，对于一些订单异动情形如缺货品项或缺货数量等亦须打印注明

续表

单据类别	说　　明
缺货资料	库存分配后，对于缺货的商品或缺货的订单资料，系统应提供查询或报表打印功能，以便人员处理。 1）库存缺货商品 提供依商品别或供应商别查询的缺货商品资料，以提醒采购人员紧急采购。 2）缺货订单 提供依客户或外务员查询的缺货订单资料，以便人员对订单做跟踪处理

任务6.2　拣货及理货作业

6.2.1　拣货方式

【你知道吗?】

拣货作业在配送作业环节中不仅工作量大、工艺复杂，而且要求作业时间短、准确度高、服务质量好。

拣货作业流程为：制作拣货作业单据→安排拣货路径→分派拣货人员→拣货。为提高拣货效率，就必须缩短拣货时间及行走距离，降低拣错率。拣选作业时能否迅速找到需拣选货品的位置，信息指示系统、储位标识与位置指示非常重要。

1. 拣选作业基本要点

拣货作业除了少数自动化设备逐渐被开发应用外，大多是靠人工的劳力密集作业，因此在拣货系统的构筑中，使用工业工程改善手法的应用相当普遍，可有效地提高生产力。尤其在进行拣货系统构筑或者现状掌握时，必须掌握下述7个基本要点，如图6.2所示。

2. 主要拣选作业的信息传递方式

1）订单传票

直接以客户订单或以配送中心送货单作为拣选作业指示凭据。这种方法只适合订单数量较小和批量较小的情况。由于订单在作业时容易受到污损，导致作业过程发生错误，甚至无法判别确认。

2）拣货单

将客户订单输入电脑系统，进行拣货信息生成并打印拣货作业单。拣货单的优化主要取决于信息系统相应的支持功能。

3）灯光显示器

通过安装在储位上的灯光显示器或液晶显示器传递拣选作业信息，该系统可以安装在重力货架、托盘货架和轻型货架上，以提高拣选作业的效率和准确率。

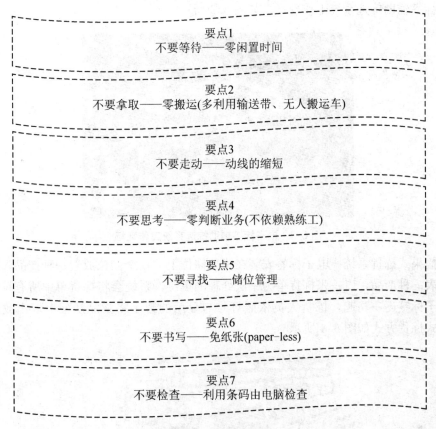

图6.2 拣选作业要点

4) 无线通信(RF)

通过在堆高机等装置上安装无线通信设备,把应该从哪个储位拣选何种商品和数量的信息实时通知拣选作业者,此系统应用于大批量的拣选作业。

5) 电脑辅助拣选车

通过在堆高机等装置上安装电脑辅助终端机,向拣选作业者传递拣选作业指令,此系统适应多品种、小批量、体积小、价值高的货品拣选。

3. 现代化的拣货手段

1) 电子标签辅助拣货系统作业方式

【小词典】

电子标签辅助拣货系统是采用先进的电子技术和通讯技术开发的物流辅助作业系统,通常应用在现代物流中心货物分拣环节,具有效率高、差错率低的作业特点。

电子标签辅助拣货系统根据作业方式不同,可分为摘果式拣货系统和播种式拣货系统。

无论是摘果式电子标签拣货系统还是播种式电子标签拣货系统,其网络设备构成都是一套完整的、独立的电子标签系统,由一套独立的控制软件进行标签的显示调度,可以采用接口方式和仓库管理系统(WMS)进行对接。

电子标签辅助拣选系统工作现场,如图6.3所示。

图6.3 电子标签辅助拣选系统工作现场

(1)摘果式拣货系统。电子标签安装在货架储位上,一个储位放置一种产品,即一个电子标签代表一种产品,以一张拣货单为一次处理的单位,系统会将拣货单中所有拣货商品所代表的电子标签逐一亮起,拣货人员依照灯号与显示的数字将货品从架上取出放进拣货箱内。摘果式拣货方式如图6.4所示。

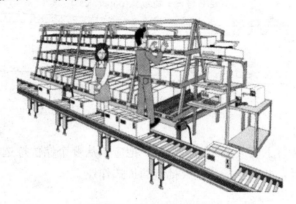

图6.4 摘果式拣货方式

(2)播种式拣货系统。每一个电子标签代表一个客户或是一个配送对象,以每一种货品为一次处理的单位,拣货人员先将货品的应配总数取出,并将商品信息输入,系统会将代表有订购此项货品的客户的电子标签点亮,配货人员只要依电子标签的信号与显示数字将货品分配给客户即可。播种式拣货方式如图6.5所示。

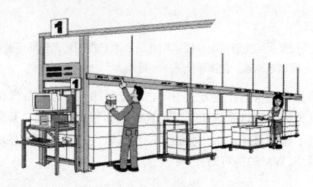

图6.5 播种式拣货方式

基于电子标签的方案现在已经发展出许多扩展型的应用，一般有以下几种。

① 在标签流水线上安装区段满箱标签，可以做到每个货品和周转箱的对应。

② 在标签流水线上安装条码扫描枪，可以做到每个货品放入周转箱前进行条码确认，极大地降低了拣货差错率，并且可以取消后续的复合环节。

③ 在摘果法中采用一对多的标签，一个标签控制多个货品，可以极大降低投资成本。

2) 利用无线手持终端拣货方式

这种拣货方式是基于无线局域网，采用移动式的无线手持终端进行拣货作业操作，特点是全程无纸化，在整个过程中根据无线手持终端的指导进行拣货，多用于摘果式拣货方式。

作业过程为：拣货员开叉车或者拉拖车，先在无线手持终端上发出指令开始拣货，信息系统自动给该手持终端分配拣货单，拣货员根据无线手持终端的显示，来到相应的货位上将货品取下，同时扫描货品条码，如果货品无误则再点好具体拣货数量，然后在无线手持终端上进行确认；一条拣货指令确认完成后，系统自动跳出下一个货位的拣货指令，直到该拣货单全部拣货完毕。

无线手持终端拣货的优点是：由于使用扫描条码，一般情况下不可能出错，拣货货品出错率为零，拣货件数差错率也很低，接近于零，因为在确认的同时扣减了库存，能够非常及时地和库存管理信息系统进行库存同步，也可以非常方便地统计拣货人员的工作量，并且可以不受固定场地的限制，可以在整个仓库任何有无线信号的地方作业。

这种方式一般投资较高、专业性强，比较适合于单个客户每个要货品种和要货件数较多，或者直接使用叉车拣货的物流仓库作业，例如超市物流仓库的整件货品拣货、批发形态的物流仓库拣货。

需要注意的是，稳定的无线信号传输会受客观环境的限制，需要在仓库建设过程中考虑无线网络的使用条件，如仓库的层高、无线 AP 点的分布等，此外，无线手持终端是比较专业的贵重设备，拣货人员需要培训手持终端的操作习惯和注意事项。

6.2.2 拣货作业方式

1. 订单拣选（摘果式）

这种作业方式是针对每一张订单，作业员巡回于仓库货架间，将客户所订购的商品逐一由仓储货架中挑拣出来的方式，是一种传统的拣货方式。

(1) 优点。

① 作业方法单纯。

② 前置时间短，针对紧急需求可快速拣选。

③ 导入容易且弹性大，对机械化、自动化没有严格要求。

④ 作业员责任明确，派工容易、公平。

⑤ 拣货后不用再进行分类作业，适用于大量订单的处理。

(2) 缺点。

① 商品品种多时，拣货行走路径加长，拣选效率降低。

② 拣货区域大时，搬运系统设计困难。

2. 批量拣选（播种式）

把多张订单集合成一批，依据商品类别将数量相加后再进行拣选，之后依据客户订单再做分类处理。

1) 优缺点

（1）优点。

① 适合订单数量庞大的系统。

② 可以缩短拣选时行走搬运的距离，增加单位时间的拣货量。

（2）缺点。对订单的到来无法做即刻的反应，必须等订单累积到一定数量时才做一次处理，因此会有停滞的时间产生。只有根据订单到达的状况做等候分析，决定出适当的批量大小，才能将停滞时间降到最低。

2) 批量拣选的订单分批原则

一般批量拣选的原订单分批原则如下。

（1）合计量分批原则。将进行拣货作业前所有累积订单中的货品依据品种分别合计总量，再根据总量进行拣选的方式，适合固定点间的周期性配送。

优点：一次拣出商品总量，可使平均拣货距离最短。

缺点：必须经过功能较强的分类系统完成分类作业，订单数不可过多。

（2）时段分批原则。当订单的出货时间非常紧迫时，可利用这一策略开启短暂时段，例如 5 或 10 分钟，再将此一时段中所到达的订单做成一批，进行拣选。此分批方式较适合密集频繁的订单，且较能应付紧急插单的要求。

（3）定量分批原则。订单分批按先进先出（FIFO）的基本原则，当累计订单数到达设定的固定量后，再开始进行拣货作业的方式。

优点：维持稳定的拣货效率，使自动化的拣货、分类设备得以发挥最大功效。

缺点：订单的商品总量变化不宜太大，否则会造成分类作业的不经济。

（4）智慧型的分批原则。订单汇集后，必须经过较复杂的电脑计算程序，将拣选路线相近的订单集中处理，求得最佳的订单分批，可大量缩短拣货行走搬运距离。

优点：分批时已考虑到订单的类似性及拣货路径的顺序，使拣货效率进一步提高。

缺点：所需软件技术层次较高不易达成，且信息处理的前置时间较长。

因此，采用智慧型分批原则的配送中心通常将前一天的订单汇集后，经过电脑处理在当日下班前产生明日的拣货单，所以若发生紧急插单处理作业较为困难。

3. 其他拣选作业模式

其他拣选作业模式见表 6-9。

表 6-9　其他拣选作业模式

作业模式	特　点
复合拣选	复合拣选为单一顺序拣选及批量拣选的组合；可依据订单中品种数量决定哪些订单适合于单一顺序拣选，哪些适合于批量拣选
分类式拣选	一次处理多张订单，且在拣选各种商品的同时，把商品按照客户订单别分类放置的方式。例如，一次拣选 5、6 张订单时，每次拣选用台车或笼车带着这 5、6 家客户的篮子，边拣选边把商品放入相应客户的篮子中。此种拣选可减轻事后分类的麻烦，对提升拣货效益更有益，较适合每张订单商品数量不大的情况

续表

作业模式	特　　点
分区拣选	不论是采行单一顺序拣选还是批量拣选，从效率上考量皆可配合采用分区的作业策略。所谓分区作业就是将拣选作业场地做区域划分，每一个作业员负责拣选固定区域内的商品。而其分区方式又可分为按拣货单位分区、按拣货方式分区及按工作分区。事实上在作拣货分区时亦要考虑到储存分区，必须先针了解储存分区的规划，才能使得拣货分区更加合理
接力拣选	此种方法与分区拣选类似，决定出拣货员各自分担的产品项目或料架的责任范围后，各个拣货员只拣选拣货单中自己所负责的部分，然后以接力的方式交给下一位拣货员
订单分割拣选	当一张订单所订购的商品项目较多，或欲设计一个讲求及时快速处理的拣货系统时，为了使其能在短时间内完成拣货处理，可利用此策略将订单切分成若干子订单，交由不同的拣货人员同时进行拣货作业以加快拣货的速度。订单分割策略必须与分区策略联合运用才能有效发挥作用

以上的 7 种拣选方式可与搬运车或动力、无动力输送机相互配合形成不同组合的作业系统。

6.2.3　理货作业

【小词典】

理货作业是指在配送作业过程中，对物品进行的数量清点、内外质量检查、分类等一系列作业过程。

1. 理货的作用

理货的主要作用表现为以下几个方面。

1）检查作用

理货的作用之一是对物品进行检查。在配送作业过程中，通过检查配送物品的实际状况并做好相应的理货记录，为配送物品的质量跟踪提供了必要的依据。

2）责任划分

理货人员对理货过程中发现的物品数量短缺、残损、规格不符、质量不合格等情况，应做出详细记录，据此作为责任划分的依据。配送中心可以根据理货单记录的情况，向供货单位提出退货或换货，或向承运方提出索赔。

3）交接作用

通过理货作业可确定物品的数量和质量状况。理货后，配送中心与供货方或承运方办理正式的货物交接手续，签署送货单或交接清单。

2. 理货作业的内容

配货中心在进行配送活动时应及时组织理货人员在各个作业环节进行理货作业，按照物品的储存区域、出货优先顺序、配送车辆、门店号、先进先出等方法和原则，对配送的物品理货，经复核人员确认无误后，放置于暂存区，准备装货上车。

理货作业的具体内容有以下几个方面。

1) 数量检验和质量检验

理货作业应清点物品的件数、测量物品的质量和尺寸，检查物品的外观质量和内在质量等。

2) 残损物品的界定

理货作业应对配送物品进行数量和质量状况的界定，剔除残损，确保配送物品的质量。

要通过数量和质量检验，剥离出配送物品中的残损，并做好详细记录。对残损物品，可视具体情况采取退货、换货、更换或加固包装等措施处理。同时，并由作业各方以及送货人、承运人对残损物品加以备注、签名，以便明确责任。

3) 对配送物品的分拣作业进行指导

理货人员应根据配送作业的要求，从其职责角度对物品的分拣作业、存放作业、配装作业等进行指导。例如，对食品的配送，应从卫生条件、储存条件、包装条件等方面提出合理指导；又如，对配送物品的存放位置、衬垫材料的选用、苫盖要求、堆垛方案等提出建议。

4) 办理交接手续记录

理货作业过程以及理货作业完毕，应由理货人员与配送作业人员、供货方、承运方办理交接手续，签署送货单或交接清单等相关单证，同时对作业过程中发生的工损事故，应制作事故报告，并由事故当事人签署。

3. 理货作业的方法

配送中心的理货作业方法主要有以下内容。

1) 现场理货

在配送物品进库之前，为了划清承运人与配送中心仓库的责任，理货环节必须在送货入库的运输工具现场进行，通常作业地点是在运输工具旁，作业时间与卸货同步。

在配送中心进行配送作业的过程中，为了划清上道工序与下道工序的责任，理货环节也必须在配送作业现场进行，并与作业过程同步。

2) 共同理货

配送中心在进行理货作业时，供货方、承运方、仓库三方人员以及上道工序与下道工序的作业人员必须同时在场，以便在发生责任问题时各方可以当场明确各方的责任。

3) 约定理货

理货作业也可以按送货单或订单(配送单)进行理货。理货作业的过程以及内容应按已送货单或订单(配送单)的要求及内容，把货物的数量记载、质量要求作为验收标准，只要符合单据约定的要求即为合格。若无约定质量标准的，则按照国际标准、国家标准或行业标准作为理货标准。

4) 理货记录

对理货作业中发生、发现的问题，理货人员要进行现场记录，编写相关的报告和单据，并要求当事人签署。理货作业完毕进行交接时，理货人员应该及时签署相关的单据。所有的记录和单据必须在现场及时完成，不能事后补编、补签。

理货过程的相关理货单据主要有以下4种。

(1) 计数单。计数单是记录各类入库物品数量状况的单据，包括合格品数量、残损数量。计数单是理货现场使用的一种记录簿，一般采用统一的计数单格式。

(2) 入库单。入库单是仓库与供货方交接的一个原始凭证。入库单一般有统一的格式。物品经理对货物检验后，理货人员将入库物品的实际数量、质量状况以及存放货位情况填写在入库单上，在对物品残损加以批注后，由供(送)货人签署。

入库单的格式至少3联，即供(送)货人联、仓库留底联、仓库记账联。

(3) 送货单或交接清单。送货单或交接清单是供货人随货提交的单据，是仓库据以理货验收的凭证。验收完毕，理货人员应该签署送货单或交接清单；如有残损、短缺等不良情况，必须在送货单或交接清单上加以批注，并留存其中一联。

(4) 理货现场记录。理货现场记录是理货员对作业现场所发生的操作不当、事故以及其他影响作业安全的情况所做的记录。理货现场记录应该有当事人签署，以明确责任。

任务6.3 补货作业

6.3.1 补货作业功能及流程

【你知道吗?】

配送中心补货系统，就是配送中心完成存货补充订货决策以及具体补货作业的功能子系统。

当顾客需求开始消耗现有存货时，补货系统需要根据以往的经验，或者相关的统计技术方法，或者计算机系统的帮助确定最优库存水平和最优订购量，并根据所确定的最优库存水平和最优订购量，在库存低于最优库存水平时发出存货再订购指令。配送中心补货系统的目标就是保持存货中的每一种产品都在目标服务水平下达到最优库存水平。

1. 配送中心补货系统的基本功能

1) 当库存量降低到警戒线时，系统能发出补货信号

这也就是说，配送中心补货系统首先要能够及时发现需要补充订货的存货种类。警戒线存货是指补货系统预先设置的一个库存水平，当存货降至该库存水平时，配送中心就需要进行再订货了。配送中心可以通过人工巡视发现需要再订货的存货种类，也可以通过计算机系统以及一些信息收集工具提示哪些存货应该进行再订货了。

2) 系统能提供订货数量的建议值

通常配送中心会应用比较复杂的预测模型以及通过计算机模块的帮助来发现订货数量的建议值，但对于一些需求规律变化不大的存货种类，配送中心也可以采取一些简化的经验方法来确定这个值。

2. 一般补货作业流程

补货作业是将货物从仓库保管区搬运到拣货区的工作，以托盘为例介绍一般补货作业流程，如图6.6所示。

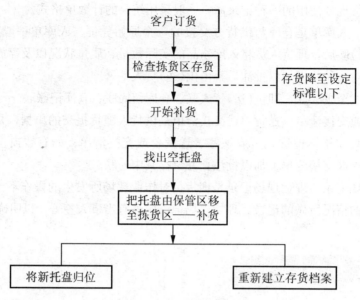

图6.6 一般补货作业流程

6.3.2 补货时机

补货作业的发生与否主要看拣货区的货物存量是否符合需求,因此究竟何时补货要看拣货区的存量,以避免出现在拣货中才发现拣货区货量不足需要补货,而影响整个拣货作业的情况。通常,有批次补货、定财补货或随机补货3种时机方式。

1. 批次补货

在每天或每一批次拣选之前,经电脑计算所需货品的总掠取量和拣货区的货品量,计算出差额并在拣货作业开始前补足货品。这种补货原则比较适合于一天内作业量变化不大、紧急追加订货不多,或是每一批次拣选量需事先掌握的情况。

2. 定时补货

将每天划分为若干个时段,补货人员在时段内检查拣货区货架上的货品存量,如果发现不足,马上予以补足。这种"定时补足"的补货原则,较适合分批拣货时间固定且处理紧急追加订货的时间也固定的情况。

3. 随机补货

随机补货是一种指定专人从事补货的作业方式,这些人员随时巡视拣货区的分批存量,发现不足随时补货。此种"不定时补足"的补货原则,较适合于每批次拣选量不大、紧急追加订货较多,以至于一天内作业量不易事先掌握的场合。

6.3.3 补货方式

与拣货作业直接相关的就是补货问题。补货作业一定要小心地计划,这不仅是为了确保存量,也是为了将其安置于方便存取的位置。下面针对一般拣货安排给出一些可能的补货方式。

1. 整箱补货

整箱补货由货架保管区补货到流动式货架的动管区的补货方式，如图 6.7 所示。

此补货方式保管区为货架存放，动管拣货区为两面开放式的流动式货架，拣货时拣货员在流动货架拣选区拣选单品放入周转箱中，而后放置于输送机上运至出货区。而当拣选后发现动管区的存货低于要求之下则要进行补货的动作。其补货方式为：作业员至货架保管区取货箱，以手推车载箱至拣货区。这种保管动管区存放形态的补货方式比较适合体积小且少量多样出货的物品。

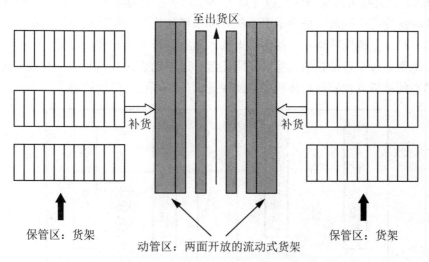

图 6.7　整箱补货由流动货架的后方(非拣选面)补货

2. 整托补货

这种补货方式是以托盘为单位进行补货。根据补货的位置不同，又分为两种情况：一种是地板至地板，一种是地板至货架。

1) 地板至地板的整托盘补货

如图 6.8 所示，此补货方式保管区为以托盘为单位地板平置堆叠存放，动管区也为以托

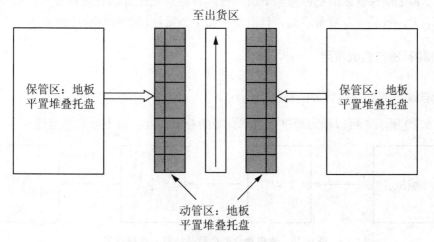

图 6.8　地板至地板的整托盘补货

盘为单位地板平置堆叠存放,所不同之处在于保管区的面积较大,存放物品量较多,而动管区的面积较小,存放物品量较少。拣选时拣货员于拣选区拣选托盘上的货箱,放至中央输送机出货;或者,可使用叉车将托盘整个送至出货区(当拣选大量品项时)。而当拣选后发觉动管拣选区的存货低于水准之下,则要进行补货动作。其补货方式为:作业员以叉车由托盘平置堆叠的保管区搬运托盘至同样是托盘平置堆叠的拣货动管区。此保管、动管区存放形态的补货方式较适合体积大或出货量多的物品。

2) 地板至货架的整托盘补货

如图6.9,此补货方式保管区是以托盘为单位地板平置堆叠存放,动管区则为托盘货架存放。拣选时拣货员在拣选区搭乘牵引车拉着推车移动拣货,拣选后再将推车送至输送机轨道出货。而一旦发觉拣选后动管区的库存太低,则要进行补货动作。补货方式为:作业员使用叉车很快地至地板平置堆叠的保管区搬回托盘,送至动管区托盘货架上存放。此保管、动管区存放形态的补货方式较适合体积中等或中量(以箱为单位)出货的物品。

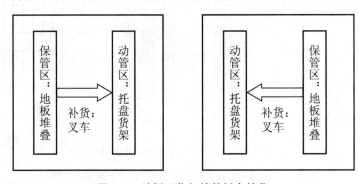

图6.9 地板至货架的整托盘补货

3. 货架之间的补货

此种补货方式为:保管区与动管区属于同一货架,也就是将一货架上的两手方便拿取之处(中下层)作为动管区,不容易拿取之处(上层)作为保管区;而进货时便将动管区放不下的多余货箱放至上层保管区。对动管拣选区的物品进行拣货,当动管区的存货低于水准之下则可利用叉车将上层保管区的物品搬至下层动管区补货。此保管动管区存放形态的补货方式较适合体积不大,每品项存货量不高,且出货多属中小量(以箱为单位)的物品。

6.3.4 几种补货方式的应用

1. 由自动仓库到旋转货架的补货

如图6.10所示,可以确定地进行效率良好的补充作业,而不必来回地搜寻。

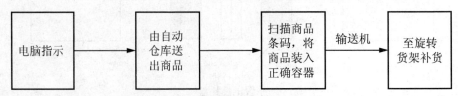

图6.10 由自动仓库将商品补货至旋转货架

2. 由入库至补货线

如图 6.11 所示，物品入库时即将需要补货的物品直接送入拣选区，而不经由储存区再转送的补货方式。

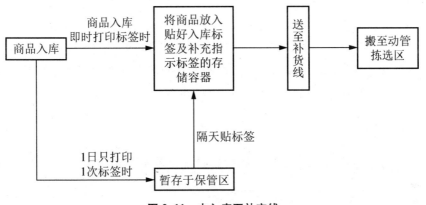

图 6.11　由入库至补充线

3. 拣选区采取复仓制的补货方式

动管拣选区是采用相同品项两个相邻托盘的储放，而储存区则分两处进行两阶段的补货。第一储存区为高层货架仓库，第二储存区为拣选区旁的临时保管处所。进行第一阶段补货时先由第一储存区的高层货架提取一托盘量物品放置于拣选区旁的第二储存区，等拣选区内某一品项的其中一个托盘拣选完毕后，将空托盘移出，后面托盘往前推出，再由第二储存区将补货托盘移进拣选区。如图 6.12 所示。

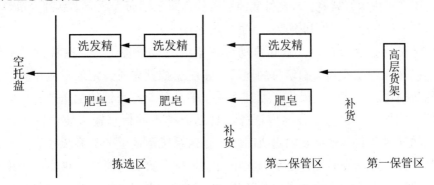

图 6.12　拣选区采取复仓制的补货方式

任务6.4　配货作业

【小词典】

配货是将拣选出来的物品按客户订单分拣集中在一起，装入妥当的容器、做好标记，根据订单和配送方向合理安排配装和车辆调度安排的趟次等，将物品搬运到出货待运区，最后装车配送。

配货作业一般包括分货作业、简单的流通加工和配装作业。

6.4.1 编制配货计划

配送中心内存放的商品数量大、品种杂、规格多，每日发送商品的次数和装配配送车辆的趟次比较高。若没有高度的计划管理，极易出现各种疏漏，影响后续作业的正常进行。因此，配送中心编制配货计划，保证客户需求的商品能在最短的时间内以最合理的方式完好无损地配齐、经济合理地配载，是使配送业务顺利实施的前提条件。配送计划内容主要包括配货方式和配货路线、配货人员的数量与机械类型及种类、确定配装方案等。

6.4.2 分货作业

分货就是把拣货完毕的商品按用户或配送路线进行分类的工作。分货方式一般有下列几种。

1. 人工分货

它是用人力以手推车为辅助工具，将被分拣商品分送到指定的场所堆放待运，批量较大的商品则用叉车托盘作业。目前我国的仓库、配送中心基本上都采用人工分拣。其优点是：机动灵活，不需复杂、昂贵的设备，不受商品包装等条件的制约。缺点是：速度慢、工作效率低、易出差错，只适用于分拣量小、分拣单位少的场合。

2. 自动分类机分货

由于近年来对快速、高效、准确性物流服务的需求，因而为顺应多品种少量订货的市场趋势，自动分类机开始逐渐引起企业关注并广泛运用。

自动分类机分货是指利用电脑和自动分辨系统完成分货工作。这种方式不仅快速省力，而且准确，在产品投入与确定目的地后，系统会按预先所设定的对应逻辑，自动将商品送至目的流道中，完成分类操作。尤其适应于多品种业务繁忙的配送中心。它工作的主要过程包括：①将有关货物及分类信息通过自动分类机的信息输入装置输入自动控制系统；②当货物通过移栽装置移至输送机时，由输送系统运送至分类系统；③分类系统是自动分类机的主体，这部分的工作过程为先由自动识别装置识别货物，再由分类道口排出装置按预先设置的分类要求将货物推出分类机。分类排出方式有推出式、浮起送出式、倾斜滑下式、皮带送出式等，同时为尽早使各货物脱离自动分类机、避免发生碰撞而设置有缓冲装置。

【你知道吗？】

一台自动分拣机每小时分拣量可达 6 000~10 000 箱。它提高了物流服务品质，使物品在物流作业过程中的货损率大大低于人工作业；降低分货的差错率，通常自动分拣系统的分拣错误率在万分之零点几；成倍地缩短了分拣作业的前置时间，降低了物流成本；解决了劳动力不足的问题，把配送中心人员从繁重的分拣作业中解放出来。但缺点是投资大，投资回收期长。每天配送业务量超过 2 万件商品，方可以考虑建设自动化分拣系统。

【拓展知识】

邮件的自动化分拣

邮件进入自动分拣系统后，OCR 光电阅读器将信函上 6 位手写的收件人的邮政编码或地址文字识别、转换成数字信号，处理后在邮件上打印出条形码；再经条码识读装置扫描识读，并将读出的该条码信息送入有关处理装置，最后实现自动分拣。对于部分 OCR 拒绝识别的不规范的邮政编码数字，机器可把其数字字符的视频信号分配给某个视屏席位，由操作员键入拒识字符进行补码，协助机器完成信函的分拣，以救活一批邮政编码书写不规范的信件。打印条形码的油墨内都渗有荧光或磷光材料，在一定波长的紫外光激发下便于识读。为了便于进行二次分拣，条形码一般均打印在信封或明信片正面的下部。

6.4.3 流通加工作业

流通加工作业在整个配送作业系统中，处于一种具有可选择性的附带作业地位。它是一项可提高服务水平、增加附加价值的作业。一般常见的有：商品贴标签作业、包装、捆包、礼品包装及包装分装等。

【学习测评】

一、名词解释

1. 订单处理　2. 理货作业　3. 配货

二、单项选择题

1. 下列哪项不是批量拣选的优点？（　　）

A. 前置时间短　　　　　　　　　　B. 适合配送批量大的订单作业

C. 对量少、次数多的配送，批量拣选更有效　D. 增加单位时间的拣货量

2. "拣货行走路径加长，拣取效率较低；拣货区域较大，搬运系统设计业比较困难"是（　　）的缺点。

A. 订单拣选方式　　　B. 批量拣选方式　　　C. 复合拣选方式

3. 要货单位较少，要货品种比较多时，采用（　　）比较好。

A. 订单拣选方式　　　B. 批量拣选方式　　　C. 复合拣选方式

三、多项选择题

1. 理货作业方法主要有（　　）。

A. 现场理货　　　B. 共同理货　　　C. 约定理货　　　D. 理货记录

2. 拣货作业的评价指标主要包括（　　）。

A. 拣货差异率　　　　　　　　　　B. 单位时间拣货品种数

C. 订单准确率　　　　　　　　　　D. 拣货时间

E. 客户满意度

四、判断题

1. 配货计划的科学性及合理性直接影响配送中心配送业务的绩效。　　　　（　　）

2. 补货作业在配送作业环节中不仅工作量大、工艺复杂,而且要求作业时间短、准确度高、服务质量好。   ( )

五、简答题

1. 简述订单交易的形态及处理方法。
2. 简述理货的作用。
3. 补货方式有哪几种?

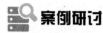 案例研讨

【案例】订单处理流程与拣货策略

某配送中心接到两个客户的订单,A 客户需白猫 1.3kg 超能洗衣粉 1200 箱,中华 200g 含氟牙膏 500 箱,白诗 248ml 负离子焗油洗发水 200 箱;B 客户需白猫 1.3kg 超能洗衣粉 800 箱,中华 200g 含氟牙膏 500 箱,飘柔 400ml 润肤浴液 200 箱;现已知上述 3 种产品在配送中心是分区存放的。

【请分析】

(1) 配送中心订单处理人员应采取何种拣货作业方式和拣货策略?
(2) 制作哪几种拣货单?

 任务驱动

【工作任务】按订单拣货

1. 任务内容

有一个配送中心的两个订单分别见表 6-10,表 6-11。

表 6-10 订单(1)

订单号:1325833890222		出货单号:153212		订单日期:2012、5、20 09:35:10		
网店:××服装店		快递:圆通				
收货人:叶××		电话:13402520000		是否开发票:否		
收货地址:广东省广州市荔湾区红山三路 123 号						
序号	商品编号	商品名称	存储类型	仓位	数量	单位	单价	金额
1	21120310505102	包包、绿色,均	AC1	A12-4-14	1	EA	250.8	250.8
2	21110520305204	高腰短裤、军绿,L/11	HJ1	K16-7-03	1	EA	142.2	142.2
3	21110430705103	小西装、白色,M/9	HJ1	B24-4-21	1	EA	185.1	185.1

表 6-11 订单(2)

订单号：1325833890223		出货单号：153213		订单日期：2012、5、22 08：40：10		
网店：××服装店		快递：圆通				
收货入：叶××		电话：13402520000		是否开发票：否		
收货地址：广东省广州市荔湾区红山三路 123 号						
序号	商品编号	商品名称	存储类型	仓位	数量	单位	单价	金额
1	1140803905902	牛仔短裙、黄色，S/7	HJ1	C13—3—22	1	EA	225.7	225.7
2	1120803106204	短袖体恤、蓝，L/11	HJ1	H11—1—15	1	EA	236.2	236.2
3	1160803801903	鞋子 黑色，36 码	BJ1	J26—3—11	1	EA	236.7	236.7

2. 任务要求

（1）假设你是分拣人员，请根据这两个给定的订单采用单一顺序拣选(摘果式拣选)、批量拣选(播种式拣选)两种作业方式进行拣选，制作并正确填写相应的拣货单。

（2）根据以上订单形式，结合两种拣选过程，判断哪种是适合于这两张订单的拣货形式，找出优缺点。

（3）将学生分成若干组，各组选出一个负责人，组内分工合作完成任务，最后由负责人汇报陈述方案。

3. 任务评价

评价方式采取过程评价和结果评价两种方式，评价方法采取老师评价与小组内部成员互相评价相结合。过程和结果综合得分为该生的此任务得分(注意：确定好老师评分和小组评分占总得分的比重)，任务评价表见表 6-12、表 6-13。

1）过程评价

表 6-12 任务过程评价表

被考评人			该评价总得分	
评分标准	分值	老师评价得分	小组评价得分	小组评价意见
合理分工				
能够快速进入角色				
是否全员参与				
团队协作				

2）成果评价

表 6-13 任务成果评价表

被考评人			该评价总得分	
评分标准	分值	老师评价得分	小组评价得分	小组评价意见
拣货单填写正确度				
拣选方式使用是否得当				

项目 7
配送送货与退货作业
PEISONG SONGHUO YU TUIHUO ZUOYE

【项目内容】

本项目内容主要包括常见配送车辆识别；车辆调度及配载技术探索；配送路线选择及优化；退货作业原因及流程。

【项目目标】

1. 知识目标

了解、设计并优化配送路线；熟悉车辆运行调度的方法，熟悉车辆配载常识及配载方法；掌握合理选择配送车辆的方法，掌握退货作业的原因及流程。

2. 技能目标

能够正确进行车辆调度、选择合理送货线路、办理退货等相关作业。

3. 素质目标

培养学生对配送作业的管理能力；培养学生的实践动手能力；培养学生踏实工作的态度。

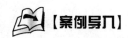【案例导入】

韵达快递构建强大的立体运输网络"部队"

二战时,德国名将隆美尔以装甲机动化部队的快速推进立下赫赫战功,他强调有速度才能有胜利。在刻不容缓的战场上,速度几乎就是生死线。

韵达快递非常重视快件时效,长期以来,在"公平诚信、快捷安全、热情周到、服务一流"品牌理念的指引下,不断提高快件全程全网的运作时效和服务品质。除了在揽收、分拨操作和派送等环节提高快件操作时效之外,在快件运输环节,韵达快递还根据客户需求和快件种类采取陆路运输、航空运输等多种运输方式,努力形成企业的核心运输优势和能力。

随着业务规模的不断扩大,韵达快递为了进一步提升快递产品的核心竞争力、更好满足客户的时效要求,目前正在逐步将地面运输网络与空中运输网络结合起来,实现多种运输方式的"齐驱并驾",致力于构建强大的立体运输网络"部队",从而保证客户多样化的快件寄递需求的实现。

韵达快递如何建立强大的立体运输网络"部队"?

一是强化布局。陆运方面,在全国建立各级分拨中心;航空方面,在各枢纽机场建立航空运输平台。目前,韵达快递已经建设了能够贯通和连接全国各网点的各级分拨中心70余个,在全国各主要机场开辟航空运输通道,实现了地面运输与航空运输资源的融合,为进一步打造立体化运输网络奠定了坚实基础。

二是无缝对接。为了实现陆路运输与航空运输的无缝对接,韵达快递制定了主干线、次干线各个车辆的发车、到车时间,确保快件运输车辆在分拨中心至分拨中心、分拨中心至网点公司、分拨中心及网点至机场之间的发车、到车时间的准点。

三是加强管理。韵达快递通过全国各分拨中心调度平台和在各省会城市建立的航空部及时监控快件陆路、航空运输状态以及陆路与机场航空的运输对接情况,对于突发情况,做到第一时间掌握并采取应急措施加以处置。在保证陆运快件和航空快件运输时效的前提下,韵达快递通过总部信息管理平台对快件的发运和提货时间进行实时监控,并利用手持终端设备对发运与提货信息及时扫描上传,确保快件运行信息的实时传递,方便客户查询快件运行状态。

【归纳评析】

随着人们与快递的联系越来越紧密和生活节奏的加快,快递速度时效也成了考验快递企业服务能力、质量与水平的一个重要指标。由于客户对快递服务时效的要求越来越高,为了能够在承诺的时限内准时无误地将快件送达客户手中,快递企业需要整合调度各种地面和空中资源,实现高效率的多式联运,在短距离比如省际和部分邻近区域内可以通过陆路运输的方式实现,但是在远距离比如跨省、跨国区域内,则常常需要通过航空运输实现。

 任务7.1 初识配送送货

【小词典】

送货作业是指利用配送车辆把客户订购的物品从制造厂、生产基地、批发商、经销商或配送中心,送到客户手中的过程。

7.1.1 送货的基本作业流程

送货的一般作业流程如图7.1所示。

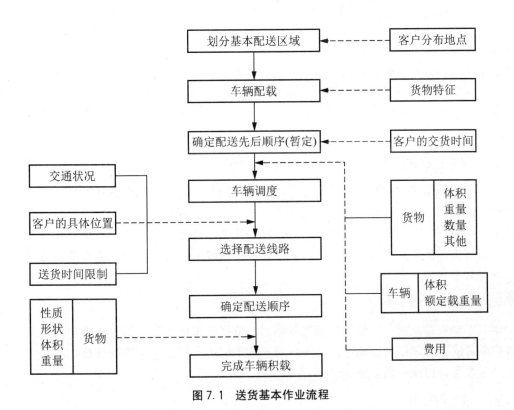

图 7.1　送货基本作业流程

1. 划分基本配送区域

为使整个配送有一个可循的基本依据，应首先将客户所在地的具体位置做一系统统计，并将其作区域上的整体划分，将每一客户囊括在不同的基本配送区域之中，以作为下一步决策的基本参考。例如，按行政区域或依交通条件划分不同的配送区域，在这一区域划分的基础上再作弹性调整来安排配送。

2. 车辆配载

由于配送货物品种、特性各异，为提高配送效率，确保货物质量，必须首先对特性差异大的货物进行分类。在接到订单后，将货物依特性进行分类，以分别采取不同的配送方式和运输工具，如按冷冻食品、速食品、散装货物、箱装货物等分类配载；其次，配送货物也有轻重缓急之分，必须初步确定哪些货物可配于同一辆车，哪些货物不能配于同一辆车，以做好车辆的初步配装工作。

3. 暂定配送先后顺序

在考虑其他影响因素做出确定的配送方案前，应先根据客户订单要求的送货时间将配送的先后作业次序做一概括的预订，为后面车辆积载做好准备工作。计划工作的目的，是保证达到既定的目标，所以，预先确定基本配送顺序既可以有效地保证送货时间，又可以尽可能提高运作效率。

4. 车辆调度

车辆调度要解决的问题是安排什么类型、吨位的配送车辆进行最后的送货。一般企业拥有的车型有限，车辆数量亦有限，当本公司车辆无法满足要求时，可使用外雇车辆。在保证配送运输质量的前提下，是组建自营车队，还是以外雇车为主，则须视经营成本而定。但无论自有车辆还是外雇车辆，都必须事先掌握有哪些车辆可供调派并符合要求，即这些车辆的容量和额定载重是否满足要求；其次，安排车辆之前，还必须分析订单上货物的信息，如体积、重量、数量等对于装卸的特别要求等，综合考虑各方面因素的影响，做出最合适的车辆安排。

5. 选择配送线路

知道了每辆车负责配送的具体客户后，如何以最快的速度完成对这些货物的配送，即如何选择配送距离短、配送时间短、配送成本低的线路，这需根据客户的具体位置、沿途的交通情况等做出优先选择和判断。除此之外，还必须考虑有些客户或其所在地点环境对送货时间、车型等方面的特殊要求，如有些客户不在中午或晚上收货，有些道路在某高峰期实行特别的交通管制等。

6. 确定最终的配送顺序

做好车辆安排及选择好最佳的配送线路后，依据各车负责配送的具体客户的先后，即可将客户的最终配送顺序加以确定。另外，对于多个配送点的配送顺序的计算，需要借助电脑建立数学模型，以求得最佳路线。

7. 完成车辆积载

明确了客户的配送顺序后，接下来就是如何将货物装车，以什么次序装车的问题，即车辆的积载问题。原则上，知道了客户的配送顺序先后，只要将货物依"后送先装"的顺序装车即可。但有时为了有效利用空间，可能还要考虑货物的性质（怕震、怕压、怕撞、怕湿）、形状、体积及重量等做出弹性调整。此外，对于货物的装卸方法也必须依照货物的性质、形状、重量、体积等来做具体决定。

【你知道吗？】

在以上各阶段的操作过程中，需要注意的要点有4点。
（1）明确订单内容。
（2）掌握货物的性质。
（3）明确具体配送地点。
（4）适当选择配送车辆。

7.1.2 送货服务要求

车辆送货是配送中心作业最终及最具体直接的服务表现，其服务要点有下列各项。

1. 时效性

时效是流通业客户最重视的因素，也就是要确保能在指定的时间内交货。由于配送是从客户订货至交货各阶段中的最后一阶段，也是最容易无计划性延误时程的阶段（配送中心内部作业的延迟较易掌握，可随时调整），一旦延误便无法弥补。即使内部阶段稍稍延迟，若能规划一个良好的配送计划则仍可能补救延迟的时间，因而配送作业是掌控时效的关键点。

一般未能掌握配送时效性的原因，除司机本身问题外，不外乎所选择的配送路径路况不当，或中途客户点卸货不易以及客户未能及时配合等，因此往往需慎选配送路径，或增加卸货人员辅助每点的卸货，才能让每位客户都在期望时间收到期望之货。

2. 可靠性

指将物品完好无缺地送达目的地，这主要取决于配送人员的责任心和素质。以配送而言，要达到可靠性目标，关键原则在于以下 4 方面。

（1）装卸货时的细心程度。
（2）运送过程对物品的保护。
（3）对客户地点及作业环境的了解。
（4）配送人员的素质。

若配送人员能随时注意这几项原则，物品就能以最好的品质送到客户手中。

3. 沟通性

配送人员不仅仅是把物品交送到客户手中，也是客户最直接接触的人员，因而其表现出的态度、反应会给客户留下直接的印象，他们无形中便成为公司形象的体现，因而配送人员应能与顾客做相对的沟通，且具备良好的服务态度，这将维护公司的形象并巩固客户的忠诚度。

4. 便利性

配送最主要是要让顾客觉得方便，因而对于客户点的送货计划，应采取较具灵活性的系统，才能够随时提供便利的服务，例如紧急送货、信息传送、顺道退货、辅助资源回收等。

5. 经济性

满足客户的服务需求，不仅品质要好，价格也是客户重视的要项。因而若能让配送中心本身运作有效率，成本控制得当，自然对客户的收费也会低廉，也就更能以经济性来抓住客户了。

7.1.3 提高送货效率的措施

为提高送货效率，可采用的措施包括以下几种。

1. 消除交错送货

消除交错送货可以提高整个配送系统的送货效率。例如，将原直接由各工厂送至各客户的零散路线利用配送中心来做整合并调配转送，这样可缓解交通网络的复杂程度，且可大大缩短运输距离。

2. 开展直配、直送

由于"商物分流"，订购单可以通过信息网络直接传给厂商，因此各工厂的产品可从厂商的物流中心直接交货到各零售店。这种利用直配、直送的方式可大幅简化物流的层次，使得中间的代理商和批发商不设存货，下游信息也能很快地传达到上游。

3. 采用标准的包装器具

配送不是简单的"送货上门"，而是要运用科学而合理的方法选择配送车辆的吨位、配载方式，确定配送路线，以达到"路程最短、吨公里最小"的目标。采用标准的包装工具，如托盘，可以使送货中货物的搬运、装卸效率提高，并便于车辆配装。

4. 建立完善的信息系统

完善的信息系统能够根据交货配送时间，车辆最大积载量，客户的订货量、个数、重量来选出一个最经济的配送方法；根据货物的形状、容积、重量及车辆的能力等，由电脑自动安排车辆和装载方式，形成配车计划；在信息系统中输入每一客户点的位置，电脑便会依最短距离找出最便捷的路径。

5. 改善运货车辆的通信

健全的车载通信设施，可以把握车辆及司机的状况、传达道路信息或气象信息、掌握车辆作业状况及装载状况、传递作业指示、传达紧急信息指令、提高运行效率及安全运转。

6. 均衡配送系统的日配送量

通过和客户沟通，尽可能使客户的配送量均衡化，这样能有效地提高送货效率。为使客户的配送量均衡，通常可以采用对大量订货的客户给予一定的折扣、制订最低订货量、调整交货时间等办法。

任务7.2 送货作业

配送送货作业一般是通过汽车来完成的，但是有时也会用到飞机、火车、管道等运输设备，下面重点介绍汽车的类型及养护维修等。

7.2.1 认识送货车辆类型

1. 普通货车

普通货车按其载重量可分为轻型货车、中型货车和重型货车。

（1）轻型货车。载货吨位在 2 吨以下，人力装卸比较方便，主要用于服务规模不大、批量很小的货物运输及配送。主要用于市内运输、配送、集货等。

（2）中型货车。载货吨位在 2~8 吨之间，使用范围比较广，既可以承担市内配送，也可以用于城市与城市、城市与乡村之间的配送、运输。

（3）重型货车。载货吨位在 8 吨以上，多用于经常性的大批量货物运输或长途干线运输。

2. 专用车辆

用于装运某些特殊货物，普通货车无法装运或者装卸效率比较低。这种车的通用性差，经常是用于单程运输，所以运输成本高，比如水泥搅拌车、洒水车、冷藏车、油罐车、汽车运输专用车等，如图 7.2 和图 7.3 所示。

图 7.2　水泥搅拌车　　　　　　　图 7.3　油罐车

3. 厢式货车

厢式货车有载货车厢，具有防雨、防晒功能，密封性好，防止货物丢失被盗等。厢式货车有后开门式、侧开门式、顶开式等，如图 7.4 所示。

图 7.4　侧开门式厢式货车

4. 牵引车和挂车

牵引车也称拖车，它是专门用于拖挂或牵引挂车的汽车如图 7.5 所示。牵引车可分为全挂式和半挂式两种。挂车本身没有动力装置，是通过杆式或挂式拖挂装置，由牵引车或其他车辆牵引，因此它必须与牵引车组合在一起才能作为一个完整的运输工具。挂车有全挂车、半挂车、轴式挂车和重载挂车等种类。

图 7.5　牵引车

全挂车是由全挂式牵引车或一般汽车牵引。半挂车与半挂式牵引车一起使用。轴式挂车是一种单轴车辆,专用于运送长、大件货物。重载挂车是一种大载重量的挂车,可以是全挂车,也可以是半挂车,专用于运输笨重的货物,最大载重量可达到300吨。挂车结构简单、保养方便并且自重小,所以在运输中应用广泛,如图7.6所示。

图7.6 挂车

5. 自卸车

自卸车是车辆本身附设装卸设备进行装卸作业,能够使运输和装卸有机结合的车辆,如翻卸车、随车吊、尾部带升降板的尾板车等,如图7.7所示。

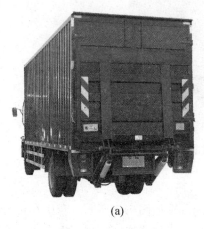 

(a) (b)

图7.7 尾板车

7.2.2 车辆调度

【小词典】

车辆调度是指制定行车路线,使车辆在满足一定的约束条件下,有序地通过一系列装货点和卸货点,达到路程最短、费用最小、耗时最少等目标。

1. 车辆调度工作的作用

(1) 保证运输任务按期完成。

(2) 能及时了解运输任务的执行情况。

(3) 促进运输及相关工作的有序进行。

(4) 实现最小的运力投入。

2. 车辆调度的原则

车辆调度计划在组织执行过程中常会遇到一些难以预测的问题，如客户需求发生变化、装卸机械发生故障、车辆运行途中发生技术障碍、临时性路桥阻塞等。针对以上情况，要求调度部门要有针对性地加以分析和解决，随时掌握货物状况、车况、路况、气候变化、驾驶员状况、行车安全等，确保运行作业计划顺利进行。车辆运行调度工作应遵循以下原则。

1) 坚持从全局出发、局部服从全局的原则

在编制运行作业计划和实施运行作业计划过程中，要从全局出发，保证重点、统筹兼顾，运力安排应贯彻"先重点、后一般"的原则。

2) 安全第一、质量第一原则

在配送运输生产过程中，要始终把安全工作和质量管理放在首要位置。

3) 计划性原则

调度工作要根据客户订单要求认真编制车辆运行作业计划，并以运行计划为依据，监督和检查运行作业计划的执行情况，按计划配送货物，按计划送修送保车辆。

4) 合理性原则

要根据货物性能、体积、重量、车辆技术状况、道路桥梁通行条件、气候变化、驾驶员技术水准等因素合理调派车辆。在编制运行作业计划时，应科学合理地安排车辆的运行路线，有效地降低运输成本。

5) 灵活机动

所谓灵活机动，就是对于制度没有明确规定而确定需要用车的、紧急的，要从实际出发，灵活机动，恰当处理，不能误时误事。

3. 车辆调度的方法

1) 经验调度法和运输定额比法

在有多种车辆时，车辆使用的经验原则为尽可能使用能满载运输的车辆进行运输。如运输5t的货物，安排一辆5t载重量的车辆运输。在能够保证满载的情况下，优先使用大型车辆，且先载运大批量的货物。一般而言大型车辆能够保证较高的运输效率和较低的运输成本。

【例7-1】某建材配送中心，某日需运送水泥580t、地砖400t和不定量的平板玻璃。该中心有大型车20辆，中型车20辆，小型车30辆。各种车每日只运送一种货物，运输定额见表7-1。

表7-1 车辆运输定额表(单位：吨/日·辆)

车辆种类	运送水泥	运送地砖	运送玻璃
大型车	20	17	14
中型车	18	15	12
小型车	16	13	10

根据经验派车法确定，车辆安排的顺序为大型车、中型车、小型车。货载安排的顺序为：水泥、地砖、玻璃。得出派车方案见表7-2，共完成货运量1 080t。

表7-2 经验派车法

车辆种类	运送水泥车辆数	运送地砖车辆数	运送玻璃车辆数	车辆总数
大型车	20			20
中型车	10	10		20
小型车		20	10	30
货运量/t	580	400	100	

对于以上车辆的运送能力可以计算每种车运送不同货物的定额比,见表7-3。

表7-3 车辆运输定额比

车辆种类	运水泥/运地砖	运地砖/运玻璃	运水泥/运玻璃
大型车	1.18	1.21	1.44
中型车	1.2	1.25	1.5
小型车	1.23	1.3	1.6

其他种类的定额比都小于1,不予考虑。在表7-3中小型车运送水泥的定额比最高,因而要先安排小型车运送水泥;其次由中型车运送地砖;剩余的由大型车完成。由此得表7-4的派车方案,共完成运量1 106t。

表7-4 定额比优化派车法

车辆种类	运送水泥车辆数	运送地砖车辆数	运送玻璃车辆数
大型车	5	6	9
中型车		20	
小型车	30		
货运量/t	580	400	126

2) 图上作业法

图上作业法和下面要讲的表上作业法适合的问题都是多个供应点和多个需求点的供需平衡问题,另外表上作业法也可用于供需不平衡问题。

图上作业法是按照生产地与消费地的地理位置分布,根据有利于生产、有利于市场供给、近产近销的原则,应用交通路线示意图和商品产销平衡表找出产销之间经济合理的商品运输路线。图上作业法适用交通线路呈树状、圈状,而且对产销地点的数量没有严格限制的情况。图上作业法求解规则可以归纳为:流向画右方,对流不应当;里圈、外圈分别算,要求不能过半圈长;若超过半圈长,应去运量最小段;反复运算可得最优方案。

图上作业法又分为交通线路不成圈问题和交通线路成圈问题。

(1) 交通线路不成圈问题(树状交通线路)图上作业法。树状交通图是指所有发货点和收货点之间的一切道路都不构成任何圈,即运输线路的交通图中没有回路,是树状的。它的选优标准是:只要流向图中无对流,即为最优流向图。

【例 7-2】某企业有 S_1、S_2、S_3、S_4 4 个工厂，其生产的产品销往 D_1、D_2、D_3、D_4 4 个地区。各工厂的位置、产量和各销售地区的位置和需求量如图 7.8 所示。由于工厂和销售地之间的交通线路图为树状，该企业利用图上作业法确定产品调运的最佳方案。

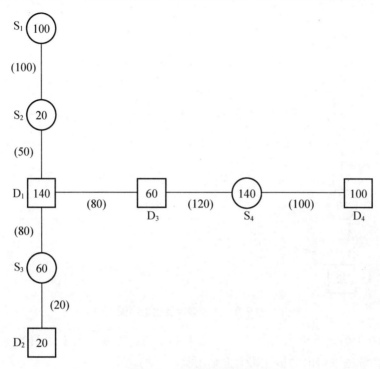

图 7.8 实际交通示意图

解： ① 编制调运平衡表，见表 7-5。

表 7-5 供需平衡表

收货点 发货点	D_1	D_2	D_3	D_4	发货量
S_1					100
S_2					20
S_3					60
S_4					140
收货量	140	20	60	100	320

② 绘制实际交通示意图。在图中，以"○"表示发货点，以"□"表示收货点，"○"或"□"内的数字代表发货量或收货量；两点间的直线表示实际交通路线，直线旁边带"( )"的数字代表两点的里程，发点以"S"标号，收点以"D"标号。画实际交通示意图如图 7.8 所示。

③ 从图中的端点开始，按就近供应的原则安排运量，得出一个没有对流的最优流向图，箭线旁边的不带"( )"的数字代表流量，如图 7.9 所示。

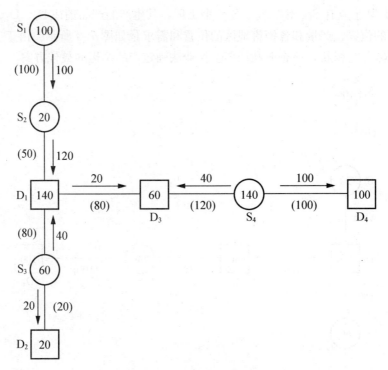

图 7.9 货物调运最优流向图

④ 将图 7.9 上各调运量填入表 7-6，则为最优调运方案。需要说明的是，交通线路不成圈问题图上作业法求解出的最优调运方案不是唯一的。

表 7-6 调运方案表

发货点＼收货点	D_1	D_2	D_3	D_4	发货量
S_1	100				100
S_2	20				20
S_3	20	20	20		60
S_4			40	100	140
收货量	140	20	60	100	320

（2）运输线路成圈的图上作业法。对于成圈运输线路的图上作业法，可以按照如下 3 个步骤求解，直到寻求到最优方案。成圈的线路流向图要同时达到既无对流现象又无迂回现象的要求才是最优流向图，所对应的方案为最优运输方案。

第一步，去段破圈，确定初始运输方案。在成圈的线路中，先假设某两点间的线路"不通"，去掉这段线路把成圈线路转化为不成圈的线路，即破圈；然后按照运输线路不成圈的图上作业法，即可得到初始运输方案。

第二步，检查有无迂回现象。因为流向箭头都统一画在线路右边，所以圈内圈外都画有一些流向。分别检查每个小圈，如果内圈和外圈流向的总长度都不超过全圈总长度的 1/2，那么，全圈就没有迂回现象，这个线路流向图就是最优的，对应的方案就是最优运输方案。

否则，转向第3步。

第三步，重新去段破圈，调整流向。在超过全圈总长1/2的里(外)圈各段流向线上减去最小运量，然后在相反方向的外(里)圈流向线上和原来没有流向线的各段上，加上所减去的最小运量，这样可以得到一个新的线路流向图，然后转到第2步检查有无迂回现象。如此反复，直至得到最优线路流向图为止。

如果线路图存在两个及两个以上的圈，则需分别对各圈进行是否存在迂回线路的检查，如果各圈的里、外圈都不超过全圈总线长的1/2，则不存在迂回现象，此方案为最优运输方案。

【例7-3】江苏康缘药业集团公司有4个仓库：A_1、A_2、A_3和A_4，为周边B_1、B_2、B_3、B_4、B_5 5家医院负责配送其生产的"金振口服液"分别为－30万、－30万、－50万、－70万、－20万盒(需求量或销售量记"－")。"金振口服液"配送的交通线路如图6.9所示。图中"○"表示生产供应点，"□"表示配送点，站点旁边的数字表示供应(正数)或需求(负数)"金振口服液"数量。线路旁括号内标注的数字表示相邻两点间的距离，如图7.10所示。

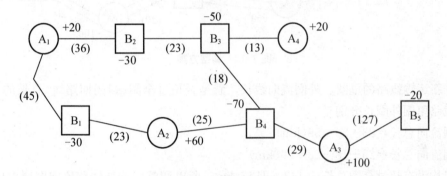

图7.10 交通线路图

解：①去段破圈，确定初始调运方案。在图7.10中，A_1—B_2—B_3—B_4—A_2—B_1组成的圈，去掉A_1至B_2的线路，然后根据"各站供需就近调拨"的原则进行调运，即可得到初始运输流向线路图，如图7.11所示。

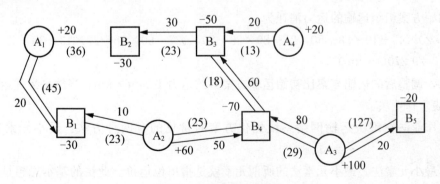

图7.11 初始调运方案

② 检查有无迂回现象。由图7.11看出，不存在对流现象，但是要检查里、外圈流向线长，看是否超过全圈的1/2，即是否存在迂回。

全圈总长＝45＋23＋25＋18＋23＋36＝170(km)

半圈总长＝170/2＝85(km)

外圈总长＝45＋25＋18＋23＝111(km)

里圈流向线长＝23km

从计算结果看出，里圈流向线长＝23km，小于全圈总长的1/2(85 km)，没有迂回现象。而外圈流向线长111 km，超过了全圈总长1/2 的 85 km。可以断定，初始运输线路存在迂回现象，所对应的运输方案不是最优方案，必须进行优化调整。

③ 重新去段破圈，调整流向。初始运输方案中，外圈各段流向线路中运量最小的是 A_1 至 B_1 的"20"，所以，去掉 A_1 到 B_1 的线路，重新调运，得到方案如图 7.12 所示。

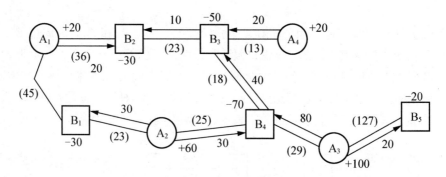

图 7.12 调整方案

检查新运输线路的里圈、外圈流向线长，看是否超过全圈(封闭回路线)总长的1/2。新的流向线路里圈外圈长分别是

里圈流向总长＝23＋36＝59(km)

外圈流向总长＝25＋18＋23＝66(km)

两者均没有超过全圈总长的1/2，即 85 km，所以调整后的新线路流向图所对应的方案为最优运输方案。可以将它与初始运输方案进行对比。

按调整后的新方案组织运输，运力消耗为

  20×36＋10×23＋20×13＋40×18＋20×127＋80×29＋30×25＋30×23

  ＝8 230(t·km)

按初始方案组织运输的运力消耗为

  20×45＋10×23＋50×25＋80×29＋20×127＋60×18＋20×13＋30×23

  ＝9 270(t·km)

可见，调整后的运输方案比初始运输方案节约运力 1 040t·km，当然是最优运输方案。

3) 表上作业法

表上作业法在解决运输网络系统优化方案时常见的有两种方法：最小元素法和左上角法。

(1) 最小元素法。最小元素法的所谓元素就是指单位运价。此法的基本思想是，运价最便宜的优先调运。即从单位运价表中最小的运价开始确定产销关系，优先足量供应，依次类推，直到给出基本方案为止。

具体步骤如下。

① 建立供需平衡运价表，根据货物的供应地、需求地、供应量及单位运价情况，建立起供需平衡运价表，然后在此表上进行方案的设计。

② 从运价最小的格开始，在格内的右下角标上允许取得的最大数，然后按运价从小到大顺序分配。若某行（列）的产量（销量）已满足，则把该行（列）的其他格划去，然后在运价表未划去的各运价中，再找出一个最小的数值进行分配，如此下去直至得到一个基本可行解。

③ 判断初始调运方案是否可行。判断依据为，在 m×n 阶产销平衡表上，填上数字的格称为基变量；没有填上数字的格为非基变量，如果基变量个数＝m+n-1，就表明初始调运方案基本可行。

根据以上的步骤，确定本实例的初始调运方案。也可以用最简单的方法判断，即各产地的产量是否完全分配，各销地的销量是否完全满足。

【例 7-4】某种商品有 3 个产地，每天的产量为 A_1—7 吨，A_2—4 吨，A_3—9 吨。要将这些产品分别运往 4 个销售部门，各地的销售量为 B_1—3 吨，B_2—6 吨，B_3—5 吨，B_4—6 吨，各产销地之间每吨商品的运价，单位为万元/吨，见表 7-7。在满足销售部门的需要量的情况下，如何调运使总的运费支出最少？

表 7-7 运价表

销地 运价 产地	B_1	B_2	B_3	B_4	产量
A_1	3	11	3	10	7
A_2	1	9	2	8	4
A_3	7	4	10	5	9
销量	3	6	5	6	20/20

解：首先确定初始调运方案——最小元素法

从运价表 7-7 找出最小运价为 1，表示先将 A_2 生产的产品调运给 B_1。A_2 每天生产的产品全部调运给 B_1 后，还余 1 吨，因此在平衡表上（A_2、B_1）方格上填上 3，表示 A_2 调运 3 吨产品给 B_1，并将运价表中 B_1 这一列划去，表示销地 B_1 已得到全部需求量，不需要继续调运，见表 7-8。

表 7-8 步骤 1

销地 运价 产地	B_1	B_2	B_3	B_4	产量
A_1	3	11	3	10	7
A_2	1/3	9	2	8	4
A_3	7	4	10	5	9
销量	3	6	5	6	20/20

然后在运价表未划去的各运价中，再找出一个最小的数值 2. 即 A_2 每天余下的产品应尽

量满足 B_3 的需要，A_2 只有 1 吨了，所以在平衡表（A_2、B_3）的格内填上 1，划去运价表中 A_2 这一行，见表 7-9。

表 7-9 步骤 2

运价 销地 产地	B_1	B_2	B_3	B_4	产量
A_1	3	11	3	10	7
A_2	1/3	9	2/1	8	4
A_3	7	4	10	5	9
销量	3	6	5	6	20 / 20

接着在未划去的运价表中再找出一个最小的数值 3。即 A_1 的格内填上 5，B_3 完全满足，划去运价表中 B_3 这一列，见表 7-10。

表 7-10 步骤 3

运价 销地 产地	B_1	B_2	B_3	B_4	产量
A_1	3	11	3/5	10	7
A_2	1/3	9	2/1	8	4
A_3	7	4	10	5	9
销量	3	6	5	6	20 / 20

按最小元素法在表上一直作下去，直到运价表上所有行、列都划去为止，这样，就在产销平衡表上得到一个初始方案，见表 7-11。

表 7-11 初始方案

运价 销地 产地	B_1	B_2	B_3	B_4	产量
A_1	3	11	3/4	10/3	7
A_2	1/3	9	2/1	8	4
A_3	7	4/6	10	5/3	9
销量	3	6	5	6	20 / 20

根据初始方案，可以计算出运费是
S＝3×1＋6×4＋4×3＋1×2＋3×10＋3×5＝86（万元）

此方案是否为最优方案呢？需要通过闭回路法检验。

在表上作业法中，闭回路既可以计算检验数，又可以调整调运方案。由于数字格对应着基变量，其检验数均为零，而我们考虑的是非基变量的检验数，所以只考虑从非基变量出发所形成的闭回路。

① 构建闭回路。如果已确定了某一调运方案，应从某一基变量出发（无调运量的空格），沿水平方向或垂直方向前进，遇到某一个有调运量的格就转向90度继续前进。如此继续下去，经过若干次，就一定会回到原来出发的空格。这样形成的一条由水平和垂直线段组成的封闭折线称为闭回路。以下均可以称为闭回路，如图7.13所示。

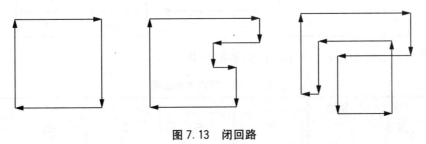

图7.13 闭回路

【你知道吗？】

闭回路有以下特点。
(1) 每一个顶点格都是转角点。
(2) 每一行（或列）若有闭回路的顶点，则有两个顶点。
(3) 每两个顶点格的连线都是水平的或垂直的。
(4) 闭回路中顶点的个数必为偶数。
(5) 以每一个非基变量为起始顶点的闭回路存在且唯一。
(6) 除起点没有调运量之外，其他顶点都有调运量。

② 计算检验数。从选定非基变量开始将该闭回路上顶点的运价依次冠以"＋""－"号，然后求和 λ，当 $\lambda \geqslant 0$ 时，则最不需要调整；当 $\lambda < 0$ 时，则需要调整；以闭回路中"－"号对应的最小分配量为调整量，依次给"－"号对应的分配量减去调整量，给"＋"对应的分配量加上调整量，这样又得到一个新的分配方案，再找闭回路进行检验。直到所有闭回路的 $\lambda \geqslant 0$，则方案为最优。

现在利用闭回路法检验例7-4中的初始方案是否为最优方案。

首先以非基变量(A1，B1)对应的点作为始点构建闭回路为：(A1，B1)—(A1，B3)—(A2，B3)—(A2，B1)—(A1，B1)，见表7-12。

表7-12 构建回路

3	11	3/4
1/3	9	2/1

判断 $\lambda = +3-3+2-1 = 0$，所以不需要调整。

接着再找(A1，B2)对应的闭回路为：(A1，B2)—(A1，B4)—(A3，B4)—(A3，B1)—(A1，B2)，判断 $\lambda = +11-10+5-4 = 2 > 0$，所以不需要调整。

非基变量(A2，B2)对应的闭回路为：(A2，B2)—(A2，B3)—(A1，B3)—(A1，B4)—(A3，B4)—(A3，B2)—(A2，B2)，λ＝＋9－2＋3－10＋5－4＝1＞0，所以不需要调整。

接着再找(A2，B4)对应的闭回路为：(A2，B4)—(A2，B3)—(A1，B3)—(A1，B4)—(A2，B4)，λ＝＋8－2＋3－10＜0，需要调整。调整量以表7－13中"－"号对应的最小分配量"1"为调整量，依次给"－"号对应的分配量减去1，给"＋"对应的分配量加上1，调整结果见表7－14。

表7-13 调整前

+3/4	－10/3
－2/1	＋8

表7-14 调整后

3/5	10/2
2/0	8/1

这样原始方案变为表7－15中的产销平衡结果。

表7-15 产销平衡结果

运价 销地 产地	B_1	B_2	B_3	B_4	产量
A_1	3	11	3/5	10/2	7
A_2	1/3	9	2	8/1	4
A_3	7	4/6	10	5/3	9
销量	3	6	5	6	20 / 20

利用闭回路法依次对每个非基变量对应的闭回路进行检验，经检验所有闭回路的检验数λ≥0，所以此方案为最优方案。

运费为 3×5＋10×2＋1×3＋8×1＋4×6＋5×3＝85(万元)

调整后的方案比初始方案节约1万元。

(2) 左上角法。除了最小元素法外，左上角法也是求得运输初始方案的一种途径，并通过闭回路法检验得出最优方案。

【例7－5】现有3个生产地A、B、C供应某种商品，有4个客户1、2、3、4，各自供应量和需求量见表7－16，试用左上角法求出最优运输方案。

表7-16

费用 需求地 供应地	1	2	3	4	供应量
A	15	18	19	13	50
B	20	14	15	17	30
C	25	12	17	22	70
需求量	30	60	20	40	150

解：

(1) 以运输表左上角的格子作为开端。

(2) 对这格子可用的供应量与需求量进行比较，安排两个值中较小的一个作为运量，然后把这个数字圈起来。这一格可用的供应量（或需求量）减去安排的运量，就是剩余的供应量（或需求量）。表中有 50 个供应量和 30 个单位的需求量。因此，可以安排 30 个单位的运量到 A1 格。

(3) 如果安排的运量的格子正好是在运输表的最右下角，则停止安排。

(4) 根据以下规划，移到下一格。

① 如果已安排的这一格行和列比较，供应量超过需求量，下一格移到同一行相邻的格子。

② 如果需求量超过供应量，下一格移到同一列相邻的格子。

③ 如果需求量等于供应量，下一格是对角线上相邻的格子。

④ 回到第 2 步。

本例中，首先从 A1 格开始，供大于求（50＞30），所以 A1 格安排运量 30。客户 1 已满足，产地 A 尚余 50－30＝20。然后，从 A1 格移到同一行的 A2 格，用需求量 60 与供应量 20 作比较，在 A2 格安排运量 20，然后移到同一列的 B2 格。因为供应量 30 小于需求量 40，所以 B2 格安排运量 30 后，以同样的方式移到 C2 格，安排运量 10。然后分别移到 C3 和 C4，安排运量 20 和 40。C4 格安排好后因为是表的最右下角，所以结束安排，这就是一个基本解，作为初始可行方案。分别见表 7－17～表 7－23。

表 7－17　步骤 1

产地＼费用＼销地	1	2	3	4	供应量
A	15/[30]	18	19	13	[50]20
B	20	14	15	17	30
C	25	12	17	22	70
需求量	[30]0	60	20	40	150

表 7－18　步骤 2

产地＼费用＼销地	1	2	3	4	供应量
A	15/[30]	18[20]	19	13	[50][20]0
B	20	14	15	17	30
C	25	12	17	22	70
需求量	[30]0	[60]40	20	40	150

表 7-19 步骤 3

费用　销地　产地	1	2	3	4	供应量
A	15/[30]	18[20]	19	13	[50][20]0
B	20	14/[30]	15	17	[30]0
C	25	12	17	22	70
需求量	[30]0	[60][40]10	20	40	150

表 7-20 步骤 4

费用　销地　产地	1	2	3	4	供应量
A	15/[30]	18[20]	19	13	[50][20]0
B	20	14/[30]	15	17	[30]0
C	25	12/[10]	17	22	[70]60
需求量	[30]0	[60][40]10	20	40	150

表 7-21 步骤 5

费用　销地　产地	1	2	3	4	供应量
A	15/[30]	18[20]	19	13	[50][20]0
B	20	14/[30]	15	17	[30]0
C	25	12/[10]	17/[20]	22	[70][60]40
需求量	[30]0	[60][40][10]	20	40	150

表 7-22 步骤 6

费用　销地　产地	1	2	3	4	供应量
A	15/[30]	18[20]	19	13	[50][20]0
B	20	14/[30]	15	17	[30]0
C	25	12/[10]	17/[20]	22/[40]	[70][60][40]
需求量	[30]0	[60][40][10]	[20]/0	[40]	150

表 7-23 步骤 7

费用　销地　产地	1	2	3	4	供应量
A	30	20			50
B		30			30
C		10	20	40	70
需求量	30	60	20	40	150

根据左上角法求出运输初始方案后,为了进一步算出最优方案,仍需要用闭回路法进行优化,检验方法同我们在最小费用法中所阐述的方法一致,在此不再赘述。

7.2.3 选择配送线路

配送运输线路的选择影响到配送设备和人员的利用,正确地确定合理的配送运输线路可以降低配送运输成本,因此配送线路的优化是配送合理化的的一个重要内容。在配送过程中,主要有 3 种情况:一对一配送,一对多配送、多对多配送。

1. 一对一配送路线优化

【小词典】

一对一配送是指由一个地点装货,配送至另一地点卸货,装货地点和卸货地点单一且不重合,两点之间有多条路线存在,要选择一条最优路线。

解决这种问题最简单、最直观的方法是最短路线法。

【例 7-6】图 7.14 所示是佳吉快运公司签订的一项运输合同,要把 A 城的一批货物运送到 J 城,佳吉快运公司根据这两个城市之间可选择的行车路线绘制了公路网络。其中 A 点表示装货地,J 点是卸货地。此类运输线路的特点是 A 点和 J 点是两个点,不重合。这是运输活动中的一种情况。

在图 7.14 中,佳吉快运公司要在装货地 A 点,满载货物到 J 点卸货。B、C、D、E、F、G、H 和 I 是网络中的站点,站点之间以线路连接,线路上标明了两站点之间的距离。从图 7.14 可以看出,从 A 地到 J 地,有很多条线路可以选择,然而,运输线路选择优化的任务就是要找出总路程的长度最短的线路。这就是运输规划中的最短路线问题,通常称为最短路径法,或者称最短路线方法。即是列出最短运输线路计算表,见表 7-24。通过比较,选择走最近路。

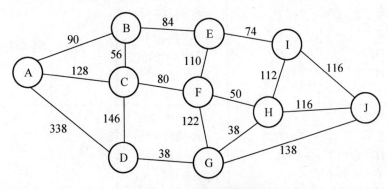

图 7.14　公路网络示意图

步骤 1,从表 7-24 可以看出,装货地 A 即是起点,是第一个已解的节点。与 A 点直接连接的未解的节点有 B、C 和 D 点。B 到 A 的距离最短,所以是唯一的选择,成为已解的节点。

表 7-24 最短运输线路计算表

步骤	直接连接到未解节点已解接点	与其直接连接的未解节点	相关总成本	第 n 个最近节点	最小成本	最新连接
1	A A A	B C D	90 128 338	B	90	AB*
2	A A B B	C D E C	128 338 90+84=174 90+56=146	C	128	AC
3	A B C	D E F	338 90+84=174 128+80=208	E	174	BE*
4	A C C E	D F D I	338 128+80=208 128+146=274 174+74=248	F	208	CF
5	A C E F	D D I H	338 128+146=274 174+74=248 208+50=258	I	248	EI*
6	A C F I	D D H J	338 128+146=274 208+50=258 248+116=364	H	258	FH
7	A C F H H I	D D G G J J	338 128+146=274 208+122=330 258+38=296 258+116=374 248+116=364	D	274	CD
8	D F H I	G G J J	274+38=312 208+122=330 258+116=374 248+116=364	G	312	DG
9	G H I	J J J	312+138=450 258+116=374 248+116=364	J	364	IJ

步骤 2，找出距离已解 A 点和 B 点最近的未解点。先列出距各个已解节点最近的连接

点，则有 A—B，B—C。注意从起点通过已解节点到某一节点所需的路应该等于到达这个已解点的最短路加上已解节点与未解接点之间的路。即从 A 经过 B 到达 C 的距离为 80+56=146km，而从 A 直达 C 的距离为 128km。现在 C 点也是成为已解节点。

步骤3，要找出与各已解节点直接连接的最近的未解节点。在图 7.13 上可看出，与已解节点 A、B、C 直接连接的有 D、E、F 3 个点，自起点到 3 个候选点的路分别是 338km、174km、208km，其中连接 BE 的路程最短，为 174km。因此，E 点为所选点。

重复以上过程，直至到达终点 J，即步骤 9。由此得到最优线路为 A—B—E—I—J，最短的路程为 364km。

最短路径法可以利用计算机进行求解。把运输网络中的线路(有的称为链)和节点的资料都存入数据库中，选好起点和终点后，计算机可以很快就算出最短路径。

此计算的结果称为单纯的最短距离路径，并未考虑各条线路的运行质量，不能说明穿越网络的最短时间。因此，对运行时间和距离都设定权数就可以得出比较具有实际意义的线路。

2. 一对多配送路线优化

1) 一对多配送路线问题认定

【小词典】

一对多配送是指由一个供应配送点往多个客户货物接收点的配送。这种配送运输模式要求同一条线路上所有客户的需求量总和大于一辆车的额定载重量。

在这样的问题中既要考虑路线最短，还要考虑装运货物不能超过一辆车的额定重量。路线设计好后，就可以按照预先设计的路线依次将货物送到每一个客户手中，缩短整个送货时间，节约费用并减少交通流量，缓解交通压力。

2) 一对多配送路线问题的解决方法——节约里程法

(1) 节约里程法的基本原理。如图 7.15 所示，假设 P 为配送中心，A 和 B 为客户接货点，各点相互的道路距离分别用 a、b、c 表示。比较两种运输路线方案。

一是派两辆车分别为客户往 A、B 点送货，总的运输里程为 $2(a+b)$；二是将 A、B 两地的货物装在同一辆车上，采用巡回配送方式，总的运输里程为 $a+b+c$。若不考虑道路特殊情况等因素的影响，第二种方式与第一种方式之差为 $2(a+b)-(a+b+c)$，按照三角原理可以看出，第二种方式比第一种要节约 $a+b-c$ 的里程数。节约法就是按照以上原理对配送网络运输线路优化计算的。

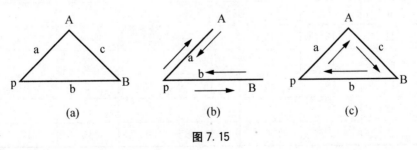

图 7.15

(2) 节约里程法需考虑的因素和注意事项。

① 适用于顾客需求稳定的配送中心。
② 各配送路线的负荷要尽量均衡。
③ 要充分考虑道路运输及交通状况。
④ 要预测需求的变化及发展趋势。
⑤ 要考虑驾驶员的作息时间和客户要求的交货时间。
⑥ 利用计算机软件求解优化更为便捷。

【例7-7】某配送中心的网络图如图7.16所示,图中P为配送中心,A~H为需要配送的客户,共有8个客户,括号内为各客户需要配送货物的吨数,线路上的数字为道路的距离(km)。配送中心现有额定载重量分别为2t、4t的车辆若干台。请用节约里程法设计最佳配送路线,并计算总里程,说明两种类型的车辆各使用几辆。

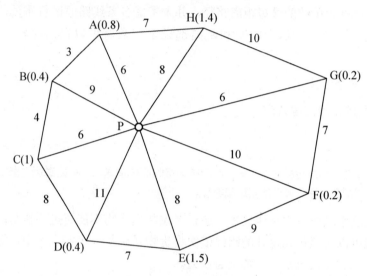

图7.16 配送中心网络

解:

① 计算网络节点之间的最短距离,计算结果见表7-25。

表7-25 网络节点间最短距离

	P	A	B	C	D	E	F	G	H
A	6	A							
B	9	3	B						
C	6	7	4	C					
D	11	15	12	8	D				
E	8	14	17	14	7	E			
F	10	16	19	16	16	9	F		
G	6	12	15	12	17	14	7	G	
H	8	7	10	14	9	16	17	10	H

② 根据最短距离结果,计算各个客户之间的节约里程,结果见表7-26。

表 7-26　节约里程数

	A	B	C	D	E	F	G
B	12						
C	5	11					
D	2	8	9				
E	0	0	0	12			
F	0	0	0	5	9		
G	0	0	0	0	0	9	
H	7	7	0	0	0	1	4

③ 对节约里程按从大到小顺序排列，见表 7-27。

表 7-27　节约里程排序表

序号	连接点	节约里程	序号	连接点	节约里程
1	A—B	12	8	A—H	7
2	D—E	12	9	B—H	7
3	B—C	11	10	A—C	5
4	C—D	9	11	D—F	5
5	E—F	9	12	G—H	4
6	F—G	9	13	A—D	2
7	B—D	8	14	F—H	1

④ 按节约里程排序表，组合成配送路线。

a. 初始路线方案。初始方案就是从配送中心 P 分别向各个客户进行配送，共有 8 条路线，如图 7.17 所示。

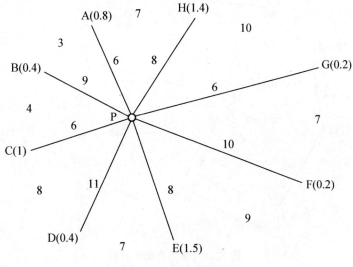

图 7.17　初始配送方案

b. 二次求解。根据表7-26节约里程值，按从大到小的顺序有限连接配送客户，连接A—B，D—E，B—C，C—D，连成闭合回路P—A—B—C—D—E—P，该路线运载货物重量是4.1t，超过4t车的额定载重量。因此根据节约里程排序表，同时又考虑充分利用运力且不超载的情况下，将H客户替换E客户并连接到该路线中来，构成P—H—A—B—C—D—P回路，如图7.18所示。此时闭合路线上装载货物为4t，运行距离为41km，需要4t的车辆1台。这时配送路线总运行距离为89km，需要4t货车1台，2t货车3台。

c. 三次求解。根据表7-26中的节约里程值，按从大到小顺优先连接剩余的配送客户，在满足连线上的客户的总需求量小于货车的额定载重量2t的条件下，构成一条闭合路线P—E—F—G—P，如图7.19所示，此时闭合路线上装载货物为1.9t，运行距离为30km，需要2t的车辆1台。这时配送路线总运行距离为71km。需要4t货车1台，2t货车1台。

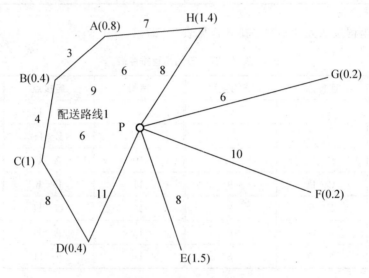

图7.18 第二次配送方案

最终的配送路线如图7.19所示。

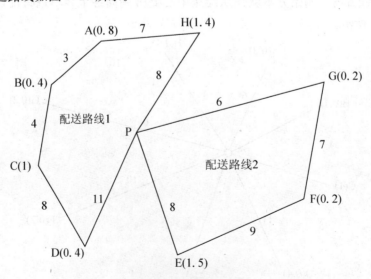

图7.19 第三次配送方案

配送路线 1：P—H—A—B—C—D—P，需要 4t 货车 1 台。

配送路线 2：P—E—F—G—P，需要 2t 货车 1 台。

通过使用节约里程法设计的线路行驶总里程为 71km，需要 4t 货车 1 台，2t 货车 1 台；初始方案路线总里程为 128km，2t 货车 8 台。比较可以分析出节约里程 57km，运力上也有很大程度的节约。

3. 多对多配送路线优化

多对多配送是指有多个货源服务于多个目的地时，要制定供应地服务的目的地，同时还要找到供应地与目的地之间的最佳路线。解决这类问题常用的方法有图上作业法和表上作业法，这两种方法在上个任务车辆调度安排中已经详细介绍了。

7.2.4 车辆积载

积载是指对货物在运输工具上的配置与堆装方式做出合理安排，即在配载的基础上根据装货清单确定货物在车辆配装的品种、数量及堆码位置及正确的堆装工艺。

在保证货物质量与数量完好的前提下，尽可能提高车辆的装载率和车辆的利用率，节省运力，降低配送成本。

1. 车辆积载的原则

为了提高配送效率、降低配送成本和减少货损货差，车辆积载应遵循如下原则。

（1）轻重搭配的原则。车辆装货时，必须将重货置于底部，轻货置于上部，避免重货压坏轻货，并使货物重心下移，从而保证运输安全。

（2）大小搭配的原则。货物包装的尺寸有大有小，为了充分利用车厢的内容积，可在同一层或上下层合理搭配不同尺寸的货物，以减少箱内的空隙。

（3）货物性质搭配原则。拼装在一个车厢内的货物，其化学性质、物理属性不能互相抵触。如不能将散发臭味的货物与具有吸臭性的食品混装；不将散发粉尘的货物与清洁货物混装。

（4）到达同一地点的适合配装的货物应尽可能一次积载。

（5）确定合理的堆码层次及方法，可根据车厢的尺寸、容积，货物外包装的尺寸来确定。

（6）积载时不允许超过车辆所允许的最大载重量。

（7）积载易滚动的卷状、桶状货物，要垂直摆放。见图 7.20。

（8）货与货之间，货与车辆之间应留有空隙并适当衬垫，防止货损。

（9）装货完毕，应在门端处采取适当的稳固措施，以防开门卸货时，货物倾倒造成货损。

（10）尽量做到"后送先装"。由于配送车辆大多是后开门的厢式货物车，故先卸车的货物应装在车厢后部，靠近车厢门，后卸车的货物装在前部。

图 7.20 积载桶状货物

2. 造成配送车辆亏载的因素

(1) 货物特性因素：如轻泡货物，由于车辆容积的限制和运行限制(主要是超高)，而无法满足吨位，造成吨位利用率降低。

(2) 货物包装情况：车厢尺寸不与货物包装容器的尺寸成整倍数关系，则无法装满车厢。如货物宽度 80cm，车厢宽度 220cm，将会剩余 60cm。

(3) 不能拼装运输。应尽量选派核定吨位与所配送的货物数量接近的车辆进行运输，或按有关规定而必须减载运行，比如有些危险品必须减载运送才能保证安全。

(4) 由于装载技术的原因，造成不能装足吨位。

3. 提高车辆装载效率的具体办法

(1) 研究各类车厢的装载标准，根据不同货物和不同包装体积的要求，合理安排装载顺序，努力提高装载技术和操作水平，力求装足车辆核定吨位。

(2) 根据客户所需要的货物品种和数量，调派适宜的车型承运，这就要求配送中心根据经营商品的特性，配备合适的车型结构。

(3) 凡是可以拼装运输的，尽可能拼装运输，但要注意防止差错。

箱式货车有确定的车厢容积，车辆的载货容积为确定值。如运送两种货物 A 和 B，其单位体积分别是 V_A 和 V_B，单位重量分别是 W_A 和 W_B，货车的载重量是 W，最大容积是 V。计算最佳配装方案。假设货车容积的利用率是 90%。设装入 A 和 B 的件数分别为 X_A 和 X_B，则可建立下列等式

$$X_A \cdot V_A + X_B \cdot V_B = 90\% V$$
$$X_A \cdot W_A + X_B \cdot W_B = W$$

解方程组即可得出货物 A 和货物 B 的配装数量。

【例 7-8】某配送中心某次需运送水泥和玻璃两种货物，水泥单位质量体积为 $0.8m^3/t$，玻璃是 $1.8m^3/t$，计划使用的车辆的载重量为 11t，车厢容积为 $15m^3$，试问如何装载使车辆的载重量能力和车厢容积都被充分利用？

解：设水泥的装载量为 Wa，玻璃的装载量为 Wb，其中，$V=15m^3$，$W=11t$，$Ra=0.8m^3/t$，$Rb=1.8m^3/t$

$$\begin{cases} Wa \times Ra + Wb \times Rb = 15 \\ Wa + Wb = 11 \end{cases}$$

$$\begin{cases} Wa \times 0.8 + Wb \times 1.8 = 15 \\ Wa + Wb = 11 \end{cases}$$

$$\begin{cases} Wa = 4.8 \\ Wb = 6.2 \end{cases}$$

该车装水泥 4.8 吨，玻璃 6.2 吨时能够满载。

【拓展知识】

公路运输装载率偏低

目前，同其他运输方式相比，公路运输存在着装载率偏低、运输费用偏高等问题。据有关资料表明，企业货车的装载率一般只有 70%左右。根据待载货物和车辆的数目，配装问题可以分为两大类：一是装载车辆足够多，而待装货物有限，要求使用的车辆数目最少；二是装载车辆有限，而待装的货物远远超过现有全部车辆的承载能力，要求充分利用车辆的体积和载重，使车辆的利用率最高。和一般送货不同之处在于，通过配装送货可以大大提高送货水平并降低送货成本，所以，配装也是配送系统中有现代特点的功能要素，也是现代配送不同于已往送货的重要特点之处。

 任务7.3 退货作业

配送中心在完成配送过程中，也会遇到交货中或将货物交给客户后，因为货物包装破损、商品损坏、商品质量、商品保质期快到或已过期、送交的商品与要求的商品不相符等情况，会发生退货。

7.3.1 商品退货的原因分析及处理方法

1. 一般退货的原因

1）依照协议可以退货的情况

例如，超市与供应商订有特别协议的季节性商品。

2）搬运中损坏

由于包装不良，货物在搬运过程中剧烈震动，造成商品破损或商品包装破损。

3）商品过期退回

一般的食品或药品都有有效期，例如日用品、速食类以及肉食类。商家与供应商订有约定，有效期一过，就予以退货或换货。

4）有质量问题的次品回收

生产商在设计、制造过程中存在问题，在商品销售后，才由消费者发现或厂商自行发现的，必须立即回收。

5）配送的货品与订单不符

如果配送的货品与订单不符，应予以退货或换货。

【你知道吗?】

常见的退货方式有门店退给配送中心、门店直接向供应商退货、配送中心向供应商退货 3 种。

2. 退货处理的方法

1) 无条件重新发货

对于因为发货人按订单发货发生错误的情况,则应由发货人重新调整发货方案,将错发货物调回,重新按原来正确订单发货,中间发生的所有费用应由发货人承担。

2) 运输单位赔偿

对于因为途中产品受到损坏而发生退货的,根据退货情况,由发货人确定修理费用或赔偿金额,然后由运输单位负责赔偿。

3) 收取费用

对于因为客户订货有误而发生退货的,退货所有费用由客户承担,退货后再根据客户新的订单重新发货。

4) 重新发货或替代

对于因为产品缺陷客户要求退货的,配送中心接到退货指示后,营业人员应安排车辆收回退货商品,将商品集中到仓库退货处理区进行处理。一旦产品回收活动结束,生产厂家及其销售部门就应立即采取步骤,用没有缺陷的同一种产品或替代品重新填补零售商店的货架。

7.3.2 退货作业流程

商品退货作业是指在完成物流配送活动中,由于配送方或用户方关于配送物品的有关影响因素存在异议,而进行处理的活动。

1. 接受退货

配送中心接受退货要有规范的程序与标准,如什么样的货品可以退,由哪个部门来决定,信息如何传递等。

业务部门接到客户传来的退货信息后,要尽快将退货信息传递给相关部门,运输部门安排取回货品的时间和路线,仓库人员做好接收准备,质量管理部门人员确认退货的原因。一般情况下,退货由送货车带回,直接入库。批量较大的退货,要经过审批程序。

2. 重新入库

对于客户退回的商品,业务部门要进行初步的审核。由于质量原因产生的退货,要放在为堆放不良品而准备的区域,以免和正常商品混淆。退货商品要进行严格的重新入库登记,及时输入企业的信息系统,核销客户应收账款,并通知商品的供应商退货信息。

3. 财务结算

退货给整个供应系统造成的影响是非常大的,如对客户端的影响、配送中心在退货过程中发生的各种费用、商品供应商要承担相应货品的成本等。

如果客户已经支付了商品费用，财务要将相应的费用退给客户。同时，由于销货和退货的时间不同，同一货物价格可能出现差异，同质不同价、同款不同价的问题时有发生，故配送中心的财务部门在退货发生时要进行退回商品货款的估价，将退货商品的数量、销货时的商品单价以及退货时的商品单价信息输入企业的信息系统，并依据销货退回单办理扣款业务。

4. 跟踪处理

退货发生时，要跟踪处理客户提出的意见，要统计退货发生的各种费用，要通知供应商退货的原因并退回生产地或履行销毁程序。退货发生后，首先要处理客户提出的意见。由于退货所产生的商品短缺、对质量不满意等问题是业务部门要重点解决的。退货所产生的物流费用比正常送货高得多，所以要认真统计，及时总结，将此信息反馈给相应的管理部门，以便指定改进措施。退回配送中心的商品要及时通知供应商，退货的所有信息要传递给供应商，如退货原因、时间、数量、批号、费用、存放地点等，以便供应商能将退货商品取回，并采取改进措施。

【学习测评】

一、名词解释

1. 送货作业　2. 车辆调度

二、单项选择题

1. 对分离的、单个始发点和终点的网络运输路线选择问题，最简单最直观的方法是（　　）。

A. 最短路线法　　B. 最小费用法　　C. 节约里程法　　D. 线性规划法

2. （　　）是按照生产地与消费地的地理位置分布，根据有利于生产、有利于市场供给、近产近销的原则，应用交通路线示意图和商品产销平衡表找出产销之间经济合理的商品运输路线。

A. 图上作业法　　B. 最短路法　　C. 表上作业法　　D. 节约里程法

3. 下面哪一种车辆可以实现加工和配送相结合？（　　）

A. 洒水车　　B. 自卸车　　C. 冷藏车　　D. 水泥搅拌车

三、多项选择题

1. 物流配送运输线路，从起点到终点，形成多个类型。尽管线路类型多，但可以将其归纳为以下（　　）几种。

A. 单一装货地和单一卸货地　　　　B. 起点与终点相同

C. 多起点、多终点

2. 在装载货物时，以下哪些说法是正确的？（　　）

A. 重不压轻，大不压小

B. 包装不同的货物可以一起装载

C. 尽量做到"后送先装"
D. 具有尖角或其他突出物应和其他货物分开装载或用木板隔离，以免损伤其他货物
E. 尽量不将散发粉尘的货物与清洁货物混装
3. 车辆积载的依据是（　　）。
A. 客户订单送货时间　　　　　　B. 交通状况
C. 客户分布情况　　　　　　　　D. 配送商品特性

四、计算题

1. 在给定的运输线路图（图7.21）上，运用图上作业法求出最优运输线路图。

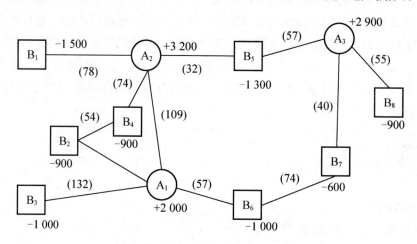

图 7.21　某地区物资供应交通线路图

2. 某公司下属3个储存某种物资的仓库，供4个工地的需要。3个料库的供应量以及由各仓库到诸工地调运单位物资的运价（元/吨）见表7-28。

表 7-28　运价表

产地＼销地 运价	B_1	B_2	B_3	B_4	产量
A_1	6	3	2	5	7
A_2	7	5	8	4	4
A_3	3	2	9	7	9
销量	2	3	1	4	10 / 10

请求运输费用最少的合理调运方案。

3. 图7.22所示为某配送网络，P为配送中心所在地，A～J为客户所在地，共10个客户，括号内的数字为配送量，单位为吨，路线上的数字为道路距离，单位为千米。现有可以利用的车辆是最大装载量为2吨和4吨的两种厢式货车，并限制车辆一次运行距离在30千米以内。为了尽量缩短车辆运行距离，试用节约里程法设计出最佳配送路线。

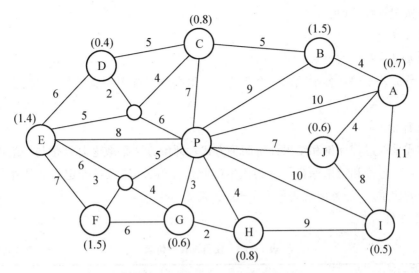

图 7.22 配送中心的配送网络图

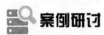 案例研讨

【案例】配送决策

有一家连锁经营企业，其自有配送中心主要对自己的连锁店及大客户进行货物配送。配送方法为连锁店和大客户一有需求就立即组织配货装车送货，结果经常出现送货车辆空载率过高的状况，有时由于客户和连锁店需求量比较大，使得所有车辆都派出去，导致部分用户的需求无法满足。所以销售经理一再要求增加送货车辆，但是公司资金紧张，所以领导不同意购买。

【请分析】

如果你是公司决策人，你会通过购买新车来解决运力紧张的问题吗？你会怎么做？

任务驱动

【工作任务1】关于桶装水、牛奶的配送方案设计

1. 任务内容

某大学校区有本科、专科、技校，总占地面积 800 亩，现有学生宿舍 34 栋，有学生 23 000 多人，学生宿舍分布在学校的南边和北边；教工宿舍 25 栋，1 050 户，教工宿舍和北边学生宿舍相邻。这些住户中有 20% 的学生和 30% 的教工订有牛奶、30% 的学生和 70% 的教工订有桶装水，各个系部办公室、各个行政办公室也需要桶装水。假定牛奶和桶装水的配送都是由学校成立的后勤部门负责配送的，现要求替后勤部门设计出牛奶、饮用桶装水的配送方案。

(1) 校区基本情况调查，包括人数、住户位置分布，能接受的配送时间、地点等。

(2) 采用的配送方式、管理办法。

(3) 配送工具的选取。
(4) 路线优化。

2. 任务要求

将学生分成若干组,各组选出一个负责人,组内分工合作完成任务,最后由负责人汇报陈述方案。

3. 任务评价

评价方式采取过程评价和结果评价两种方式,评价方法采取老师评价与小组内部成员互相评价相结合。过程和结果综合得分为该生的此任务得分(注意:确定好老师评分和小组评分占总得分的比重)。任务评价表见表7-29、表7-30。

1) 过程评价

表7-29 任务过程评价表

被考评人			该评价总得分	
评分标准	分值	老师评价得分	小组评价得分	小组评价意见
合理分工				
能够快速进入角色				
实际调查情况				
是否全员参与				
团队协作				

2) 成果评价

表7-30 任务成果评价表

被考评人			该评价总得分	
评分标准	分值	老师评价得分	小组评价得分	小组评价意见
方案可行性				
数据收集齐全、准确				
计算方法使用得当				
设计方案内容详实,结构完整				

【工作任务2】制定送货方案

1. 任务内容

以3个门店的发货单为依据合理安排送货,并保证送货作业准确、快速。胜佳配送中心向3个不同门店的发货(配送中心及门店位置自定),发货单的具体内容如下表所示。假设你是胜佳配送中心的人员,有一辆1.5吨位的货车和一辆1吨位的货车,请根据这3个门店的发货单来安排送货,见表7-31至表7-33。

表 7-31 门店 1 送货单

货品代码	货品名称	单 位	规 格	数 量	条 码
31031101	金力波瓶啤 640ml	瓶	1*12	3	6926027711061
31030708	兰得利蓝特爽啤酒 640ml	瓶	1*12	4	6926026526461
03091705	水森活纯净水 3 800ml	桶	1*12	3	6926026535261
03010302	可口可乐 600ml	瓶	1*12	2	6926026535311
13010380	来一桶酸菜牛肉火锅面 137g	碗	1*12	7	6925303773038

表 7-32 门店 2 送货单

货品代码	货品名称	单 位	规 格	数 量	条 码
03091705	水森活纯净水 3 800ml	桶	1*12	7	6926026535261
03010302	可口可乐 600ml	瓶	1*12	5	6926026535311
13010380	来一桶酸菜牛肉火锅面 137g	碗	1*12	4	6925303773038
13070709	龙口粉丝香辣排骨 63g	碗	1*12	2	6928537100045
53171101	双船卷纸 500g	卷	1*10	1	6925623107845
13010952	农心大碗面 117g	碗	1*12	8	6922343185145

表 7-33 门店 3 送货单

货品代码	货品名称	单 位	规 格	数 量	条 码
31031101	金力波瓶啤 640ml	瓶	1*12	5	6926027711061
31030708	兰得利蓝特爽啤酒 640ml	瓶	1*12	3	6926026526461
03010302	可口可乐 600ml	瓶	1*12	5	6926026535311
13010380	来一桶酸菜牛肉火锅面 137g	碗	1*12	4	6925303773038
13070709	龙口粉丝香辣排骨 63g	碗	1*12	2	6928537100045
53171101	双船卷纸 500g	卷	1*10	1	6925623107845
13010952	农心大碗面 117g	碗	1*12	8	6922343185145

2. 任务要求

（1）将学生分成若干组，各组选出一个负责人，组内分工合作完成任务，最后由负责人汇报陈述方案。

（2）明确送货对象的特性和门店的具体位置。

（3）确定组内成员在实施送货过程中的责任。

（4）制定详细的送货方案。

3. 任务评价

评价方式采取过程评价和结果评价两种方式，评价方法采取老师评价与小组内部成员互相评价相结合。过程和结果综合得分为该生的此任务得分(注意：确定好老师评分和小组评分占总得分的比重)，任务评价表见表 7-34、表 7-35。

1）过程评价

表 7-34 任务过程评价表

被考评人			该评价总得分	
评分标准	分值	老师评价得分	小组评价得分	小组评价意见
合理分工				
能够快速进入角色				
是否全员参与				
团队协作				

2）成果评价

表 7-35 任务成果评价表

被考评人			该评价总得分	
评分标准	分值	老师评价得分	小组评价得分	小组评价意见
送货方案是否详细				
送货方案是否合理				

项目 8

构建仓储及配送绩效评价指标体系

GOUJIAN CANGCHU JI PEISONG JIXIAO PINGJIA ZHIBIAO TIXI

【项目内容】

本项目内容主要包括仓储及配送绩效评价指标体系的组成部分；仓储绩效评价指标体系的意义及构建的原则。

【项目目标】

1. 知识目标

了解仓储绩效中的仓储安全指标，了解仓储绩效评价指标的意义和原则；熟悉仓储绩效评价体系中的效率指标，熟悉配送绩效评价体系中的成本及服务质量指标；掌握仓储及配送绩效评价体系中质量和效益指标。

2. 技能目标

学生能够叙述仓储作业考核指标的内容；学生会计算仓储作业考核指标；学生会利用各项考核指标对于仓储作业进行考评；能够为仓储业或配送中心设计绩效评价指标体系。

3. 素质目标

培养学生对仓储及配送绩效的考核评价能力；培养学生的实践动手能力；培养学生积极向上的工作作风。

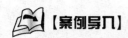

【案例导入】

烟草物流配送绩效评价体系建立

对烟草物流配送来说,应从效率、成本、质量、服务4个维度建立物流绩效考核指标评价体系。

效率维度涉及库存周转率、订单处理率、交货及时率和完成一次销售的周期等指标。其中,库存周转率数值越高,表明卷烟销售情况越好,库存占用资金越少。因此该指标是物流绩效考核的一个重点指标。

成本维度中统计的物流成本是运输成本和配送中心的运营成本。科学的物流成本应该是以物流活动为基础的,所有与物流活动有关的费用都应该包括在成本维度中,比如采购费用、运输装卸费用、仓储费用、包装费用、流通加工费用、物流总成本等。

质量维度涉及卷烟配送完好率、物流纯收益、物流费用率、物流效用增长率等指标。

服务维度涉及卷烟配送的准确率、投诉处理率、卷烟破损率等指标。

【归纳评析】

物流配送绩效评价体系应具有以下特点:首先,静态性指标和动态性指标相结合及组合性指标和可分解性指标相结合;其次,单纯的指标已不能全面反映物流绩效水平,因此可以根据评价目的和具体需要选择评价方法;再次,物流系统评价应以整体物流成本最小化、顾客服务最优化、企业利益最大化为目标,将绩效评价的重点放在降低成本上。

任务 8.1 构建仓储绩效评价指标体系

仓储是联系生产者与消费者之间的纽带,在物流系统中是主要核心功能之一。良好的仓储管理可以有效地降低物流成本并提高客户服务水平。

8.1.1 仓储绩效评价指标的意义

(1)对内加强管理,降低仓储成本,具体表现为:有利于提高仓储管理水平;有利于落实岗位责任制;有利仓库设施设备的现代化改造;有利于提高仓储经济效益。

(2)进行市场开发,接受客户评价,具体表现为:有利于说服客户,扩大市场占有率;有利于稳定客户关系。

8.1.2 构建仓储绩效评价指标的原则

仓储绩效评价指标制订,应遵循的原则如下。

(1)科学性。科学性原则要求所设计的指标体系能够客观地、如实地反映仓储生产的所有环节和活动要素。

(2)可行性。可行性原则要求所设计的指标便于工作人员掌握和运用,数据容易获得,便于统计计算,便于分析比较。

(3)协调性。协调性原则要求各项指标之间相互联系、相互制约,但是不能相互矛盾和重复。

(4)可比性。在对指标的分析过程中很重要的是对指标进行比较,如实际完成与计划相比、现在与过去相比、本企业与同行相比等,所以可比性原则要求指标在期间、内容等方面一致,使指标具有可比性。

(5) 稳定性。稳定性原则要求指标一旦确定之后,应在一定时期内保持相对稳定,不宜经常变动、频繁修改。在执行一段时间后,经过总结再进行改进和完善。

8.1.3 仓储绩效评价指标体系的内容

【你知道吗?】

仓储绩效评价指标体系可以从仓储质量、仓储效率、仓储效益及仓储安全等方向予以构建。

仓储绩效评价指标体系见表 8-1。

表 8-1 仓储绩效评价指标体系

	一级指标	二级指标
仓储绩效	仓储质量	收发货错误率
		账货相符率
		货物耗损率
		平均保管损失率
		货物及时验收率
		设备完好率
	仓储效率	仓库利用率
		设备利用率
		劳动生产率
		资金使用效率
		平均收发货时间
		库存周转率
	仓储效益	平均存储费用
		单位进出库成本
		资金利润率
		收入利润率
		人均利润率
		每吨保管货物利润率
	仓储安全	事故的大小和次数

1. 仓储质量

【小词典】

仓储质量指标实际上就是测量仓储质量管理水平的指标。

它既可以作为质量标准，又可以作为制定质量改进措施的依据。

1) 收发货错误率

收发货错误率表示仓库在某一时期错误收发货物的程度。这是仓储管理的重要质量指标，可以用来衡量收发货物的准确性，以保证仓储服务的质量。其公式为

$$收发货错误率 = \frac{收发货物差错累计次数}{同期收发货物累计次数} \times 100\%$$

2) 账货相符率

账货相符率即在货物盘点时，仓库货物保管账目上的货物存储数量与相应库存实际数量的符合程度。一般在对仓库货物进行盘点时，要求逐笔与保管账面数字相核对，其公式为

$$账货相符率 = \frac{账货相符笔数}{同期储存总笔数} \times 100\%$$

或

$$账货相符率 = \frac{账货相符数量(重量)}{同期储存总件数(重量)} \times 100\%$$

3) 货物耗损率

货物耗损率主要反映货物保管与养护的实际情况，其公式为

$$货物耗损率 = \frac{货物耗损额}{同期货物库存总额} \times 100\%$$

或

$$货物耗损率 = \frac{货物耗损量}{同期货物库存总量} \times 100\%$$

4) 平均保管损失率

通过平均保管损失的核算，可以追查事故原因，核实经济责任，降低风险，其公式为

$$平均保管损失率 = \frac{保管损失金额(元)}{货物存储量(件或千克或吨)} \times 100\%$$

5) 货物及时验收率

其公式为

$$货物及时验收率 = \frac{及时验收笔数}{同期收货笔数} \times 100\%$$

6) 设备完好率

设备完好率是指处于良好状态的设备占全部设备的百分比。良好的设备标准包括3个方面。第一，设备的各项性能良好；第二，设备运转正常，零部件齐全，磨损腐蚀程度不超过技术规定的标准，计算仪器仪表和润滑系统正常；第三，原料、燃料和油料消耗正常。其公式为

$$设备完好率 = \frac{完好设备台数}{同期设备总台数} \times 100\%$$

2. 仓储效率

【小词典】

仓储效率可以理解为在仓储作业过程中，仓储效果与各种仓储资源之间的比例关系。

仓储的基本功能是储存和保管货物，因此，它的经济效果表现为储存了多少质量完好的货物。仓储作业中使用的仓储资源包括两类：一类是仓储设备，如仓库、货架等；另一类是

一定数目的仓储管理人员的劳动时间。显然，使用同样的仓储资源取得的仓储效果越好，则效率越高。衡量仓储效率的指标主要有以下 6 个。

1）仓库利用率

仓库利用率是反映仓储效率的主要指标之一，为提高仓库的有效利用率提供依据。可用仓库面积利用率和仓库容积利用率两个指标来反映仓库利用率，其公式为

$$仓库面积利用率 = \frac{仓库实际利用面积}{仓库总面积} \times 100\%$$

$$仓库容积利用率 = \frac{仓库实际利用容积}{仓库总容积} \times 100\%$$

2）设备利用率

设备利用率包括设备能力利用率和设备时间利用率两个方面，其公式为

$$设备能力利用率 = \frac{设备实际载荷量}{同期设备额定载荷量} \times 100\%$$

$$设备时间利用率 = \frac{设备实际作业工时数}{同期设备额定作业时数} \times 100\%$$

对于多台设备而言，可以用加权平均数来计算。

3）劳动生产率

$$劳动生产率[吨/(人 \cdot 日)] = \frac{全年货物出入库总量(吨)}{仓库全员年工日总数(工日数)}$$

4）资金使用效率

资金使用效率可用单位货物固定资产平均占有量及单位货物流动资金平均占有量来反映，其公式为

$$单位货物固定资产平均占有量(元/吨) = \frac{固定资产平均占有金额(元)}{同期平均货物储存量(吨)}$$

$$单位货物流动资产平均占有量(元/吨) = \frac{流动资产平均占有金额(元)}{同期平均货物储存量(吨)}$$

其中，报告期固定资产和流动资金平均占有量可以用期初数和期末数的平均数计算得出。

5）平均收发货时间

平均收发货时间是指仓库收发每笔货物平均所用的时间，其公式为

$$平均收发货时间(小时/笔) = \frac{收发货物时间总和(小时)}{同期收发货物总笔数(笔)}$$

6）库存周转率

库存周转率是指一定时期内出库总金额（总数量）与该时间段库存平均金额（或数量）的比率，计算公式为

$$库存周转率 = \frac{该期间的出库总金额}{该期间的平均库存金额} \times 100\%$$

$$平均库存金额 = \frac{期初库存金额 + 期末库存金额}{2}$$

3. 仓储效益

仓储的经济性指标主要是指有关储存的成本和效益指标，它综合反映了仓库的经济效益水平。

1) 平均储存费用

平均储存费用是指保管每吨货物一个月平均所需的各项费用开支,其公式为

$$平均储存费用(元/吨)=\frac{每月储存费用总金额(元)}{月平均储存量(吨)}$$

2) 单位进出库成本

单位进出库成本是指每吨进出库物资量所需的各项费用支出,其公式为

$$单位进出库成本(元/吨)=\frac{进出库费用(元)}{同期进出库物资量(吨)}$$

3) 资金利润率

资金利润率是指仓库所得利润与全部资金占用之比,可以反映仓库的资金利用效果,其公式为

$$资金利润率=\frac{利润总额}{固定资产平均占用+流动资产平均占用}\times100\%$$

其中,利润总额公式为

利润总额=仓库总收入额-仓库总支出额

=仓库营业收入-储存成本-税金+其他业务利润-营业外支出净额

4) 收入利润率

收入利润率是指仓库实现利润总额与实现的仓库营业收入之比,其公式为

$$收入利润率=\frac{利润总额}{仓储营业收入}\times100\%$$

5) 人均利润率

人均利润率是指实现得到利润总额与仓库中的全员人数之比,其公式为

$$人均利润率(元/人)=\frac{利润总额(元)}{全员人数}\times100\%$$

6) 每吨保管货物利润率

每吨保管货物利润率是指实现的利润总额与同期内货物存储总量(吨)之比,其公式为

$$每吨保管货物利润率(元/吨)=\frac{利润总额(元)}{货物储存总量(吨)}\times100\%$$

4. 仓储安全

仓储的安全性指标是用来反映仓储生产和作业安全程度的,它一般可以用发生的各种事故的大小和次数来表示,主要有人身伤亡事故、仓库失火、爆炸、被盗事故、机械损坏事故五大类指标。这类指标不需要计算,只是根据损失的大小来划分为不同的等级,以便于考核。

任务8.2 构建配送绩效评价指标体系

配送是从最后一个物流节点到用户之间的物资空间移动过程,是完善物流终端运作的

重要组成部分。配送与运输、仓储结合在一起,是社会再生产过程中必不可少的环节,处于非常重要的地位。构建配送绩效评价指标的意义和原则和仓储差不多,在这里不再阐述。

【你知道吗?】

配送的绩效是从配送质量、配送效率、配送成本及服务质量等方面进行综合评价。

配送绩效评价指标体系见表8-2。

表8-2 配送绩效评价指标体系

一级指标		二级指标
配送绩效指标	配送质量	准时配送率
		损失率
		货损货差率
		事故频率
		安全间隔里程
		车辆完好率
	配送效率	车辆利用率
		车辆满载率
		总运力贡献率
	配送成本	平均配送费用
		吨公里成本
		平均装卸成本
		平均流通加工成本
	服务质量	交货频率
		指定时间
		配送系统的灵活性
		配送系统的纠错能力
		提供信息
		进货条件
		配送服务后的各项支持

8.2.1 配送质量

【小词典】

配送质量是指配送经营、作业、调配和服务等一系列活动的良好程度,是否满足了门店及客户的各种需要,其要求主要体现在保证货物质量、充分合理利用配送资源、配送时间地点准确无误等方面。

(1) 准时配送率，其计算公式为

$$准时配送率 = \frac{准时配送数}{同期配送总次数} \times 100\%$$

(2) 损失率，其计算公式为

$$损失率 = \frac{经济损失之和}{同期配送业务总收入} \times 100\%$$

(3) 货损货差率，其计算公式为

$$货损货差率 = \frac{货损货差数}{同期配送货物总数} \times 100\%$$

(4) 事故频率，其计算公式为

$$事故频率(次/万千米) = \frac{事故次数}{同期总行驶千米数/10\,000}$$

(5) 安全间隔里程，其计算公式为

$$安全间隔里程(万千米/次) = \frac{总行驶千米数/10\,000}{同期事故次数}$$

(6) 车辆完好率，其计算公式为

$$车辆完好率 = \frac{运营车辆完好总天数}{同期车辆总天数} \times 100\%$$

8.2.2 配送效率

配送效率是指如何通过占有尽可能少的配送资源将货物按时送达指定地点。

(1) 车辆利用率，其计算公式为

$$车辆利用率 = \frac{运营车辆投产总天数}{同期车辆总天数} \times 100\%$$

(2) 车辆满载率，其计算公式为

$$车辆满载率 = \frac{车辆实际装载量}{车辆总装载能力} \times 100\%$$

(3) 总运力贡献率，其计算公式为

$$总运力贡献率(运量/吨位) = \frac{完成的周转量}{同期平均总运力}$$

8.2.3 配送成本

(1) 平均配送费用，其计算公式为

$$平均配送费用 = \frac{每月配送费用总额}{月平均配送量}$$

(2) 吨公里成本，其计算公式为

$$吨公里成本 = \frac{货物运输总成本(元)}{同期货物周转量(吨公里)}$$

(3) 平均装卸成本，其计算公式为

$$平均装卸成本 = \frac{装卸总成本(元)}{同期货物装卸总量(吨)}$$

(4) 平均流通加工成本，其计算公式为

$$平均流通加工成本 = \frac{流通加工总成本(元)}{同期流通加工货物总量(吨)}$$

8.2.4 服务质量

配送服务可以概括为两个"保证"。第一是保证运送，即在客户规定的时间内把货物运送到规定的地点。第二是保证质量，即在配送全过程中保证客户货物的质量和安全。配送服务质量要素的具体内容见表8-3。这些要素可用定性方法进行评价。

表8-3 配送服务质量要素

项 目	内 容	度量标准
交货频率	一日一次，一日两次以上，一周一次，一周两三次，一周三次以上	速度
指定时间	指定时间，指定时间带	时间长度
配送系统的灵活性	对客户要求反应的及时性和准确性	速度、准确比例和详细性
配送系统的纠错能力	出现错误后纠错的程序、效率和时间	应答与需求恢复的时间
提供信息	交货期的回答，到货日期，运送过程中的商品信息，追踪信息	详细性
进货条件	车上交货，仓库交货、定价、价格标签、包装、免检	准确性和详细性
配送服务后的各项支持	配送服务的质量反馈、客户配送方案的设计与改进	应答时间和应答质量

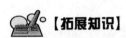
【拓展知识】

关键绩效指标体系(KPI)

KPI(Key Performance Indication)是做好仓储或配送管理绩效评价的关键。KPI是通过对组织内部某一流程的输入端、输出端的关键参数进行设置、取样、计算、分析，衡量流程绩效的一种目标式量化管理指标，是把企业的战略目标分解为可运作的远景目标的工具，是企业绩效管理系统的基础。KPI是现代企业中受到普遍重视的业绩考评方法。KPI可以使部门主管明确部门的主要责任，并以此为基础，明确部门人员的业绩衡量指标，使业绩考评建立在量化的基础之上。建立明确且切实可行的KPI指标体系是做好绩效管理的关键。

KPI的绩效考核体系与一般绩效评估体系的区别见表8-4。

表8-4 基于KPI的绩效考核体系与一般绩效评估体系的区别

	基于KPI的绩效评估体系	一般绩效评估体系
假设前提	假定人们会采取一切积极的行动努力达到事先确定的目标	假定人们不会主动采取行动以实现目标，假定人们不清楚应采取什么行动来实现目标，假定制定与实施战略与一般员工无关

续表

	基于KPI的绩效评估体系	一般绩效评估体系
考核目的	以战略为中心，指标体系的设计与运用都为组织战略目标的达成服务	以控制为中心，指标体系的设计与运用来源于控制的意图，也是为更有效的控制个人的行为服务
指标产生	在组织内部自上而下对战略目标进行层层分解产生	通常是自下而上根据个人以往的绩效与目标产生
指标来源	基于组织战略目标与竞争要求的各项增值性工作产出	来源于特定的程序，即对过去行为与绩效的修改
指标构成及作用	通过财务与非财务指标相结合，体现关注短期效益、兼顾长期发展的原则；指标本身不仅传达了结果，也传递了产生结果的过程	以财务指标为主，非财务指标为辅。注重对过去绩效的评价且指导绩效改进的出发点是过去的绩效存在的问题，绩效改进行动与战略需要脱钩

KPI法符合一个重要的管理原理——"二八原理"。在一个企业的价值创造过程中，存在着"20/80"的规律，即20%的骨干人员创造企业80%的价值；而且在每一位员工身上"二八原理"同样适用，即80%的工作任务是由20%的关键行为完成的。因此，必须抓住20%的关键行为，对之进行分析和衡量，这样就能抓住业绩评价的重心。

1. 建立关键绩效指标体系遵循的原则

（1）目标导向：即KPI必须依据企业目标、部门目标、职务目标等来进行确定。

（2）注重工作质量：工作质量是企业竞争力的核心，但又难以衡量，因此，对工作质量建立指标进行控制特别重要。

（3）可操作性：关键业绩指标必须从技术上保证指标的可操作性，对每一指标都必须给予明确的定义，建立完善的信息收集渠道。

（4）强调输入和输出过程的控制：设立KPI指标，要优先考虑流程的输入和输出状况，将两者之间的过程视为一个整体，进行端点控制。

2. 确立KPI指标应把握的要点

（1）把个人和部门的目标与公司的整体战略目标联系起来，以全局的观念思考问题。

（2）指标一般应当比较稳定，即如果业务流程基本未变，则关键指标的项目也不应有较大的变动。

（3）指标应该可控制，可以达到。

（4）关键指标应当简单明了，容易被执行、接受和理解。

（5）对关键业绩指标要进行规范定义，可以对每一KPI指标建立"KPI定义指标表"。

绩效考核的步骤

1. 确定评估工作实施机构（选聘有关专家组成专家咨询组）。
2. 制定评估工作方案。
3. 收集并整理基础资料和数据。
4. 评估得分（运用计算机软件计算评价指标的实际分数）。
5. 评估结论。
6. 撰写评估报告（包括评估结果、评估分析、评估结论及相关附件）。
7. 评估工作的总结。

【学习测评】

一、名词解释
1. 仓储质量　2. 仓储效率　3. 配送质量

二、多项选择
1. 下列哪些属于仓储质量指标？（　　）
   A. 收发货错误率　　B. 货物耗损率　　C. 设备完好率　　D. 设备利用率
2. 下列属于仓储效益指标的有（　　）。
   A. 平均储存费用　　B. 资金利润率　　C. 仓库利用率　　D. 劳动生产率
3. 下列哪些属于配送质量指标？（　　）
   A. 损失率　　　　　B. 安全间隔里程　C. 车辆满载率　　D. 平均配送费用
4. 配送效率包含的指标有（　　）。
   A. 车辆完好率　　　　　　　　　　　B. 车辆满载率
   C. 平均流通加工成本　　　　　　　　D. 配送系统的纠错能力

三、简答题
1. 简述仓储绩效评价指标的意义。
2. 简述构建仓储绩效评价指标的原则。
3. 配送服务质量的要素有哪些？

四、计算题
1. 某配送中心有固定资产 200 万，流动资金 800 万，全年的业务收入 5 000 万，收入利润率为 10%，仓库总面积 1 万平方米，通道及其他非存储区占总面积的 25%，托盘尺寸 1.0m×1.2m，立体货架高度为 4 个托盘，该年度平均库存量为 20 000 个托盘。
   （1）请计算该配送中心的面积利用率。
   （2）请计算该配送中心的容积利用率。
   （3）请计算该配送中心的流动资金周转率。
   （4）请计算该配送中心的资金利润率。

2. 某 10 000 平方米的仓库，起货架区含通道的面积 8 000 平方米，不含通道的面积为 7 000 平方米，仓库全年出货量为 3.4 亿元，年初库存 2 000 万元，年末库存 1 400 万元，全年的仓储费用 300 万元，每月平均库存约 10 万件，请计算以下 3 个指标。
   （1）仓库面积利用率。
   （2）货物年周转率。
   （3）平均存货费用。

3. 某公司 2010 年仓库中货物的周转量（或消耗总量）价值人民币 2 亿元。该仓库年平均储存量价值人民币 1 000 万，货物件数 100 万件，月平均储存量 800 万元，货物件数 80 万件。该仓库全年工作中消耗的材料及燃料费为 15 万元，人工及福利费为 240 万元，仓库租赁费 300 万元，固定资产折旧及其他费用合计 45 万元。2011 年该公司准备提高货物周转次数和降低平均存货费用。

(1) 计算2010年该公司货物周转率和平均存货费用。

(2) 分析2011年该公司要提高货物周转次数和降低平均存货费用，应采取哪些方法？列举3种方法，并做相应分析。

案例研讨

【案例】7-11便利店的配送系统

日本7-11是有着先进物流系统的连锁便利店集团。7-11连锁店作为新兴零售商特别受到年青一代的欢迎，从而急速扩张。现在，全日本有4 000多家7-11商店。

便利店依靠的是小批量的频繁进货，只有利用先进的物流系统才有可能发展连锁便利店，因为它使小批量的频繁进货得以实现。典型的7-11便利店非常小，场地面积平均仅100平方米左右，但就是这样的门店提供的日常生活用品达3 000多种。为了保证有效率地供应商品，日本7-11在整合及重组分销渠道上进行改革。在新的分销系统下，一个受委托的批发商被指定负责若干销售活动区域，授权经营来自不同制造商的产品。此外，7-11通过和批发商、制造商签署销售协议，能够开发有效率的分销渠道与所有门店连接。由此，配合先进的物流系统，使各种各样的商品库存适当，保管良好，并有效率地配送到所有的连锁门店。

7-11便利店进入中国内地市场不过16年，在国人眼中却已是便利店的标杆企业。7-11看好中国内地的消费潜力，加快了在中国开店扩张的步伐。现阶段，中小型企业在各种"巨无霸"商业体中较难生存，而7-11将自己定位于中小型企业，并在行业中取得了优异成绩。"7-11既有终端门店又有专有工厂和配送体系，其优势在于有效整合供应链系统。"日本7-11社长井阪隆一说。7-11商品的生产、运输和销售是三位一体的，这3个环节组成的供应链系统可以说是企业得以发展的关键。

"7-11专有工厂引进了日本的生产线和管理方式，不仅保留了原汁原味的日本味道，还保证了食品的安全和品质；在物流配送上，根据商品的性质，有冷藏、冷冻和常温3种方式，保障了食品的新鲜和安全；店铺销售的重要性自然不必多说，通过及时反馈销售情况来调整商品种类，尽可能地提高店铺利润。"

在同一区域集中开店是7-11所独有的门店扩张策略。针对密集型扩张策略，井阪隆一认为有很多优点。第一，提高了配送中心的效率，店铺越密集，配送压力就越小。7-11创业之初每家店铺每天需要70辆车到店送货，而现在减少到了9辆车。第二，同一地区内7-11店铺出现在顾客眼中的几率增加，这样就提升了品牌认知度。第三，经营指导员到店访问的效率也得以提高，他可以对所负责的店铺进行每家每周两次、每次两小时以上的访问。

【请分析】

(1) 请结合案例评价7-11的物流配送系统的运作效果，并说明理由。

(2) 结合案例，谈谈企业物流系统提高配送效率可以采取哪些具体措施。

任务驱动

【工作任务】对仓储部绩效进行考核

1. 任务内容

假如你是某公司的员工，年底公司要对仓储部的业绩进行考核，以发现目标实现情况并还存在哪些问题。现在这项任务交给你去完成。

2. 任务要求

(1) 要求设计考核内容和标准。

(2) 考核内容要全面,不仅仅对仓储部门的相关人员进行考核,还要对仓储部门的绩效进行全面考核。

(3) 将学生分成若干组,各组选出一个负责人,组内分工合作完成任务,最后由负责人汇报陈述方案。

3. 任务评价

评价方式采取过程评价和结果评价两种方式,评价方法采取老师评价与小组内部成员互相评价相结合。过程和结果综合得分为该生的此任务得分(注意:确定好老师评分和小组评分占总得分的比重)。任务评价表见表8-5、表8-6。

1) 过程评价

表8-5 任务过程评价表

被考评人			该评价总得分	
评分标准	分值	老师评价得分	小组评价得分	小组评价意见
合理分工				
能够快速进入角色				
实际调查情况				
是否全员参与				
团队协作				

2) 成果评价

表8-6 任务成果评价表

被考评人			该评价总得分	
评分标准	分值	老师评价得分	小组评价得分	小组评价意见
方案可行性				
数据收集齐全、准确				
计算方法使用得当				
设计方案内容详实,结构完整				

参 考 文 献

[1] 贾争现，刘利军. 物流配送中心规划与管理[M]. 北京：机械工业出版社，2011.
[2] 江少文. 配送中心运营实务与管理[M]. 上海：同济大学出版社，2008.
[3] 李永生，郑文岭. 仓储与配送管理[M]. 北京：机械工业出版社，2003.
[4] 王玲. 物流绩效管理[M]. 北京：高等教育出版社，2011.
[5] 花明. 运输与配送实物[M]. 杭州：浙江大学出版社，2009.
[6] 郑彬. 仓储作业实务[M]. 北京：高等教育出版社，2005.
[7] 王转. 配送中心运营与管理[M]. 北京：中国电力出版社，2009.
[8] 姚诚. 物流配送中心规划与运作管理[M]. 广州：广东经济出版社，2011.
[9] 李万秋. 仓储管理[M]. 北京：高等教育出版社，2005.
[10] 胥洪娥. 配送中心运营与管理[M]. 天津：天津大学出版社，2009.
[11] 周学勤. 配送中心管理与运作[M]. 长春：吉林大学出版社，2009.
[12] 刘艳良，肖绍萍. 仓储管理实务[M]. 北京：人民交通出版社，2008.
[13] 刘联辉. 配送实务[M]. 北京：中国物资出版社，2012.
[14] 刘斌. 物流配送营运与管理[M]. 上海：立信会计出版社，2006.
[15] 张念. 仓储与配送管理[M]. 大连：东北财经大学出版社，2004.
[16] 黄静. 仓储管理实务[M]. 大连：大连理工大学出版社，2007.
[17] [日]伊桥宪彦. 高效库存管理实务[M]. 李莹，译. 广州：广东经济出版社，2005.
[18] 马毅，张虎臣. 物流仓储与配送[M]. 北京：北京交通大学出版社，2009.
[19] 杨国荣，李铁峰. 配送管理实务[M]. 北京：北京理工大学出版社，2010.
[20] 刘莉. 仓储管理实务[M]. 北京：中国物资出版社，2006.
[21] 李江珉. 仓储与配送管理[M]. 长沙：湖南师范大学出版社，2012.

北京大学出版社高职高专财经类规划教材书目

财务会计系列

序号	书 名	标准书号	主编	定价	出版年月
1	统计学基础	978-7-81117-756-5	阮红伟	30	201101 第2次印刷
2	统计学原理	978-7-81117-825-8	廖江平	25	201111 第3次印刷
3	统计学原理	978-7-301-21924-9	吴思莹	36	201301
4	统计学原理与实务	978-7-5038-4836-0	姜长文	26	201007 第5次印刷
5	实用统计基础与案例	978-7-301-20409-2	黄彬红	35	201204
6	经济学基础	978-7-301-21034-5	陈守强	34	201301
7	经济法实用教程	978-7-81117-675-9	胡卫东	39	201111 第3次印刷
8	经济法原理与实务	978-7-5038-4846-9	孙晓平	38	200905 第3次印刷
9	财经法规	978-7-81117-885-2	李 萍	35	201202 第2次印刷
10	会计基本技能	978-7-5655-0067-1	高东升	26	201211 第3次印刷
11	会计基础实训	978-7-301-19964-0	刘春才	29	201201
12	会计基础实务	978-7-301-21145-8	刘素菊等	27	201208
13	企业会计基础	978-7-301-20460-3	徐炳炎	33	201204
14	基础会计	978-7-5655-0062-6	常 美	28	201008
15	基础会计教程	978-7-81117-753-4	侯 颖	30	200907
16	基础会计教程与实训	978-7-5038-4845-2	李 洁	28	201008 第5次印刷
17	基础会计教程与实训（第2版）	978-7-301-16075-6	李 洁	30	201301 第2次印刷
18	基础会计实训教程	978-7-5038-5017-2	王桂梅	20	201106 第3次印刷
19	基础会计原理与实务	978-7-5038-4849-0	侯旭华	28	200908 第3次印刷
20	财务管理	978-7-5655-0328-3	翟其红	29	201107
21	财务活动管理	978-7-5655-0162-3	石兰东	26	201301 第2次印刷
22	财务管理教程与实训	978-7-5038-4837-7	张 红	37	200911 第3次印刷
23	财务会计	978-7-5655-0117-3	张双兰	40	201101
24	财务会计（第2版）	978-7-81117-975-6	李 哲	32	201003
25	财务会计	978-7-301-20951-6	张严心等	32	201208
26	财务会计实用教程	978-7-5038-5027-1	丁增稳	36	200805
27	财务会计实务	978-7-301-22005-4	管玲芳	36	201301
28	财务管理	978-7-301-17843-0	林 琳	35	201301 第2次印刷
29	Excel 财务管理应用	978-7-5655-0358-0	陈立稳	33	201108
30	中小企业财务管理教程	978-7-301-19936-7	周 兵	28	201201
31	财务管理实务教程	978-7-301-21945-4	包忠明等	30	201302
32	成本会计	978-7-5655-0130-2	陈东领	25	201101
33	成本会计	978-7-81117-592-9	李桂梅	28	201207 第3次印刷
34	成本会计实训教程	978-7-81117-542-4	贺英莲	23	201101 第3次印刷
35	成本费用核算	978-7-5655-0165-4	王 磊	27	201211 第2次印刷
36	成本会计	978-7-301-19409-6	徐亚明	24	201211 第2次印刷
37	成本会计实务	978-7-301-19308-2	王书果	36	201108
38	成本会计	978-7-301-21561-6	潘素琼	27	201301
39	审计业务操作	978-7-5655-0171-5	涂申清	30	201301 第2次印刷
40	审计业务操作全程实训教程	978-7-5655-0259-0	涂申清	26	201204 第2次印刷
41	审计学原理与实务	978-7-5038-4843-8	马西牛	32	201007 第2次印刷
42	税务会计实用教程	978-7-5038-4848-3	李克桥	37	200808 第2次印刷
43	涉税业务核算	978-7-301-18287-1	周常青	29	201101
44	企业纳税实务	978-7-5655-0188-3	司宇佳	25	201101
45	企业纳税与筹划实务	978-7-301-20193-0	郭武燕	38	201203
46	纳税申报与筹划	978-7-301-20921-9	李英艳等	38	201207
47	企业纳税计算与申报	978-7-301-21327-8	傅凤阳	30	201210

序号	书 名	标准书号	主编	定价	出版年月
48	会计电算化实用教程	978-7-5038-4853-7	张耀武	28	200802
49	会计电算化实用教程（第2版）	978-7-301-09400-6	刘东辉	20	200806
50	电算会计综合实习	978-7-301-21096-3	陈立稳等	38	201208
51	会计电算化项目教程	978-7-301-22104-4	亓文会	34	201303
52	会计英语	978-7-5038-5012-7	杨 洪	28	200908 第2次印刷
53	财经英语阅读	978-7-81117-952-1	朱 琳	29	201301 第3次印刷
54	行业特殊业务核算	978-7-301-18204-8	余 浩	30	201101
55	预算会计	978-7-301-20440-5	冯 萍	39	201205
56	Excel在财务和管理中的应用	978-7-301-22264-5	陈跃安等	33	201303

经济贸易系列

序号	书 名	标准书号	主编	定价	出版年月
1	资产评估	978-7-81117-645-2	董亚红	40	201107 第2次印刷
2	国际结算	978-7-81117-842-5	黎国英	25	201207 第2次印刷
3	国际结算	978-7-5038-4844-5	徐新伟	32	200907 第2次印刷
4	国际贸易结算	978-7-301-20980-6	罗俊勤	31	201207
5	货币银行学	978-7-5038-4838-4	曹 艺	28	201206 第4次印刷
6	货币银行学	978-7-301-21181-6	王 菲等	37	201209
7	国际金融基础与实务	978-7-5038-4839-1	冷丽莲	33	200708
8	国际金融	978-7-301-21097-0	张艳清	26	201208
9	国际金融实务	978-7-301-21813-6	付玉丹	36	201301
10	国际贸易概论	978-7-81117-841-8	黎国英	28	201204 第4次印刷
11	国际贸易理论与实务	978-7-5038-4852-0	程敏然	40	200708
12	国际贸易实务	978-7-301-19393-8	李湘滇	34	201108
13	国际贸易实务操作	978-7-301-19962-6	王言烨	37	201201
14	国际贸易实务	978-7-301-20929-5	夏新燕	30	201208
15	国际贸易实务	978-7-301-20192-3	刘 慧等	25	201305 第2次印刷
16	国际贸易实务	978-7-301-16838-7	尚 洁等	26	201208
17	国际商务谈判	978-7-81117-532-5	卞桂英	33	201001 第2次印刷
18	国际商务谈判（第2版）	978-7-301-19705-9	刘金波	35	201112
19	国际商法实用教程	978-7-5655-0060-2	聂红梅	35	201204 第2次印刷
20	进出口贸易实务	978-7-5038-4842-1	周学明	30	200805 第2次印刷
21	金融英语	978-7-81117-537-0	刘 娣	24	201009 第3次印刷
22	财政基础与实务	978-7-5038-4840-7	才凤玲	34	201001 第2次印刷
23	财政与金融	978-7-5038-4856-8	谢利人	37	200808 第2次印刷
24	外贸单证	978-7-301-17417-3	程文吉	28	201109
25	新编外贸单证实务	978-7-301-21048-2	柳国华	30	201208
26	国际商务单证	978-7-301-20974-5	刘 慧等	29	201207
27	商务英语学习情境教程	978-7-301-18626-8	孙晓娟	27	201109
28	国际投资	978-7-301-21041-3	高田歌	33	201208
29	商业银行会计实务	978-7-301-21132-8	王启姣	35	201208
30	商业银行经营管理	978-7-301-21294-3	胡良琼等	27	201209
31	保险实务	978-7-301-20952-3	朱丽莎	30	201208
32	国际市场营销项目教程	978-7-301-21724-5	李湘滇	38	201301
33	报关实务	978-7-301-21987-4	董章清等	35	201301
34	报关与报检实务	978-7-301-16612-3	农晓丹	37	201303
35	报检报关业务：认知与操作	978-7-301-21886-0	姜 维	38	201301
36	外贸英语函电	978-7-301-21847-1	倪 华	28	201301
37	经济学基础	978-7-301-22536-3	王 平	32	201306
38	国际海上货运代理实务	978-7-301-22629-2	肖 旭	27	201306

营销管理系列

序号	书 名	标准书号	主编	定价	出版年月
1	电子商务实用教程	978-7-301-18513-1	卢忠敏	33	201211 第2次印刷

序号	书 名	标准书号	主 编	定价	出版年月
2	网络营销理论与实务	978-7-5655-0039-8	宋沛军	32	201112 第 2 次印刷
3	电子商务项目式教程	978-7-301-20976-9	胡 雷	25	201208
4	电子商务英语	978-7-301-17603-0	陈晓鸣	22	201111 第 2 次印刷
5	市场营销学	978-7-5038-4859-9	李世宗	28	200807 第 2 次印刷
6	市场营销	978-7-81117-957-6	钟立群	33	201207 第 2 次印刷
7	市场调查与预测	978-7-5655-0252-1	徐 林	27	201105
8	市场调查与预测	978-7-301-19904-6	熊衍红	31	201112
9	市场营销理论与实训	978-7-5655-0316-0	路 娟	27	201107
10	市场营销项目驱动教程	978-7-301-20750-5	肖 飞	34	201206
11	市场调查与预测情景教程	978-7-301-21510-4	王生云	36	201301
12	市场调研案例教程	978-7-81117-570-7	周宏敏	25	201101 第 2 次印刷
13	营销策划技术	978-7-81117-541-7	方志坚	26	201012 第 2 次印刷
14	营销策划	978-7-301-20608-9	许建民	37	201205
15	现代推销技术	978-7-301-20088-9	尤凤翔等	32	201202
16	推销与洽谈	978-7-301-21278-3	岳贤平	25	201009
17	商务沟通实务	978-7-301-18312-0	郑兰先	31	201112 第 2 次印刷
18	商务礼仪	978-7-5655-0176-0	金丽娟	29	201207 第 2 次印刷
19	商务礼仪	978-7-81117-831-9	李 巍	33	201205 第 3 次印刷
20	现代商务礼仪	978-7-81117-855-5	覃常员	24	201206 第 3 次印刷
21	商务谈判	978-7-5038-4850-6	范银萍	32	200908 第 2 次印刷
22	商务谈判	978-7-301-20543-3	尤凤翔等	26	201205
23	职场沟通实务	978-7-301-16175-3	吕宏程	30	201208
24	管理学基础	978-7-81117-974-3	李蔚田	34	201204 第 3 次印刷
25	管理学原理	978-7-5038-4841-4	季 辉	26	201007 第 3 次印刷
26	管理学原理与应用	978-7-5655-0065-7	秦 虹	27	201207 第 2 次印刷
27	管理学实务教程	978-7-301-21324-7	杨清华	33	201301
28	企业管理	978-7-5038-4858-2	张 亚	34	201007 第 3 次印刷
29	现代企业管理	978-7-81117-806-7	于翠华	38	200908
30	现代企业管理	978-7-301-19687-8	刘 磊	32	201301 第 3 次印刷
31	通用管理实务	978-7-81117-829-6	叶 萍	39	201101 第 2 次印刷
32	中小企业管理	978-7-81117-529-5	吕宏程	35	201108 第 4 次印刷
33	中小企业管理（第 2 版）	978-7-301-21124-3	吕宏程	39	201305 第 2 次印刷
34	企业管理实务	978-7-301-20657-7	关善勇	28	201205
35	连锁经营与管理	978-7-5655-0019-0	宋之苓	37	201208 第 3 次印刷
36	企业经营管理模拟训练（含记录手册）	978-7-301-21033-8	叶 萍等	29	201208
37	企业经营 ERP 沙盘实训教程	978-7-301-21723-8	葛颖波	29	201301
38	管理信息系统	978-7-81117-802-9	刘 宇	30	200907
39	现代公共关系原理与实务	978-7-5038-4835-3	张美清	25	201003 第 2 次印刷
40	公共关系实务	978-7-301-20096-4	李 东等	32	201202
41	人力资源管理	978-7-5038-4851-3	李蔚田	40	200802
42	人力资源管理实务	978-7-301-19096-8	赵国忻	30	201107
43	消费心理学	978-7-81117-661-2	臧良运	31	201205 第 5 次印刷
44	消费心理与行为分析	978-7-301-19887-2	王水清	30	201305 第 2 次印刷
45	广告原理与实务	978-7-5038-4847-6	郑小兰	32	201007 第 2 次印刷
46	零售学	978-7-81117-759-6	陈文汉	33	201111 第 2 次印刷
47	商品学概论	978-7-5038-4855-1	方凤玲	20	201008 第 3 次印刷
48	秘书理论与实务	978-7-81117-590-5	赵志强	26	200812
49	广告实务	978-7-301-21207-3	夏美英	29	201209
50	营销渠道开发与管理	978-7-301-21214-1	王水清	34	201209
51	商务统计实务	978-7-301-21293-6	陈晔武	29	201209
52	秘书与人力资源管理	978-7-301-21298-1	肖云林等	25	201209

序号	书名	标准书号	主编	定价	出版年月
53	市场营销学	978-7-301-22046-7	饶国霞等	35	201301
54	市场营销策划	978-7-301-22384-0	冯志强	36	201305
55	商务谈判实训	978-7-301-22628-5	夏美英	23	201306

物流管理系列

序号	书名	标准书号	编著者	定价	出版时间
1	现代物流概论	978-7-81117-803-6	傅莉萍	40	201010 第2次印刷
2	现代物流管理	978-7-301-17374-9	申纲领	30	201205 第2次印刷
3	现代物流管理	978-7-5038-4854-4	沈默	37	200908 第3次印刷
4	现代物流概论	978-7-301-20922-6	钮立新	38	201207
5	企业物流管理	978-7-81117-804-3	傅莉萍	32	201208 第3次印刷
6	物流专业英语	978-7-5655-0210-1	仲颖	24	201205 第2次印刷
7	现代生产运作管理实务	978-7-301-17980-2	李陶然	39	201211 第2次印刷
8	物流案例与实训	978-7-301-17521-7	申纲领	28	201201
9	物流市场调研	978-7-81117-805-0	覃逢	22	201102 第2次印刷
10	物流营销管理	978-7-81117-949-1	李小叶	36	201205 第2次印刷
11	采购管理实务	978-7-301-17917-8	李方峻	28	201205 第2次印刷
12	采购实务	978-7-301-19314-3	罗振华	33	201306 第2次印刷
13	供应链管理	978-7-301-20639-3	杨华	33	201205
14	采购与供应链管理实务	978-7-301-19968-8	熊伟	36	201201
15	采购作业与管理实务	978-7-301-22035-1	李陶然	30	201301
16	仓储管理技术	978-7-301-17522-4	王冬	26	201306 第2次印刷
17	仓储管理实务	978-7-301-18612-1	李怀湘	30	201209 第2次印刷
18	仓储与配送管理	978-7-81117-995-8	吉亮	38	201207 第3次印刷
19	仓储与配送管理实训教程	978-7-81117-886-9	杨叶勇	24	201209 第2次印刷
20	仓储与配送管理实务	978-7-5038-4857-5	郭曙光	44	201009 第2次印刷
21	仓储与配送管理实务	978-7-301-20182-4	李陶然	35	201203
22	仓储与配送管理项目式教程	978-7-301-20656-0	王瑜	38	201205
23	仓储配送技术与实务	978-7-301-22673-5	张建奇	38	201307
24	物流运输管理	978-7-301-17506-4	申纲领	29	201109 第2次印刷
25	物流运输实务	978-7-301-20286-9	黄河	40	201203
26	运输管理项目式教程	978-7-301-19323-5	钮立新	30	201108
27	物流信息系统	978-7-81117-827-2	傅莉萍	40	201205 第2次印刷
28	物流信息系统案例与实训	978-7-81117-830-2	傅莉萍	26	200908
29	物流信息技术与应用	978-7-301-17212-4	谢金龙	30	201211 第3次印刷
30	物流成本管理	978-7-301-20891-5	傅莉萍	28	201207
31	第三方物流综合运营	978-7-301-21213-4	施学良	32	201209
32	物流市场营销	978-7-301-21249-3	张勤	36	201209
33	国际货运代理实务	978-7-301-21968-3	张建奇	38	201301
34	物流经济地理	978-7-301-21963-8	葛颖波等	29	201301
35	运输组织与管理项目式教程	978-7-301-21946-1	苏玲利	26	201301

相关教学资源如电子课件、电子教材、习题答案等可以登录 www.pup6.com 下载或在线阅读。

扑六知识网（www.pup6.com）有海量的相关教学资源和电子教材供阅读及下载（包括北京大学出版社第六事业部的相关资源），同时欢迎您将教学课件、视频、教案、素材、习题、试卷、辅导材料、课改成果、设计作品、论文等教学资源上传到 pup6.com，与全国高校师生分享您的教学成就与经验，并可自由设定价格，知识也能创造财富。具体情况请登录网站查询。

如您需要免费纸质样书用于教学，欢迎登录第六事业部门户网（www.pup6.com）填表申请，并欢迎在线登记选题以到北京大学出版社来出版您的大作，也可下载相关表格填写后发到我们的邮箱，我们将及时与您取得联系并做好全方位的服务。

扑六知识网将打造成全国最大的教育资源共享平台，欢迎您的加入——让知识有价值，让教学无界限，让学习更轻松。

联系方式：010-62750667，sywat716@126.com（经管），lihui851085153@163.com（物流），linzhangbo@126.com，欢迎来电来信咨询。